荀子传

毕宝魁 尹博 著

中国出版集团　现代出版社

图书在版编目（CIP）数据

荀子传 / 毕宝魁，尹博著 . -- 北京：现代出版社，2023.8
ISBN 978-7-5231-0363-0

I . ①荀… II. ①毕… ②尹… III. ①荀况（前313—前238）—传记　 IV . ① B222.6

中国国家版本馆 CIP 数据核字 (2023) 第 112705 号

荀子传

作　　者：毕宝魁　尹　博
责任编辑：张　霆　谢　惠
出版发行：现代出版社
通信地址：北京市安定门外安华里 504 号
邮政编码：100011
电　　话：010-64267325　64245264（传真）
网　　址：www.1980xd.com
印　　刷：北京飞帆印刷有限公司

开　　本：710mm×1000mm　1/16
印　　张：15.5　　　　　　　字　　数：208 千
版　　次：2023 年 8 月第 1 版　　印　　次：2023 年 8 月第 1 次印刷
书　　号：ISBN 978-7-5231-0363-0
定　　价：58.00 元

前　言

孔子说："七十而从心所欲，不逾矩。"① 这是说他到七十岁时便随心所欲而无丝毫违礼的地方了。人到七十岁确实有新的感觉，但有"从心所欲不逾矩"之感却很难。我今年刚刚七十周岁，感受到人生的晚年已经开启，生命的时光已不太充分，故而应该有选择地用好这最后的时光。

一般情况而言，从我现在的身体状况和精神状况来看，至少应该还有十几二十年的工作时间，而前十年应该是能保持一定效率的。因此，我将用这十年的宝贵时光继续在过往历史的广阔时空中"寻坠绪之茫茫，独旁搜而远绍"，挖掘中华文明五千年不断的深层原因。

在漫长的历史长河中，人是推动历史发展的第一要素，而一切政治、经济、军事、文化行为都是人在实行，最终胜出的一定是先进的文明而非其他。纵观世界文明史，唯有中华文明五千年不断，其在文化积累和文明传承方面自有其特别的地方，尤其是以儒家思想为代表的中国古代哲学思想。作为儒家思想的核心，王道政治一直是中国儒家学派思想发展脉络中的关键环节，也是中华文明发展史生生不息的重要源泉。

---

① 参见《论语·为政》。

正因为如此，我潜心研究儒家学派思想，努力钻研孔孟十五年有余，继《孔子传》《孟子传》出版后又作《荀子传》。与此同时，我还计划写作《扬雄传》《文中子传》并与前三者一起构成"五子传"，其缘由在于孔子、孟子、荀子和扬雄、文中子这五位是儒家思想建立和传承过程中的关键人物。其中，北宋仁宗朝孔子四十五代孙孔道辅所建"五子祠"中的"五子"是孟子、荀子、扬雄、王通、韩愈。

众所周知，儒家思想对古往今来的中国社会发展有着深刻的影响，而为儒家思想在发展脉络上的几个关节点的关键人物作传则无疑是最好的表现形式，不仅详尽地梳理了儒家思想的丰富内涵，也清晰地呈现了儒家学派的传承路径，翔实生动，相得益彰。

当然，为圣人作传是很难把握的，毕竟历史年代久远而文献太少，难以完全从典籍中寻觅到圣人生活的足迹和情景，故而只能在已有资料基础上进行合理的想象和推测。至于推测的原则，我以为必须要满足三点：一是情景符合当时的时代；二是符合常识逻辑；三是符合人物的精神和思想逻辑。同时，由于是为儒家学派的重要人物作传，还要交代人物在儒家学派发展史上的具体贡献和地位。

荀子，名况，战国末期赵国人，儒家学派的代表人物，也是先秦时代百家争鸣的集大成者，尊为"荀卿""孙卿"，被称为"后圣"。荀子曾三次担任齐国稷下学宫的祭酒，两度出任楚兰陵令，晚年蛰居兰陵著书立说，整理儒家思想典籍。荀子继承和发展了儒家学派的思想和理论，主张"礼法并施"和"性恶论"，提出"制天命而用之"的思想等。

关于荀子的思想，扬雄说："吾于孙卿，与见同门而异户也，惟圣人为不异。"[1]意思是，扬雄认为自己与荀子是"同门而异户"，唯有所尊奉的圣人是相同的。韩愈在《读荀》一文中说："及得荀氏书，于是又

---

[1] 参见《扬子法言·君子卷十二》。

知有荀氏者也，考其辞，时若不粹，要其归，与孔子异者鲜矣。抑犹在轲、雄之间乎！"并说："孟氏，醇乎醇者也。荀与扬，大醇而小疵。"①韩愈对荀子和扬雄的定位与评价，可谓一言九鼎，公允准确。

如此，这便是我为荀子写作一部可信、可读且耐品味的传记的初衷。

---

① 马其昶校注：《韩昌黎文集校注》，马茂元整理，上海古籍出版社，1986年，第37页。

目录

一任稷下学宫祭酒

"后圣"诞生

周赧王三年（前312），岁当己酉。秦、楚大战，楚大败。韩、魏袭楚，到处刀光剑影，兵荒马乱。

就在这年的春夏之交，在距离赵国都城邯郸大约四十里西南方向的八特村中，一家姓荀的人家出生了一个婴儿，七斤左右，很是健康，其父给孩子起名为况，而这便是后来中国儒家学派的一个重要人物——荀子，被后世称为"后圣"。

不过，必须说清楚的是，这里记述的荀子出生年只是在文献考证后选定的最接近的年份，而非完全有史籍记载的准确出生年。或许，这个年份真的就是荀子的生年也未可知，姑且在这本书里就以公元前312年作为其出生年吧。

围绕荀子出生年的问题，司马迁在《史记·孟轲荀卿列传》中说："荀卿，赵人。年五十，始来游学于齐。"[1]这也是关于荀子出生年的最大问题的源头。后来，有一些文献把此处的"年五十"改成了"年十五"。如此一改，前后差别太大。那么，荀子到底是"五十"还是"十五"游

---

[1] 参见《史记·孟轲荀卿列传》。

学于齐，这就成了确定荀子出生年必须要面对和解决的一个首要问题。①
鉴于种种考证和常识逻辑，本书采用荀子十五岁到齐国稷下学宫求学的
观点。

考察荀子生平，有几个非常关键的节点：一是荀子曾经与秦国丞
相②应侯范雎有过对话，与秦昭襄王也有过对话，应该是同一时期之事，
并可以确定一定在范雎执政时期无疑；二是荀子和临武君在赵孝成王前
论述过军事斗争问题，可以确定一定在赵孝成王时期；三是荀子曾两次
出任兰陵县令，可以确定一定在楚国灭鲁国设立兰陵县和春申君死时之
间；四是荀子在齐襄王时在稷下学宫"最为老师，三为祭酒"。

关于荀子的出生年，梁启超认为是公元前 307 年，游国恩认为是公
元前 314 年，郭志坤认为是公元前 315 年，刘志轩认为是公元前 311 年。
因此，参考这些学者的意见，折中其间而将荀子的出生年选定在公元前
312 年，刚好比孟子晚了一个甲子——正好小六十岁，同属于相同的干
支年。又，按照《春秋公羊传》和《春秋穀梁传》的说法，孔子出生在
鲁襄公二十一年，即这一年是公元前 552 年，干支也是己酉。这样，先秦
时期的三位儒家学派的圣人——孔子、孟子、荀子便都是己酉年生人了。

与此同时，对于荀子在儒家学派中的地位，唐代韩愈在《进学解》
中说："昔者孟轲好辩，孔道以明，辙环天下，卒老于行。荀卿守正，
大论是弘，逃谗于楚，废死兰陵。是二儒者，吐辞为经，举足为法，绝

---

① 关于荀子的生卒年，除了出生年不确定外，卒年一定在春申君死后一段时间则无疑，而
齐湣王时荀子已经在齐国一段时间也可以肯定。这样，即使荀子是齐湣王时期（前 301—前 284）
到齐国已五十岁的话，那么到春申君死时就已经超过一百岁了，而春申君死后荀子还生活了一段
时间，这显然是不可能的。还有，荀子可能在齐宣王时期就到齐国了，如果当时荀子已经五十岁，
则必须活到一百三十岁以上，这显然更是不可能的。同时，还有一点也应考虑进去，如果荀子
五十岁才来齐国游学，那么他在五十岁以前的经历是怎样的，如在哪里学习，在哪里就职？对于
荀子这样重要的人物，如果五十岁以前没有留下丝毫记载，似乎有点儿不合常理。于是，后世有
一部分学者将"年五十，始来游学于齐"的"五十"改为"十五"是有见地的，也是颇值得深思的。

② 丞相，秦国在秦武王二年（前 309）始设，分为左丞相、右丞相。

类离伦，优入圣域。"①这是把荀子和孟子并列提及，将二人对儒学的贡献进行了高度的肯定。

邯 郸 荀 氏

关于荀子的出生地，司马迁在《史记·孟轲荀卿列传》中说"荀卿，赵人"，但具体在赵国何地未知。围绕着"赵人"立论，荀子的出生地主要有山西临猗说、绛县说、安泽说和河北邯郸说。这里不做考证，经过综合考虑、分析后直接采纳了刘志轩先生在《荀子》中的说法，即邯郸说——"战国时代的临猗、绛县属魏国，安泽属韩国，与司马迁《史记》记载的'赵人'相悖，所以，这些地方均不可能是荀子故里"②。

这是很关键的论证。接着，刘志轩先生在下文又论证了邯郸一带有大量随着中行氏、范氏来到邯郸之荀氏，以及他们后代留在邯郸附近的历史过程。晋国后期，在国内几大家族的激烈斗争中，属于范氏、中行氏集团中的荀氏最后被赵氏战败，有一大批荀氏家族的成员就流落在邯郸周围一带。事情的大体经过是这样的：

晋定公十二年（前500），赵简子（赵鞅）率军攻打卫国，卫国向晋国贡献五百户以求得和解。赵简子将这五百户临时交给在邯郸的同宗人赵午看管安置。晋定公十四年（前498），范氏、中行氏作乱，赵简子为了充实自己采邑晋阳的实力，要求赵午将那五百户送到晋阳来。赵午同意，但族人不愿意，于是拒绝。赵简子把赵午抓去杀了，于是赵午之子赵稷便据邯郸反叛赵简子。

赵简子当时是正卿，执掌国政，要求荀寅和范吉射跟随自己共同讨

①马其昶校注：《韩昌黎文集校注》，马茂元整理，上海古籍出版社，1986年，第47页。
②刘志轩：《荀子》，作家出版社，2015年，第420页。

伐邯郸的赵稷。荀寅是赵午的舅父，荀寅与范吉射又是儿女亲家，这两个人对赵简子专权早就有积怨，于是不但不攻打邯郸的赵稷，反而联合赵稷一起攻打晋阳的赵简子。赵简子的晋阳出现危机，而晋国另外的魏氏、韩氏和智氏奉晋定公之命去解救赵简子，这几支军队在晋阳郊区打败了荀寅和范吉射的军队，荀寅和范吉射逃跑到了朝歌（今河南淇县）。

晋定公十八年（前494），赵简子攻朝歌，荀寅等退入邯郸。次年九月，赵简子包围邯郸。冬十一月，邯郸的赵稷投降，但荀寅不肯投降，率领他的族人和家兵向东逃跑到柏人（隆尧，今属河北邢台）。次年春天，赵简子再把柏人攻破，荀寅只带几名随从逃跑到齐国，从此成为一介平民，而跟随他的其他族人便散落在邯郸周围。

最后，刘志轩先生在《荀子》中概括道："邯郸周围如今有不少孙姓村庄，邯郸西部的孙姓村庄都是土生土长的邯郸人，不是外来移民。而今邯郸市西南四十公里许有一个八特村。该村历史悠久，至今尚有战国时代赵王避暑行宫遗址。村史记载，该村因有八个村落、八个姓、八座山、八条河流、八种石头、八种树木而得名。八姓中有一荀姓村落，传说荀子就出生于该村。此说虽无确凿证据，却也事出有因。"[①]

由于"荀"和"孙"古音相近，故荀氏又被称为孙氏，而这也是荀子被称为"孙卿"的原因之一。

参见《史记》中关于人物故里的记载，大致有两种方式：如果直接说"某某，某国人也"，则是指该国国都之人，如"颜回者，鲁人也""张仪者，魏人也"；如果不是国都之人，则带上具体地名，如"李斯，楚上蔡人也""老子者，楚苦县厉乡曲仁里人也"。在《史记·孟轲荀卿列传》中，司马迁对荀子的记载是"荀卿，赵人"，如此说荀子是邯郸人便入情入理了。又，在古代，尤其是春秋战国时期，"国人"是指生活在国都中的人，与"野人""鄙人"相对而言。

---

① 刘志轩：《荀子》，作家出版社，2015年，第421页。

另，邯郸距离齐国都城临淄（今属山东）比较近，道路顺畅，而其他几个地方距离临淄遥远且又有大山大河阻隔，若前去实在太艰难。因此，从地理角度而言，说荀子是邯郸人便更为合理一些了。

有 志 少 年

周赧王十七年（前298），岁当癸亥。这一年，荀况十五岁。

这时，正是赵国蒸蒸日上的时期。早在周赧王八年（前307），即赵武灵王十九年，赵武灵王便开始提倡"胡服骑射"，并迅速提升了赵国军队的战斗力。所谓"胡服骑射"，指在与西北胡人的冲突与战斗过程中，赵武灵王发现胡人穿着短衣窄袖的服装在打仗时极其灵活，而华夏民族的服装宽袍大袖在转身和搏斗时却很不灵便，因此而提出的一项改革。于是，赵国开始效仿胡人，把上衣改为短衣窄袖，下面穿裤子、长筒靴，其形制很像胡服，同时要求军队进行骑马射箭的训练并很快建立起了第一支骑兵。在此之前，中原各国打仗只有步兵和车战两种形式，诸侯国之间的战争方式都是车战。因此，在赵武灵王之前，中原各国还没有骑兵。

赵武灵王的"胡服骑射"是个壮举，是主动向西北游牧民族学习的表现。这一改革，改变了古代中国军队长袍宽袖的军装模式，并逐渐演变改进为后来的盔甲装备。在那个以车战为主的历史时期，赵武灵王的骑兵能够快速集中、快速机动，具有极强的战斗力，不但在中原所向披靡，而且向西北开疆拓土，并将西北边境经常骚扰中原的一些少数民族武装驱逐到更远的大漠去了。这一时期，赵国在诸侯国中也是一个强国，而这样的发展态势对正在成长中的荀况是莫大的鼓舞。

荀况在村子里的私塾完成了启蒙教育，对《诗》《书》《礼》《易》等都有基本的了解。在邯郸，荀况看到了《论语》和一些单篇流传的文章，对当时天下学术的大体状况有了初步了解。同时，荀况早就听说孟子在回答梁襄王之问时有过"天下定于一"的说法，而他对此也表示深深赞同。

如今，荀况已经十五岁了，想到孔子说过"十五而志于学"的话，便也暗暗立下志向要为天下苍生脱离战乱、解除民生疾苦寻找一条路径。当时，赵国虽正处在富强时期，但天下的学术中心却是在齐国临淄的稷下学宫，如果要想得到高人的指点，那就必须要到齐国去。

此时，十五岁的少年荀况，身高在七尺半以上（约 1.7 米），身材瘦削，标准长方脸，眉清目秀，眼睛深邃而有神。荀况经常暗诵孔子"吾十有五而志于学"的话，下决心要到天下大学者集中的稷下学宫去，去学习成为帝王之师的本领，以大济苍生造福于天下。

晓行夜宿，餐风饮露，一路辛苦，同时也一路大开眼界。当时，从邯郸到齐国都城临淄的道路是天下的交通要道，沿途有许多旅舍饭庄，故路人很是方便。同时，从邯郸到临淄是一直向东，距离几百里地，中间没有高山大河，故走起来也比较顺畅。

经过一个多月的跋涉，荀况终于来到了向往已久的齐国都城临淄，并迫不及待地要到稷下学宫看一看。于是，荀况前往稷下学宫并说明来意，同时寻求一个食宿的地方。

稷 下 学 宫

当时，齐国临淄是天下繁华的大都市之一，与秦国咸阳、魏国大梁、赵国邯郸、楚国郢一样。纵横家苏秦游说齐宣王时曾说道："齐南有太山，东有琅邪，西有清河，北有渤海，此所谓四塞之国也。齐地方二千里，带甲数十万，粟如丘山。齐车之良，五家之兵，疾如锥矢，战如雷电，解如风雨。即有军役，未尝倍太山、绝清河、涉渤海也。临淄之中七万户，臣窃度之，下户三男子，三七二十一万，不待发于远县，而临淄之卒，固以二十一万矣。临淄甚富而实，其民无不吹竽、鼓瑟、击筑、弹琴，斗鸡、走犬、六博、蹹踘者；临淄之途，车毂击，人肩摩，连衽成帷，举袂成幕，挥汗成雨；家敦而富，志高而扬。"[1]齐宣王之后便是齐湣王，而荀况到达临淄的时候正是齐湣王时期，也正是临淄最繁华的时候。

临淄分为大城和小城，大城是普通市民以及大臣居住区，小城则是朝廷所在以及国君后妃居住区。大城东西八里，南北八里有余，周长三十多里，而小城的周长也在十里之上。当时，临淄规模可观，大小两城相连周长二十一公里，面积十五平方公里，城内街巷纵横交错，天下富商大贾云集。

齐国稷下学宫，是齐桓公田午开创的。提到齐桓公，此处必须交代一下齐国的历史，其中前半段是姜姓政权，即姜太公的后代执掌国家大权，而后半段则是田姓政权。在姜姓政权时代，齐国出了一个齐桓公，即管仲辅佐而开创霸业的齐桓公姜小白（"春秋五霸"之一），与晋文公并列。在田姓政权时代，齐国又出了一个齐桓公，即田午，多称"田齐桓公"或"田桓公"，而他开创了稷下学宫。

临淄王城的南门正对着稷山，因此这个城门就称作"稷门"。齐桓公田午想要打造天下第一学府，因为当时天子之学"辟雍"早已不复存在，而且也没有任何恢复的希望，同时各诸侯国的官学——"泮宫"大部分名存实亡了。曾经，邻国鲁国的泮宫很完备兴盛，但在孔子生活的时代已经开始式微，到孔子生活时代的后期更是人才流失严重。因此，孔子曾深有感慨地叹息道："大师挚适齐，亚饭干适楚，三饭缭适蔡，四饭缺适秦，鼓方叔入于河，播鼗武入于汉，少师阳、击磬襄入于海。"[2]可见，当时鲁国的泮宫人才流失之严重。

---

① 参见《战国策·齐策一》。
② 参见《论语·微子》。

齐桓公田午便想把天下的学者都吸引到自己的国家来，由于齐国的泮宫原来基础就不错，于是便在稷门外平坦宽敞的地方修建了一个学宫，直接把原来的泮宫整体搬迁到了这里。

稷下学宫的修建得非常气派、讲究，既有宽阔的大道，大道两旁修建有许多楼堂馆所，栽植了许多奇花异树，还修建了许多讲堂、书房、居所和活动场所，而且讲堂分了不同的几种规格，最大的中心讲堂可以容纳百人听课。当时，稷下学宫是全天下最好的学宫，凡是前来讲学的学者经过考核后按照等级授予"客卿""上大夫""下大夫""列大夫""稷下先生""稷下学士"等职衔，都给予优厚的薪俸和礼遇。

齐国君主鼓励学宫的学者们著书立说，不给予具体的任务，尽量自由言说。当荀况来到齐国稷下学宫时，荀况经过学宫的祭酒简单考核后被给予了"上等生"的学习条件，即在免费学习、食宿之后还给一定的零花钱。就这样，荀况开始了在稷下学宫的学习生活。

七年磨一剑

这时，稷下学宫依旧处于全盛时期。在齐威王田因齐时期，稷下学宫扩大发展，学者云集，开始出现极其繁荣的盛况，而孟子就是在齐威王时期来到这里的。到齐宣王田辟疆时期，稷下学宫达到鼎盛，而孟子在齐宣王时期取得了"客卿"之位。不过，齐宣王对孟子虽然十分尊重，但在一些关键问题上二人始终未能取得一致意见，即孟子坚持王道政治而齐宣王无法接受而坚持其霸道政治，最具体的表现便是在燕国大乱时齐国大将匡章率军攻伐燕国并占领其全境。后来，在燕国百姓及其他诸侯国的压力下，齐国被迫撤军。事实证明，孟子的意见是正确的，而这样的结果虽然使得齐宣王对孟子有愧疚，但实际上又不可能真正接受孟子的王道政治主张。因此，孟子决定离开齐国。

齐湣王初期，稷下学宫依旧持续着繁荣的局面，如田骈、慎子、接子等一批老的学者还在，同时又成长起来一大批中年学者，其中孟子弟子居多，故而在这里儒家学说是最盛的学问。荀况开始深入学习儒家学说，并对早年所学习的《诗》《书》《礼》进行了更加全面的学习和研讨，尤其其中的许多精彩片段完全能够背诵。就这样，荀况夙兴夜寐、孜孜不倦，完全沉浸到了阅读诗书和典籍的学习中。

在四年多的时间里，荀况将当时所能看到的书全部阅读和归纳总结完毕，完成了学业的第一个轮回。荀况曾经概括总结自己学习的开端与学成的过程："学恶乎始？恶乎终？曰：其数则始乎诵经，终乎读礼；其义则始乎为士，终乎为圣人。真积力久则入。学至乎没而后止也。"①意思是，学习要从诵经开始，诵经包括《诗》《书》《礼》《易》《春秋》，最终要在读《礼》及实践礼中结束。学习开始的追求是做士人，最终是成为圣人，而圣人必须要全德——既要有高尚的道德情操，还要有极其渊博的学识。真正集聚精力不断努力，时间久了自然就会进入境界之中。学习是没有终点的，要到生命终止的时候才可以停止。

"真积力久则入。学至乎没而后止也。"这两句是荀况内心体验的真实表达，是一切对生命和价值有深刻认识的人的共同心声。

当荀况到十八岁的时候，他的身份发生了变化，已经由学生转变为讲师，正式登上稷下学宫的讲坛并成为最年轻的教师。当时，掌管稷下学宫的是田骈，他是继淳于髡之后联系稷下学宫和齐国朝廷的关键人物。田骈是齐国宗室，又是大学者，为人豪爽，有担当，而他对已由少年成长为青年的荀况实在是太喜欢了，于是考核其学问并及时将其提升为教师。荀况所学所讲的是儒家学说，他已成为稷下学宫继孟子之后儒家学说的第一人，将儒学推向了又一个高峰。

在荀况二十二岁的时候，田骈让其成为稷下学宫的祭酒。这时，荀

---

① 参见《荀子·劝学篇》。

况已经成长为身高八尺半（约1.8米）的男子汉，上中等身材，再加上满腹经纶，内修、外美兼具，最是人生得意的时期。

经过七年时间，荀况由一个从邯郸来稷下学宫求学的十五岁少年成长为天下最高学府——稷下学宫的祭酒。此时，荀况已经过了弱冠之年，因此在后文里便将其称为荀子。

心 急 如 焚

周赧王二十四年（前291）庚午岁，齐湣王三十三年，荀子二十二岁，刚刚被提拔为稷下学宫的祭酒。这时，荀子认为，既然自己在学宫里享受着齐国的高等级俸禄，就应该为齐国献计献策。

当时，稷下学宫里那些老一辈的学者已经相继去世，在年轻的学者中荀子的学问是最好的。于是，在几位老一辈学者的推荐下，荀子出任了学宫的主持人——祭酒之职。需要交代的是，这一时期，著名学者接子、慎子、田骈等都还在学宫里，而他们都是当时赫赫有名的人物。

接子，姓曹，真实名字已经失传，大约与慎子同时，都曾经受齐宣王田辟疆重视。慎子，名到，是从道家分离出来的具有法家倾向的人物。此时，接子和慎子都已过了古稀之年。田骈是齐国宗室，又称陈骈，后来《吕氏春秋》将其列入"先秦十豪"之一①，与老子、孔子、墨子等并列齐名。在《战国策·齐策四》中有一段文字，可以看出当年田骈在齐国的富裕程度，也可以间接看出齐国给予这些学者的待遇。

有位齐国人去见田骈，对他说："听说先生有非常高妙的人生设计，这就是不当官，而愿意为仆役。"

---

① 参见《吕氏春秋·不二》："老聃贵柔，孔子贵仁，墨翟贵兼，关尹贵清，列子贵虚，陈骈贵齐，阳生贵己，孙膑贵势，王廖贵先，兒良贵后。此十人者，皆天下之豪士也。"

田骈听出此人话里有话，就问道："先生从哪里听到的？"

齐人说："我从邻居女子的事体会出来的。"

田骈更加纳闷，问道："请教一下，您说的是什么意思？"

齐人说："臣邻人之女，设为不嫁，行年三十而有七子，不嫁则不嫁，然嫁过毕矣。今先生设为不宦，訾养千钟，徒百人，不宦则然矣，而富过毕也。"[1]

意思是，"我邻居家的女子，立志终身不嫁，年龄还没到三十岁的时候却已经有七个孩子了，说是不嫁是真的没嫁，却等于早就嫁过了。如今，先生的人生立志不做官，却有千钟俸禄的高薪，身后有上百个跟班，说是不做官是真的没做官，却比做了官还富裕多了"。实际上，齐人是在讽刺田骈。由此，可以看出当时稷下学宫里有地位的学者们高额的待遇和得意的风采。

当然，接子、慎子和田骈已经七八十岁了，稷下学宫的事便有些力不从心了，而他们都喜欢荀子敏而好学、积极思考且有自己独立见解的品格，因此便一致推举其管理学宫之事——出任学宫的祭酒之职。

当时，荀况正是血气方刚、精力充沛、充满理想的年龄，他注意到以齐国的基础和实力完全可以发展成为东方的大国，如果按照儒家的政治理想来进行治理，齐国是有希望成为统一天下的国家的。

荀子知道，前辈孟子在几十年前回答梁襄王询问时便明确提出天下"定于一"的观点，即天下只有统一才可能停止战争并安定下来，百姓才可以过上安居乐业的日子，故而天下走向统一是历史的趋势。但是，齐国出现了严重的政治危机，如果不能改弦更张则十分危险，在数年之内便有四分五裂的可能，甚至有亡国的危险。如今，荀子认为既然自己被推到了祭酒的位置上，便应该"在其位，谋其政"，虽然没有决策的能力，但指出问题的严重性并建言献策总是应当的，更是义不容辞的。

---

[1] 参见《战国策·齐策四》。

于是，荀子心想："坐到哪条船上，就希望哪条船顺畅通行，希望哪条船赢。"意思是他要为自己所在的齐国尽心尽力。

荀子强烈的危机意识，促使他迫不及待地前去求见相国吕礼。

齐国从齐威王时开始强大富庶，齐宣王时也保持着发展的势头，还曾经用五十天时间就占领了燕国的绝大部分领土，确实是当时东方最强大的国家。到齐湣王时，齐国的国家实力如同行驶的列车，仍然有着强大的惯性。

然而，齐国虽然从表面看还很强大，但危机已经很深了。不过，刚愎自用的齐湣王根本看不到齐国的严重危机，就如同坐在堆满干柴的柴垛上饮酒作乐而柴垛下面已经点燃却全然不觉。当时，最能忽悠齐湣王的便是纵横家苏秦和他的弟弟苏代，成天恭维吹捧并极尽所能地出馊主意；而他身边的近臣夷维子更是巧舌如簧、佞辞百端，遇事则狐假虎威、狗仗人势，以至于齐湣王到处碰壁。

孟尝君田文

俗语说，"没有好骑驴的，还没有好掌鞭的？"实际上，就是说为骑驴之人牵驴和拿鞭子赶驴的人最重要。由此可见，身边之人品性的重要。还有句话说，"不怕没好事，就怕没好人"。道理与之类似。简而言之，最近几年，齐湣王身边已经没有好人了。

齐国原来的相国是名人孟尝君田文，由于他的名声太大甚至到了如雷贯耳的程度，秦昭襄王听说后就反复向齐国请求，请齐国让孟尝君到秦国去。当秦昭襄王第一次来请时，孟尝君本人坚决不肯；当第二次来请时，孟尝君便动心了，于是带领一批食客前去。当然，齐湣王能够同意孟尝君田文去秦国，也可以看出其内心对孟尝君非常忌惮，原本就想借机将之赶出朝廷。

秦昭襄王果然想要重用孟尝君，但有高人指点说孟尝君两代人都是齐国大贵族，又是齐国宗室，他的父亲田婴是齐威王的弟弟，被封为靖郭君，执政很长时间，而他本人也是齐国重臣，怎么会真心为秦国卖力，可能对秦国不利。于是，秦昭襄王便用楼缓做了丞相，并下令将孟尝君赋闲且监视起来。

孟尝君非常紧张，有人给他出主意说秦昭襄王有一位爱妾能够说服秦昭襄王，但条件便是要那件白狐裘。孟尝君很为难，他只带来一件白狐裘且已经献给了秦昭襄王。不过，孟尝君带领的食客中有擅长偷盗者，即所谓"狗盗"之徒，还真有本事地把这件宝物偷出来献给了那位爱妾。那位爱妾得到白狐裘后便说服秦昭襄王放了孟尝君，即同意孟尝君离开秦国回到齐国去。

孟尝君立即率领众食客急急忙忙出走，马不停蹄往齐国赶。到函谷关的时候正是半夜，孟尝君害怕秦昭襄王派人来追，而一食客是所谓"鸡鸣"之徒会学鸡鸣，于是他一"鸡鸣"则群鸡皆鸣。当时，秦国关口法令，只要鸡鸣便开关通行，于是孟尝君顺利出关。刚刚出关不久，秦国追赶之人便到，但孟尝君已经到齐国境内了。

回到齐国，孟尝君出任相国执政。有人说孟尝君有野心，加之又发生了有人要刺杀齐湣王的事件，于是齐湣王大怒。孟尝君感觉有危险，便主动回到薛地隐居。后来，经过调查，那次刺杀事件与孟尝君没有丝毫关系。齐湣王欲请孟尝君回朝执政，但孟尝君心有余悸，不肯再回临淄。因此，宋人王安石在《读孟尝君传》中批评孟尝君："世皆称孟尝君能得士，士以故归之，而卒赖其力，以脱于虎豹之秦。嗟乎！孟尝君特鸡鸣狗盗之雄耳，岂足以言得士？不然，擅齐之强，得一士焉，宜可以南面而制秦，尚何取鸡鸣狗盗之力哉？夫鸡鸣狗盗之出其门，此士之所以不至也。"[1]意思是，孟尝君若是得到了贤士，凭借强大的齐国，只

---

[1] 参见《四部丛刊·集部·临川先生文集》。

要有一位真正的贤士，便可以使齐国真正强大起来而制服秦国，哪里用得着借助鸡鸣狗盗之徒的力量呢？同时，在齐国最需要贤士的时候，孟尝君又不能尽弃前嫌，勇敢站出来承担责任以力挽狂澜，而此时的齐国正是危急存亡之时。

当时，齐国的另一位大贤人王蠋早就看出了这种危机，几次上谏，但齐湣王则不搭理。不过，由于王蠋的人望很高，齐湣王并没有处罚他。王蠋见天下大势已去，反复劝谏也不起作用，便采取孟子当年的做法——坚决请辞。于是，王蠋便辞去一切官职，回到家乡昼邑（今临淄西北）隐居去了。

恰好，秦国的五大夫吕礼到了齐国，于是齐湣王便用其为相。由于吕礼刚到齐国，他一切都听齐湣王的，故而齐湣王很愿意用他。

当然，在春秋战国时代，士人到别国为相者不少见，因为当时的士人是以天下为重的。他们认为全天下是一个命运共同体，只要有利于实现自己的政治理想便愿意到别的国家去为政。因此，孟尝君要到秦国做丞相，秦国的五大夫吕礼到齐国做了相国。

此时，来齐国七年多的荀子已经成长为知识渊博、具有远见卓识的学者，而当他看到齐国的危机如此严重时便直接去求见新任相国吕礼。

质 问 齐 相

吕礼五十岁刚过，成熟老到。荀子二十二岁，血气方刚。荀子主动求见吕礼，一番客套后便开门见山、单刀直入地说道：

"今日求见相国，有几句话要说，不吐不快。请相国包涵！"

"但请直说无妨，某洗耳恭听。"作为齐国的国相，对稷下学宫的祭酒的意见也不可能不重视。

荀子说道："处在胜人的地位上，而推行胜人的政治，得到天下拥护，这便是商汤和周武王。处在胜人的地位上，而不推行胜人的政治，即使拥有天下的权势，而追求当一名匹夫都不可能，这便是夏桀王和商纣王。因此，可以知道，有权势不如开明的政治。作为相国，便是处在胜人的地位上，正确的就坚持，错误的就制止，贤能之士就重用，不肖之人就黜退，包括自己私下的欲望，都要坚持正道，出以公心。只有公道正义才可以通行天下，是胜人之道。"

吕礼眯着眼睛听着，轻轻点头表示赞同并说道："你说得很对。"

荀子继续说道："如今相国上可以得到君主的专宠，下可以得到处理国家政事的专权，具有执掌国家政事的大权，是没有任何疑问的。然而，为什么不运用这种权力走胜人的道路，征求、得到仁人君子和贤士而提拔到朝廷，与相国共同参理国政以端正一切是非呢？如果这样的话，那么全国谁又敢不义呢？君臣上下，贵贱老少，一直到普通百姓没有做不义之事的人，那么全天下谁不愿意自己的行为符合正义的要求呢？如果贤能之士都愿意到齐国来效力为官，好利的百姓都以齐国为自己的家，那就是天下为一，想不统一天下都不可能了。"

吕礼听得也有些兴奋了。突然，荀子话锋一转，说道："相国却舍弃这些都不做，任凭世俗之所为，就会形成女主（王后、太后）乱之于宫内，奸诈之臣子乱之于朝廷，贪墨官员乱之于官府，群众百姓用尽心机争夺利益成风，那怎么可以维持国家呢？如今，庞大的楚国就在齐国的前面，强大的燕国在齐国的后面，强劲的魏国在齐国的右面，如果这几个国家中有一国想图谋齐国，则齐国的国土必定被分割成三四块，而这一定会被天下人耻笑。"

吕礼陷入沉思，荀子提高嗓门道："故凡得胜者，必与人也；凡得人者，必与道也。道也者，何也？曰：礼义、辞让、忠信是也。"[1]意思是，凡是取得胜利的人，首先都得到了人心；凡是得人心的人，都坚持了正

---

[1] 参见《荀子·强国》。

道。什么是正道？就是礼义、辞让、忠信。

最后，荀子强调如今形势危急，时间紧迫，刻不容缓，如果不抓紧时间整顿吏治，全面推行仁政，那么齐国就危险了。

荀子的意见多而尖锐，非常中肯深刻。关于荀子意见的核心，他看出齐国政治的严重危机——面临被攻击分裂的严重局面，希望吕礼能够推荐、提拔贤能与其共度时艰，共同来改变这种危险的局面而重新开启齐国的辉煌，同时也希望自己能够得到重用。但是，吕礼能听进去吗？即使吕礼听进去了，齐湣王能够听从他的意见吗？

这一年，是周赧王二十四年（前291）。

两年后，名闻天下的纵横家苏秦从燕国来到齐国，在其摇唇鼓舌、一番说辞后受到齐湣王的极度信任，并被任命为客卿。

苏秦最能揣摩齐湣王的心理，顺着齐湣王好大喜功的性格而吹嘘他，于是齐湣王便飘飘然起来，觉得自己是天下最伟大的君主。周赧王二十九年（前286），苏秦见齐国南邻宋国已经是烂透的柿子——不用捏，一碰就会掉，于是摇动三寸不烂之舌游说齐湣王发兵灭宋以扩大疆域。当然，那位荒唐的宋王偃也确实给齐湣王提供了最好的机会。

宋　王　偃

宋王偃，即宋康王，名偃，故历史上一般称为宋王偃。刚登基的时候，宋王偃曾想有所作为，便提出想要实行王道政治，并派使者去邹国请当时的大学者孟子前来指导。孟子到了宋国，当时的相国戴盈之到孟子那里请教。孟子先后和戴盈之、戴不胜都有比较长的谈话，而"攘鸡"的典故便是孟子与戴盈之对话的杰作。

后世，《搜神记》中流传甚广且具有强烈悲剧色彩的故事——《韩凭夫妇》，也是这位宋王偃制造的悲剧。

宋王偃的臣属有位叫韩凭的人，妻子何氏貌美有姿色，宋王偃便要霸占。韩凭心里怨恨，于是宋王偃将其囚禁，又让他去修城。韩凭自杀。妻子何氏听说后，也跳下城墙自杀，并留书请求与丈夫合葬。宋王偃大怒不许，将两个人的尸体分开埋葬。后来，两个坟头长出了两棵大树，树枝相向伸出，相互缠绕拥抱，并有鸳鸯栖息于上交颈悲鸣，声音凄凉哀怨。于是宋国人称这两棵树为连理树，并说鸳鸯鸟就是韩凭夫妇的精魂所化。

话说在宋王偃实行王道政治的几年时间里，宋国还真的发展起来了。十年后，宋国比较强大了，这时宋王偃便开始东征西讨，"起兵灭滕；伐薛；东败齐，取五城；南败楚，取地三百里，西败魏军。与齐、魏为敌国，乃愈自信其霸"[1]。需要说明的是，"与齐、魏为敌国"的"敌国"不是敌对的意思，而是对等、相等的意思，即同样规模、同样等级。

宋王偃连续对外作战取得胜利，使本来就刚愎自用、好大喜功的他更加飘飘然起来，觉得自己便是亘古以来最了不起的君主了。为早日称霸成功，宋王偃对天发箭——射天神，用竹杖笞打地面——打地神，把祭祀天地的天坛、地坛都毁弃，要威震天地鬼神并都服从于他。然后，宋王偃又在豪华的大殿里彻夜长饮，大声吆喝让屋里的人齐声高呼"宋王万岁"，并命令堂上的人呼应，门外的人接着高呼，全城的人都跟着高呼，以至传到城外让全国的人都跟着高呼。

如此折腾，宋国百姓的怨恨情绪可想而知，都把宋王偃恨得咬牙切齿，称他为"桀宋"。宋国国内到处是骂声和反叛声，而这样的国家能不亡吗？

无独有偶，齐湣王和宋王偃可谓是小巫见大巫。在周赧王二十九年（前286），齐湣王出兵伐宋，而宋国根本就没有抵抗能力。刚一交战，宋国军队或反戈一击，或作鸟兽散，偌大的宋国很快就全部被齐军占领了。宋王偃逃跑到魏国温邑（今河南温县），很快被齐军抓住杀死。就

---

① 参见《资治通鉴·周纪四》。

这样，近八百年历史的宋国便在历史上永远消失了，而这位宋王偃便是地地道道的亡国之君。

上谏齐湣王

宋国一直是中等诸侯国，是殷商王朝贵族在西周初年的封国，在宋襄公时期曾经进入大国行列。即使在末代君主宋王偃时期，宋国的地盘和综合国力在当时的天下也是进入前十的，可是经过宋王偃这么一个不知天高地厚的人一阵折腾后却亡国了。

齐国灭掉宋国这样一个大国，地盘一下子扩大许多。于是，齐湣王更加骄傲得不得了，经常做长夜之饮且大肆淫乱。然而，此时北面燕国的燕昭王正在积极准备复仇，西面的韩、赵、魏三国以及秦国更是不甘心宋国被齐国独吞，南面的楚国也红了眼，都瞪大了眼睛盯着齐国。

齐国面对的这种情形被荀子看得清清楚楚，他清楚地认识到现在的齐国比五年前更加危险，甚至这种危险已经迫在眉睫，或许第二天早上就会出现地动山摇的局面。于是，荀子忧心忡忡地找到几位学宫的老学者把自己的忧心说了出来，而接子、慎子、田骈也有同样的感觉。田骈忧虑最重，因为齐国本来也是他本家的基业。自从灭掉宋国，田骈就有一种预感，觉得这种祸事也即将降临到齐国了。几个人一番商量，觉得事关重大，已到生死存亡之际，决定立刻去求见齐湣王。

此时，齐湣王已被苏秦吹嘘得三皇五帝、夏禹商汤、文武周公、春秋五霸等统统都不在话下，说其轻轻松松便占领了一个拥有千辆战车的中等诸侯国，并将之灭掉且将领土纳入本国版图，这是很了不起的事。因此，齐湣王正被胜利冲昏了头脑，他根本听不进接子、慎子、田骈等人的意见。

见齐湣王不肯采纳谏言，接子、慎子、田骈等人知道齐国即将要大难临头了。其中，接子和慎子也不告诉去哪里，回去后就收拾东西带着家人和弟子离开了临淄；田骈去了薛地；而荀子则直接去了南方的大国楚国。

面对如此严峻的形势，齐湣王不但不知加强守备，第二年（前285）还继续南侵楚，西侵三晋，并要吞并二周①而自己做天子。

临淄外城有位叫狐咺的人，冒着生命危险向上谏言，说如此大规模用兵是祸国殃民，并指出齐国就要大难临头了。齐湣王大怒，在交通要道——檀街上将狐咺斩首。与此同时，齐湣王的本家人陈举直言，在东面市区里被其杀害，于是宗族人也都离心离德了；春秋时期齐国大司马田穰苴的后人是执政大臣，稍微表示不同意见，立即被杀。

到了周赧王三十一年（前284），齐国大军刚刚开拔，燕国大将乐毅便指挥燕、赵、魏、楚四国的军队浩浩荡荡向齐国而来。

最早的"二百五"

齐国的政治一团糟，有的大夫对苏秦在齐国煽风点火恨得咬牙切齿，便派人去行刺他。苏秦被刺客刺成重伤，但并没有死。

此时，齐湣王已经对苏秦的说辞有所察觉和怀疑，但苏秦作为齐国最受尊崇的客卿被人刺成重伤也是国家的耻辱，于是便要求尽快抓获刺客。这时，重伤的苏秦感觉自己活不成了，如此剧痛难忍不如早死更好，而且可以为自己报仇，便对齐湣王说："大王如此紧急追捕是不可能抓到刺客的。请大王公布臣的罪状，说臣是燕国派来的大间谍，然后将臣车裂，并用千金悬赏刺客。这样，刺客一定会主动出来请赏，然后将其杀之，臣仇可报。"

在临淄最热闹宽敞的大街上，齐湣王派人贴出布告公布了苏秦的

---

① 二周，指战国末期周室分裂成的西周和东周两个小国。

"罪行"，宣布将其车裂，并悬赏一千金给行刺苏秦的刺客。就这样，苏秦被车裂分尸。

"靡不有初，鲜克有终"是《诗经·大雅·荡》中的诗句，意思是所有人和事，没有一个不是有开始的，但很少有善始善终的。苏秦是当时有名的纵横家，但他只想自己博取富贵而置天下百姓生活于不顾，到处煽风点火、朝秦暮楚，而其人生的结局也实在是太凄惨。

见苏秦被车裂，又看到悬赏的布告——一千两黄金太有诱惑力了，于是有四个壮汉前来自称自己是刺客。可是，四个人都无法证明真伪，而只有一千两黄金，怎么分配呢？然后，四个人几乎同时说："那就我们四个人平均分，每个人二百五十两。"

这时，司寇宣布："你们四个人都承认自己是刺客，每人分得黄金二百五十两。但刺杀国家的客卿，杀无赦！即刻推出斩首。"

最后，这四个人没有得到应该分得的二百五十两黄金，反而断送了自己的性命。这便是俗语"二百五"这一词语的来源之一。关于"二百五"，虽然来源说法不一，但这种说法似乎是靠谱的。

顺便交代一下，苏秦在中国历史乃至于文化史上都是名声显赫的人物，他最吸引人的故事便是开始游说天下的传奇式经历。苏秦和张仪都是当世高隐鬼谷子的学生，而苏秦先下山，便直接到秦国游说。当时，秦孝公刚刚死去，商鞅被车裂，继任的秦惠王因为讨厌商鞅滔滔不绝的言辞，故对苏秦比商鞅还滔滔不绝的言辞很是反感。因此，苏秦在秦国十次上书而不受待见，穷困潦倒，无奈而不得不回家，遭到家人冷遇。

苏秦从秦国回来时确实很惨，又黑又瘦，满脸憔悴，自己挑着一个担子，一头是简单的行李，一头是几卷破旧的书籍。看到苏秦这个样子，爹娘不搭理，妻子也不热情，嫂子不给做饭。苏秦伤了自尊，受了刺激，于是决定发奋读书。最后，苏秦找出了《阴符经》这部书，反复揣摩，困了就用锥子扎一下大腿，流出的血都流到了脚后跟。这便是"锥刺股"典故的来历。"锥刺股"与汉代孙敬"头悬梁"经常并用，成为最常用的励志典故。

经过一年多的苦读深思，苏秦悟出了许多道理并想要报复秦国，于是他游说山东六国组成政治和军事联盟共同对付秦国。

合纵成功后，苏秦挂六国相印，派头十足，十分显赫。于是，苏秦衣锦还乡回到洛阳，欲炫耀显摆一番。爹娘、妻子、嫂子都远远前来迎接，而嫂子更是跪在路边不敢仰视。苏秦用奚落的口吻问嫂子道："嫂子，您为何以前对我很傲慢而现在对我如此恭敬呢？"嫂子回答道："见季子位高而多金也。"[①]"位高"者，有权势；"多金"者，财大利大，所谓"势利眼"不过如此而已。

关于苏秦的评价，王安石的《苏秦》一诗很是深刻："已分将身死势权，恶名磨灭几何年。想君魂魄千秋后，却悔初无二顷田。"意思是，被酷刑五马分尸凄惨而死就在于追求权势，恶名到何年才可以磨灭啊；想象苏秦的魂魄在千秋万代之后，一定会悔恨当初为什么不置买几顷田地过太平生活吧。

当时，燕国军队已经深入齐国腹地，齐湣王派向子为将前去迎敌，在济水大战，齐军一败涂地。乐毅指挥军队趁势杀向齐国都城临淄，齐国的主力军队都在国外，撤军回齐国也来不及了，而国内军力空虚却使得临淄城不堪一击。

齐湣王率领残兵败将逃到了卫国，而卫国会收留并保护他吗？等待齐湣王的究竟是怎样的命运呢？

死得最凄惨的国君

兵败如山倒。临淄城外，燕、赵、魏、楚四国联军的攻势甚猛，而

---

① 参见《史记·苏秦张仪列传》。

齐军早就人心涣散、分崩离析。其中，一部分禁卫军保护着齐湣王逃出临淄，一直向西南方向逃跑。

一行人如漏网之鱼，都不敢在齐国停留，一直跑到了卫国的都城帝丘（今河南濮阳县东南）。来到卫国后，齐湣王的随从夷维子问卫国接待者道："你们的国家将用什么礼节来接待我们的国君？"

接待者说："我们将用十太牢的规格接待贵国国君。"

夷维子说："你们怎么能用如此简慢的礼节来接待我们的国君呢？我们的国君是天子。天子巡狩，诸侯要躲避，要交纳都城和宫门的钥匙，并在堂下侍奉着，等天子吃完后听从指示。"

接待者听完，说："我们没有资格接待这样的天子，你们往别的地方去吧！"干脆就没让他们进城门。然后，接待者气哼哼地命令关闭城门，上锁。

齐湣王一行人见吃了闭门羹，便又跑到邹国去。齐湣王依旧纵容夷维子一个劲儿显摆，但也被拒绝，还是没有进去城门，最后只好灰溜溜地逃回齐国莒邑（今山东莒县一带）。莒邑曾经是独立的诸侯国，城池比较坚固完善，现在是齐国五大行政区之一的城池，故而燕国军队没有攻破且依旧在齐国控制下。因此，齐湣王暂时还没有成为丧家犬，有了栖身之所。

这时，楚国顷襄王派将领淖齿率领部分军队来"救助"齐国，实际是想趁火打劫，割取一块领土。淖齿也是个极端残忍凶狠而没有韬略的人，他率领部分军队进入莒城，名义上是守卫，实际上是控制了这里。

齐湣王属下已无大臣和军队可用，只好让淖齿主持莒邑的政务，任命其为相国。其实，淖齿就是这里的实际统治者，并曾受楚国顷襄王的密令伺机参与瓜分齐国的领土。如今，齐湣王居然相信楚国是来救助自己的，便放松了警惕。淖齿派人把齐湣王抓到自己的驻地鼓里（莒城内的一个地名，类似于今天的街道），逼迫他割让齐国西南的大片领土给楚国。齐湣王刚愎自用、脾气暴躁，见自己任命的相国居然敢在自己的地盘上扣留自己，气得大骂淖齿。

淖齿被激怒了，两眼布满血丝，厉声问道："你这个昏君！你这个暴君！我问你：千乘、博昌之间，方数百里，雨血沾衣，王知之乎？"

齐湣王说："我知道。"

"嬴、博之间，地坼及泉，王知之乎？"

齐湣王说："我知道。"

"有人当阙而哭者，求之不得，去则闻其声，王知之乎？"

齐湣王说："我知道。"

淖齿说："天雨血沾衣者，天以告也；地坼及泉者，地以告也；有人当阙而哭者，人以告也。天、地、人皆告矣，而王不知诚焉，何得无诛！"①

齐湣王继续大骂，淖齿大怒。淖齿本是个凶恶残忍之人，下令把齐湣王捆了起来，并让人抽出他的筋。齐湣王惨叫，依旧大骂。于是，淖齿让人用齐湣王的筋连同绳索将其吊在房梁上。

齐湣王凄惨哀号了两天两夜，才咽了气。这可谓是历史上死得最悲哀凄惨的国君了，死时刚刚四十岁。

关于把人的筋抽出来当绳子用，荀子说得清清楚楚："淖齿用齐，擢闵公（湣王）之筋，悬于其庙梁，宿夕而死。"② 这个场景想来就令人不寒而栗，真的太残忍了。

齐湣王本名田地，齐宣王之子，田齐政权的第六任国君。在齐湣王即位初期，齐国国力强盛，可与秦国抗衡，南举楚淮，北并巨宋、苞十二国，西摧三晋却退强秦，一时间五国宾从。但由于齐湣王刚愎自用，不能审时度势，最后死得凄惨，把几百年的基业输得精光。从此，东方大国的齐国一蹶不振，直到被秦国兼并。

齐湣王的长子名法章，即田法章，很有心计。当淖齿来抓齐湣王的

---

① 参见《资治通鉴·周纪四》。

② 参见《战国策·楚四》。

时候，田法章早就换好奴仆的衣服在混乱中逃跑了，并直接跑到齐国史官家中喂养马匹假扮起佣人来。

王　蠋

乐毅的军队很快推进到齐国都城临淄附近地区，昼邑便在临淄西北。乐毅知道齐国大贤人王蠋是昼邑人，便下令军中环绕昼邑三十里画个圆并不准入内。然后，乐毅派人专门去请王蠋前来入幕。

王蠋表示感谢，但坚决不肯前来。乐毅再派人去威胁王蠋道："你如果不来归顺，我将要屠了昼邑。"意思是要将全昼邑的人都杀光。王蠋不为所动，回答很干脆，说道："忠臣不事二君，烈女不更二夫。国破君亡，吾不能存，而又欲劫之以兵，吾与其不义而生，不若死！"[1] 随后，王蠋留下遗嘱，自己到郊外一棵大树的树枝上上吊而死。

看到这个故事，孟子关于"鱼和熊掌"的论述便更加清晰起来。孟子曰："鱼，我所欲也。熊掌，亦我所欲也。二者不可得兼，舍鱼而取熊掌者也。生，亦我所欲也。义，亦我所欲也。二者不可得兼，舍生而取义者也。"[2] 可以说，王蠋就是最典型的"舍生取义"的典范。

当时，王蠋大名已经传遍天下，否则燕国的乐毅也不可能知道。但是，王蠋几次上谏齐湣王，而齐湣王都不肯用，故其坚决请辞回家隐居。可见，王蠋是有节操之人。当燕国统帅乐毅来请王蠋时，他则坚决不肯前去，表示决不为敌国效劳，坚决不合作。于是，乐毅用要屠杀全昼邑的人来威胁，而这时候他只有两条道路可走：一是保全生命而屈从敌国，并且也营救了乡人；二是以自杀来保护乡人。还有，王蠋如果要率领乡

---

① 参见《资治通鉴·周纪四》。
② 参见《孟子·告子上》。

人反抗的话，只能是血流成河、以卵击石的不明智做法。这样，王蠋只有选择自己一死才是最适宜的办法。"义"者，"宜"也，这样也就一了百了了。于是，王蠋便舍弃自己的生命而采取了"义"的做法。因此，王蠋被后人敬仰，被史官所记录。

乐毅听说王蠋自杀后，很是震惊和悲哀。于是，乐毅下令全军对昼邑的百姓秋毫无犯，并严加保护。当大军进入齐国都城临淄城后，乐毅严格约束部队，禁止抢劫掠夺，更不准奸淫妇女，恢复了一切生产秩序和生活秩序。对此，百姓大悦。不过，乐毅的军队把朝廷重器即凡属于国家的财产和重要文物等洗劫一空，与当年齐国军队占领燕国都城时的做法一样。然后，乐毅又祭祀齐桓公和管仲，表彰齐国的贤人七十多名，并为王蠋修建坟墓且立碑纪念。

对于王蠋的高义，我也甚是感动，特赋诗《王蠋高义赞》一首赞曰："舍生取义无典型，邂逅王君心猛惊。挽救乡邻万条命，南枝自挂死犹生。"

顺便说明一下，钱穆先生认为这位王蠋应该就是《古文观止·卷四》中《颜斶说齐王》中的颜斶[①]，但我仔细考证后以为可能性不大。

乐毅是魏文侯时期名将乐羊的曾孙，不但有高超的军事才能，而且学识渊博，是位文化程度很高的将领。在燕军深入齐国腹地后，乐毅下令不准骚扰百姓，保护贤人，尤其要保护好稷下学宫。当燕军占领临淄时，乐毅派专人将稷下学宫严密保护起来，不准动其一草一木，并对稷下学宫的学者们更是尊敬有加而没有任何打扰。

很有意思的是，燕国军队占领齐国的绝大部分领土之后，只有莒城和即墨两个孤城独立存在，而且这种状况前后持续了四年多时间，直到燕昭王死去燕惠王即位才出现了变化。在这四五年时间里，齐国百姓的生活基本不受什么影响。因此，乐毅在中国历史上一直都受到好评，关键便是他爱护百姓、不滥杀无辜。

---

① 钱穆：《先秦诸子系年》，第一四〇条"春申君封荀卿为兰陵令辨"。

田单横空出世

"时势造英雄"，挽救时势就必须出现英雄人物。"乱世出英雄"说的就是只有在火与血的考验下，才可以出现振臂一呼而万民响应的英雄人物。在五国伐齐、兵荒马乱的战争状态中，齐国又涌现出了一位奇才，他就是被司马迁写进《史记》七十列传中的田单。

田单是田齐政权的本家，但不是近支，很疏远。齐湣王时，田单在临淄做文书工作，没有什么实权，不被重用。

当年，燕军兵临城下前，齐湣王就逃跑了。田单见大势已去，便率领自己的家族提前撤离到安平。燕军继续深入，眼看安平就要沦陷了。这时，田单让自己宗族近支都把车轴头突出来的部分截断而包上铁笼子，这样既保证车跑起来轮子不掉而两边又不刮碰。

古代的车都是木质铁车，而所谓铁车是指车轮外圈包上铁片，这样才可以耐用。车轮用车轴穿起来，正中间突出来的部分叫车毂，而且两面的车毂突出来很多，一般都在半尺多，同时车轴从车毂穿出来还有一段长度且带尖，一般都将近一尺多长，这样车一多或交通混乱时就容易刮碰。

当燕军逼近，安平全城的人争相出逃，满街满巷都是人和车，相互刮碰，人仰车翻。由于田单家族的车两边的轴头都截断了，他们非常顺利地出了城，直奔更远处的即墨而去。

几个月后，齐国除莒城和即墨两座孤城之外，全部被燕军占领。乐毅听说齐湣王在莒城，便集中兵力攻击莒城，故即墨的形势稍微缓解一些。淖齿杀掉齐湣王后，楚军坚守莒城，很有战斗力。燕军数年攻打不下莒城，于是移师即墨。即墨大夫率军出战，战败身亡。

即墨城内百姓见此没有了主心骨，便都推举田单，说："安平之战，田单宗人用铁笼得以突围保全，是懂得军事之人。"于是便共同拥护田单为将军，统领即墨城中军队。

田单确实很有军事才能，故将即墨守护得固若金汤。于是，当齐国其他城池都被燕国的军队占领时，只有莒城和即墨两个孤城还标志着齐国的存在。

楚国的乱局

此时，荀子二十七岁，尚未婚配，也没有弟子，正是精力旺盛、活力四射的时期。对于韩、赵、魏、秦等国，荀子非常清楚地知道这些国家都不是自己推行政治主张的地方，但其对楚国却还不是太了解。由于楚国是南方大国，幅员辽阔，国力强盛，荀子便想到那里寻求发展的空间和机会。

荀子来到楚国的都城郢都（今河南淮阳），而这座"郢都"是楚顷襄王刚刚迁来不久时建立的都城。在春秋战国时期，楚国迁都是最频繁的。楚顷襄王是一位庸主，还不如他的父亲楚怀王。楚怀王虽然有主见，但政治昏庸，被群小所包围，不是受欺于纵横家张仪，就是受蒙蔽于郑袖、靳尚和公子子兰，并疏远和流放大贤人屈原。

当时，魏王曾经献给楚怀王一个绝世美人，有沉鱼落雁之容、闭月羞花之貌。楚怀王见之大喜，非常宠爱。郑袖见楚怀王极其宠爱魏美人，便对魏美人极好，热情关照，百般照顾。一两个月后，楚怀王便以为郑袖真心喜欢魏美人。魏美人也觉得郑袖是个和善的好人，与之关系密切，二人便如同亲姊妹一般无话不说。

一天，郑袖笑着对魏美人说："大王是真心喜欢你，但他有点不太喜欢你的鼻子。所以，你再见大王时适当地遮着一点。"魏美人信以为真，再见到楚怀王时便用纤手轻轻遮掩鼻子。几次之后，楚怀王便有点疑惑，但他没有直接问魏美人，反而来问郑袖。郑袖小嘴一撇，说："你喜欢人家，人家可不喜欢你。她嫌你身上有味儿。"楚怀王大怒："这小贱人，竟敢藐视本王。来人，去把魏美人的鼻子割了！"

就这样，郑袖略施小计，就除去了自己的情敌魏美人。至此，楚怀王在后宫欺于嫉妒高手郑袖，在朝廷欺于奸佞大师靳尚，在外欺于纵横家张仪。在蓝田之战和垂沙之战两次战役后，楚怀王几乎败坏掉楚国的大半家底，而他本人也死在秦国。楚怀王在秦国囚禁期间曾逃跑到赵国境内，但当时主父①赵武灵王不在，赵国人不敢收留，居然被秦国人又捉了回去，最后就死在了秦国。

荀子之所以离开齐国选择到楚国来，一是要考察一下天下各诸侯国的政治情况以及民风；二是想要寻访一下天下闻名的大贤人屈原。屈原在当时已天下闻名，是备受天下尊敬的大贤人。

多年前，纵横家张仪在楚国受了冤屈，便跑到秦国去，很快受到秦王的信任，并出谋划策要采用连横策略破坏苏秦、公孙衍等人的合纵术。

张仪首先到了楚国，舌灿莲花般地把楚怀王说动了心，而采纳了"绝齐联秦"的外交政策。张仪回到秦国，并没有兑现亲口答应的给楚国"商於之地六百里"的承诺，而改成了六里。于是，楚怀王大怒，发兵攻打秦国，结果大败。在这种极其被动的情况下，屈原到齐国游说，才重新恢复了齐楚联盟。当时，屈原来去匆匆，荀子虽然在齐国但地位不够高，故没有能够见面。

此时，屈原的一些文学作品已经开始在天下传唱，尤其《橘颂》和《国殇》更是广为流传。荀子对于屈原极其崇敬，他觉得《橘颂》真是太美了，故而急切地想要见到屈原。

然而，荀子到达楚国都城郢都时，屈原又被贬谪流放了。这时，楚

---

①战国时，赵武灵王让国于其子惠文王，自号主父。参见《史记·赵世家》。

国朝廷里的政治极其黑暗，令尹是楚顷襄王的弟弟——公子子兰，也就是反复游说楚怀王并请楚怀王应约去参加秦王的所谓会盟而被秦国骗去扣押的那个人。

楚顷襄王不仅没有把主要力量放在防备秦国方面，而且在一年前派出当时很能打仗的大将庄蹻率领三万大军向楚国西南方的云南、贵州一带前进以扩大疆域。庄蹻确实很能打仗且也很擅长管理，他率领大军居然一直打到了如今的昆明一带，看到滇池方圆三百里的秀丽风光以及周围大面积的沃野后喜不自胜，便将其全部占领并进行统治，于是这里便归属于楚国了。

当庄蹻想要回楚国汇报这里的情况时，他发现自己回不去了。原来，就在庄蹻艰苦作战不断取得胜利的时候，秦国大将司马错正在攻打楚国，并攻占了黔中郡（今湘西及黔东北）。楚国又主动把汉北、上庸两地割让给了秦国，这样就把庄蹻的退路隔断了。与此同时，不断有坏消息陆续传来。

这一年是周赧王三十六年（前279），天下够热闹的。秦昭襄王和赵惠文王在渑池举行会谈，蔺相如展现其大智大勇，使赵惠文王很有面子——这便是在许多戏曲节目中都有的"渑池会"。赵惠文王回国后，蔺相如和老将廉颇又上演了著名的"将相和"。

秦国派出大将白起对楚国进行大举进攻，攻破郢都等楚国的重要城邑，又开长渠引水灌鄢陵，导致几十万百姓被淹死，水面上、水渠旁横躺竖卧着许多尸体。

在这样的境况下，荀子想见屈原的念头已经成了泡影，他在思索着自己下一步该如何走。正在荀子犹疑彷徨的时候，传来田单火牛阵大破齐军且齐国已经恢复的消息。此时，正好齐国派人来寻找荀子，请他回去恢复稷下学宫。荀子一听立即来了精神，便随来人回到了自己熟悉的齐国，回到了自己熟悉的稷下学宫。

连 环 计

原来，不久前，燕昭王死了，燕惠王立。燕惠王对乐毅原本就极不信任，下面的大臣也对乐毅有许多非议。田单听说后，便派间谍到燕国到处散布谣言说："齐王已死，城之不拔者二耳。乐毅畏诛而不敢归，以伐齐为名，实欲连兵南面而王齐。齐人未附，故且缓攻即墨以待其事。齐人所惧，惟恐他将之来，即墨残矣。"[1]

本来就疑心重重的燕惠王听到这些话后更加怀疑乐毅有异心，感觉这种说法有道理。于是，燕惠王便派骑劫来接替乐毅，剥夺了乐毅的兵权。乐毅在此前已经预料到会有这一步，便没有回燕国而是直接到赵国去了。燕军中的官兵对乐毅非常忠诚，为乐毅被排挤而愤怒，于是军心混乱。这便给田单提供了机会。

当听到燕军军心涣散的消息，田单知道机会来了，使用一连串的计谋准备全面反击。

田单要求城中居民吃饭前一定要在庭院里祭祀先祖，于是便有许多飞鸟在城中飞翔下来吃贡品。燕军感觉奇怪，田单便派人放风说："有神仙下来教我，当我的军师。"对城中人也作如此宣传。

这时，有个士卒前来说："我可以当您的军师吗？"说完反身就走。田单立即站起来，亲自去请他回来。那士卒说："我是欺骗将军的，我实在没有什么才能。"田单说："你只要不说话就是最大的才能。"那位士兵心领神会，立即应允，说："我明白，这个我会。"于是，田单便当众拜他为军师，说其是天神派来的。

从此，田单每次传达命令，都一定说是神仙指示的。同时，田单派

---

[1] 参见《资治通鉴·周纪四》。

人到城外传言说："即墨城里的军队最怕燕军将俘获投降的齐国人割掉鼻子冲在最前面和我们交战，我们一定难以抵抗。"燕军果然将齐军投降的人都割去鼻子。即墨城城中人听说后都大为愤怒，眼睛冒火，坚决守城，唯恐被敌军俘获而被割去鼻子。

田单再散布消息说："我们最怕燕国人把城外的祖坟挖掘了屠戮先人，那可太令人寒心了。"燕军果然在城外大肆挖坟掘墓，焚烧死尸。即墨城中的人看见黑烟都痛哭流涕、咬牙切齿，决心与燕国人拼命。于是，即墨城中人人士气高昂，都争相前来请战。

田单知道民心可用、军心可用，便亲自深入军中和士兵共同加固工事，积极备战。同时，田单又与城中一些富户商议，筹集几千两黄金派专人暗中送给燕军几名首领，预约说："即墨城守不住了，主帅已经准备投降，到时候希望不要掠夺我们这几家的妻妾。"

燕军围城的几名将领大喜，完全松懈下来整天吃喝作乐，就等着齐军前来投降。士兵更是如此，下棋的、摔跤的、喝酒的、赌博的、唱歌的什么都有。

就这样，城外燕军大营里一片松懈，吃喝作乐，宴饮成风，就等着即墨城里的官兵来投降。

城里，田单加紧准备，并一边犒赏官兵一边做战前动员。他们千方百计将城里的牛都收集起来，共得到了一千多头。然后，每头牛都用绛色的布蒙上，上面画满花花绿绿的龙纹，并在牛的双角上绑缚锋利的尖刀，在牛尾上绑缚沾上油的芦苇。他们先找准燕军大营所在的位置，在面对的地方把城墙下面提前凿开几个洞穴并将牛分布好，同时下令把牛尾上沾油的芦苇点着，然后全城鼓声大作一起冲向城外。同时，在每一群牛的后面，跟随着上千名的敢死队，他们都是久经训练的精兵。

由于外面围城的燕军距城墙不远，牛尾上的火一烧就拼命前冲，它们全身花花绿绿，后面有火光，头顶上两把尖刀，直接冲进燕军大营一顿疯狂冲撞。就这样，燕军大营一片混乱，鬼哭狼嚎。那些没有被牛顶死的或者受伤的燕军刚要逃跑,却被后面紧跟着的被仇恨燃烧得眼珠子都红了的士兵又是一阵猛杀猛砍。骑劫万万想不到会遇到神牛天兵,便率领一部分军兵慌忙逃跑了。乱军之中,骑劫被杀,分不清是被齐兵杀的还是燕兵杀的。

燕军没有统帅,只得一个劲儿地逃跑,到处是溃逃的燕国军队。田单率领齐兵一直向东北追去,所过之处的城镇全部都反叛燕军而归附齐军。不长时间,田单恢复了齐国的全部领土。

在中国历史上,尤其是军事史上,田单的"火牛阵"一直声名赫赫。

千古奇女君王后

乱世出英雄,也出奇女子。齐湣王被淖齿捉走时,太子田法章事前换上仆人衣服趁乱逃跑却并没有出城,就在莒城居住的敫太史家中当佣人——在马圈里喂马。敫太史的女儿偶然看见,发现这个喂马人相貌、气质都不平常,即使是仆人的服装和卑贱的角色也难掩其气质。于是,敫太史的女儿便暗中照顾,让人送给其鱼肉和衣服。

田法章开始还不敢暴露真实身份,怕被出卖。后来,这位敫太史的女儿干脆把田法章领到自己内室与之交谈,并私自许婚。于是,田法章便把自己的一切都告诉给了敫太史的女儿。随后,二人发誓终身相伴,并暗中做起了夫妻。

"一日夫妻百日恩,百日夫妻似海深。"何况是在这种背景下的夫妻,相濡以沫、相互恩爱的情分自可在想象之中。

这一切,敫太史全然不知。

再说,齐湣王有个贴身随从叫王孙贾。在混乱中,王孙贾没有保护好齐湣王,不知道齐湣王到哪里去了,于是只好回到家里。王母听说找不到齐湣王,便说:"你早晨出门晚上回来,我倚门而望。你晚上出去而不回来,我则倚闾而望。如今,你侍奉君王而君王丢了,你却不知道在什么地方,那你还有归宿吗?"

当王孙贾知道齐湣王被淖齿押到鼓里且已经被害的确切消息后,他义愤填膺地直接到闹市高呼:"淖齿杀害闵公(湣王),乱齐国,有要报仇的举起右胳膊。"呼应的有四百多人,大多数本来就是禁卫军的成员,都是很有战斗力的人。

"人无头不走,鸟无头不飞",起事的第一人非常关键。经过缜密的侦察,王孙贾发现淖齿的住处也有齐国人,于是率领这四百多人的敢死队与之内外配合,突然攻击淖齿住所并将其杀死。这样,莒城脱离楚国控制而重新回到了齐国人手中。

"国不可一日无君。"莒城里有许多齐国的老臣商量着拥立新的国君,于是有人提出寻找太子。太子田法章开始还有些犹豫,怕自己被杀,后来见都是齐国臣子,有的自己还认识,便站出来说自己就是太子。这时候,敫太史才知道在自己家喂马的人原来是太子田法章。

于是,大臣们都异常兴奋,共同拥戴田法章为新齐王,并称作齐襄王。当然,敫太史的女儿就是王后了,由于其是在田法章最危险、最困难的时候慧眼识君且是大君子之所为,因此称其为"君王后"。——司马迁的《史记》和司马光的《资治通鉴》中都用这一称呼,是战国后期著名的女政治家。

这一年是周赧王三十二年戊寅(前283)。从此,齐国开启了齐襄王时期。不过,齐襄王此时还困在莒邑的城中,等待着时机。

前文提到,田单率领的反击军队大受欢迎,所过之处原来被燕军占领的城邑纷纷反叛燕国而回归齐国。田单很快收复都城临淄,至此齐国全境恢复。田单派人到莒城将齐襄王迎接回临淄来,并登上了国君之位。

二任稷下学宫祭酒

二 任 祭 酒

这一年是周赧王三十六年（前279）。回到临淄后，齐襄王和君王后十分高兴，他们首先对田单很是感激涕零，并任命田单为相执掌齐国大权。

此时，齐襄王田法章是一位二十岁刚过的年轻人，已经生下了一个儿子。齐襄王对这个儿子充满期待，希望他能够重建强大的齐国，于是起名就一个"建"字。

齐襄王任命田单为相，重新恢复秩序。同时，齐襄王对荀子也寄予很高的期望，于是立即派出使者到楚国去，无论如何也要寻找并请荀子回来共同恢复稷下学宫，并帮助自己重新恢复齐国的繁荣和强大。

荀子离开齐国已经七年，但他在楚国一事无成，没有见到屈原，更没有得到楚顷襄王的接见。实际上，楚国一直就处在动荡之中，而荀子也深深地知道这里不是发挥才能的地方。在这几年里，荀子也没有认识黄歇，而黄歇还没有进入楚国上层的贵族圈子。正在郁闷时，恰巧齐国来人相请，荀子便毫不犹豫地跟随来使回到临淄去了。

荀子对楚国很失望，对楚顷襄王更是失望，并感觉其真是个没有骨气的人。要知道，楚顷襄王的父亲楚怀王被秦国两次欺骗，后来还被诳去囚禁起来，受尽凌辱，死在敌国。但是，楚顷襄王竟然欢天喜地地迎娶了仇家的女儿。正因为如此，司马光在《资治通鉴》中义愤地说道："甚哉秦之无道也，杀其父而劫其子；楚之不竞也，忍其父而婚其仇！呜呼，楚之君诚得其道，臣诚得其人，秦虽强，乌得陵之哉！善乎荀卿论之曰：'夫道，善用之则百里之地可以独立，不善用之则楚六千里而为仇人役。'故人主不务得道而广有其势，是其所以危也。"①

可以说，当时的荀子对楚顷襄王的所作所为是痛心疾首的，而在他身后一千多年的司马光也是痛心疾首的。楚国的衰败主要就在楚怀王和楚顷襄王这对父子执政期间。

回到齐国临淄的稷下学宫后，荀子又再度开始自己的学术生涯，并进入学术思想和教育发展的高峰期。后来，荀子便是以他的学术思想和教育事业流传后世的。

屈　　原

回到临淄，荀子深深地呼吸了几口气，因为他对这里太熟悉了。见临淄城并未遭到较大的破坏，稷下学宫也完好无损，荀子便从内心里感激乐毅，感叹其真是一位有仁爱之心的儒将。

进入五月下旬，从楚国传来了不幸的消息——楚国左徒②、贤大夫屈原投汨罗江身亡。楚国到处是哭声，以纪念这位楚国的精英和脊梁。

屈原之死，对荀子的心灵有着极其强烈的冲击。屈原是楚国的大贵族——屈、熊、芈三姓都是楚国的宗室——有着那么高的才能，又曾经做到左徒即副相的高位，但面对强大的黑暗势力都无可奈何，最后竟不

---

① 参见《资治通鉴·周纪四》。
② 左徒，战国时楚国特有的官名，如屈原、黄歇都曾任左徒之职。

得不投江自杀，这是何其悲壮的抉择。

以屈原的才能和人脉，他如果离开楚国到任何国家去发展，都不会失去荣华富贵。当时，诸如张仪、范雎都是魏国人，但都为秦国效力；李斯是楚国人，最后也到了秦国发展；商鞅原本是卫国人，又在魏国待了很长时间，最后也到秦国去了。但是，屈原不同，他是楚国的贵族，那是他自己的国家，故宁愿投江也不愿意离开自己的国家。

荀子对屈原的内心世界是非常理解的，对屈原的《橘颂》也是非常熟悉的，于是他在心中默默地诵读着：

"后皇嘉树，橘徕服兮。受命不迁，生南国兮。深固难徙，更壹志兮。绿叶素荣，纷其可喜兮。曾枝剡棘，圆果抟兮。青黄杂糅，文章烂兮。精色内白，类可任兮。纷缊宜脩，姱而不丑兮。嗟尔幼志，有以异兮。独立不迁，岂不可喜兮。深固难徙，廓其无求兮。苏世独立，横而不流兮。闭心自慎，终不失过兮。秉德无私，参天地兮。愿岁并谢，与长友兮。淑离不淫，梗其有理兮。年岁虽少，可师长兮。行比伯夷，置以为像兮。"[1]

荀子仔细品味着"苏世独立，横而不流兮。闭心自慎，终不失过兮。秉德无私，参天地兮"的意蕴，又想到屈原投江而死的情景，便默默流下了眼泪。

荀子又想，屈原对楚国都无可奈何，而自己虽然出生在赵国，但早已沦落为平民，又能奈何呢？荀子这样想着，决定开始安心读书求道，系统地建立起自己的一套完整学说，把思想留下来并流传下去。其实，当一个人对社会现实无能为力、无法改变的时候，便将自己对理想政治、理想的社会状态描述出来留给后人去追求、去奋斗、去实现，如圣人孔子就是这样做的。因此，荀子也决心要效法先圣，做出自己的努力，这样也就不枉一生了。

接着，荀子又想到楚狂接舆奚落孔子的话："凤兮凤兮，何德之衰。

---

① 马茂元：《楚辞选》，人民文学出版社，1983年，第168—170页。

往者不可谏。来者犹可追。已而，已而。今之从政者殆而。"①在荀子看来，自己虽然没有像孔子那样周游列国，但从政的愿望也是很强烈的，而现在没有圣明的君主出现，推行仁政和王道理想的条件也还没有出现，那就不如先安心读书求道吧。

此时，荀子已经三十五岁，他再度出任稷下学宫的祭酒之职。随后，荀子向齐襄王和君王后表明了自己的态度，也和相国田单做过一次深入的交流，表示要在几年之内将天道和人道等大道理向全天下的人广为传播，并对所有的人进行教育和引导。

天 人 之 分

荀子讲课所用的是最大的讲堂，足以容纳一百多人。

听课的人非常多，大家席地而坐，把偌大的大讲堂里挤得满满的。

荀子站在讲台上，开宗明义道："从今天开始，我系统地讲一讲天道、人道的关系以及各自的规律。今天，先讲天道。"

接着，荀子提高了声音道：

"天行有常，不为尧存，不为桀亡。应之以治则吉，应之以乱则凶。强本而节用，则天不能贫；养备而动时，则天不能病；循道而不贰，则天不能祸。故水旱不能使之饥，寒暑不能使之疾，祅怪不能使之凶。本荒而用侈，则天不能使之富；养略而动罕，则天不能使之全；倍道而妄行，则天不能使之吉。故水旱未至而饥，寒暑未薄而疾，祅怪未至而凶。受时与治世同，而殃祸与治世异，不可以怨天，其道然也。故明于天人之分，则可谓至人矣。"②这是《荀子·天论》篇中第一段的原文。

---

① 参见《论语·微子》。
② 参见《荀子·天论》。

意思是，"天的运行是有正常规律的，这种运行规律不因为尧做天子就存在，也不因为桀做天子就失去。这种运行规律便是天道。顺应这种天道来进行统治就吉祥，违背祸乱这种规律就有祸殃。加强生产而节约用度，上天就不会使人贫穷；注意保养而按时运动，上天不会使人患病；修养道德而不三心二意，上天不会使人遭受祸患。如此，水旱灾害时才不会使人饥饿，冷热变化时才不会使人得病，妖魔鬼怪来时也不会使人遭受凶灾。不努力生产创造而花费奢侈，上天也不能使人富裕；不注意保养而很少运动，上天也不能使人健康；违背道义而胡来，上天也不能使人吉祥。如此，水旱还没有出现就已经遭受饥饿，冷热还没有变化就已经得病了，妖魔鬼怪还没有出现就已经发生大灾大难了。这些人所处的时空与那些太平治世是相同的，但灾祸则与之不同，这不可以怨恨上天，是他们自己所走道路的必然结果。因此，明白了天道和人事的区别，这样就可以算是最高明的人了"。

荀子讲完这段话，再度提高点嗓音道："我再强调一下：天道就是天道，天的运行永远不变，并不因为人道的变化而有丝毫的变化。人只能顺应天道而行，人道和天道完全合一，则是最佳的状态。因此，人的荣辱祸福都是自己行为的结果，不能怪罪天道。圣人孔子曾反复强调，'不怨天，不尤人'。这是非常深刻的人生哲理。故而，无论国家、家族，还是个人，荣辱祸福都取决于自己。"荀子的话铿锵有力，掷地有声。

"明于天人之分"，是荀子明确提出的一种观点。这个观点的实质是要注意区分自己主观因素和外界客观因素的关系，人只能在自己的主观方面来努力完善，而不要在客观方面寻找原因。这无论从国家还是家族或者个人方面来看都是正确的，这对于将一切都推脱到天命上去而规避个人责任的观点是巨大的进步。

接着，荀子又讲道："列星随旋，日月递炤，四时代御，阴阳大化，风雨博施，万物各得其和以生，各得其养以成，不见其事，而见其功，夫是之谓神。皆知其所以成，莫知其无形，夫是之谓天功。唯圣人为不求知天。"①

意思是，"天空中所有的星宿都按照一定的轨道和速度有规律地运转，太阳和月亮相互交替照明，四季相互推移轮转，阴气和阳气浑化为一，风雨普遍吹拂降临，万物各自得到和谐而产生生命，各自得到营养而成长。人们没有看见这种过程，但可以看见其功效，这就叫作神。人们都知道万物可以长成，却不知道其具体的情形，这就叫作天道。只有圣人不追求一定要知道天道运行的道理和过程"。

"唯圣人为不求知天"，宇宙生成和运转的规律是一个永远难以解释清楚的问题，而正因为如此才有永远的魅力。其实，荀子的观点便是"天道不可知"，而这也是儒家思想的一个重要观点。在人类社会生活中，首先要解决的是人类社会自身的生存问题，如何相互和谐共处的问题。人类最大的灾难是战争，而战争一定是人类的行为，故人类如何能够制止战争，最起码要减少战争的频率和规模，则将是一个从古至今都迫切需要解决的问题。在荀子生活的时代，正是战争最为频繁、战争规模也最大最残酷的时期，而战争也是荀子最为关注的社会问题。因此，荀子对于军事问题也是有深刻思考的。此是后话。

荀子的"天论"是其被后世推崇为唯物主义思想家的代表观点，在强调人的主观能动性作用的方面是有积极作用的。

奇 人 貂 勃

在齐国，田单自然功高盖世，无人可比，毕竟齐襄王是他亲自迎接回到临淄即位的。齐襄王对田单自然感激涕零，因此用他为相国而执掌齐国大权。

----

① 参见《荀子·天论》。

田单忠心耿耿，勤政敬业，使齐国得到全面恢复，深得百姓爱戴。但是，有一位名叫貂勃的处士却一个劲儿地说田单的坏话，逢人便讲道："田单就是个小人！"

田单听说后，专门摆了一桌丰盛的酒宴招待貂勃，并疑惑地询问道："我有什么地方得罪先生了吗？先生为什么总跟我过不去呢？"

貂勃说："盗跖的狗向尧狂叫，并不是狗尊重盗跖、鄙视尧帝，而是狗只忠实于他的主人，不是他的主人，狗就要狂叫。如果我说公孙子贤能、徐子无能，让他们互相争斗起来，徐子的狗还是会去抓挠公孙子的小腿肚，也一定会去咬他。至于让那只狗离开无能的人，寻找贤能的人当它的主人，那又岂止仅仅是咬小腿肚呢？"其实，貂勃的话就是暗示田单，因为你不是我的主人，说你的坏话就是正常的。

田单是何等聪明的人，立即就明白了貂勃的意思，说："好！好！您的意思我听明白了，遵从您的教诲。"

第二天，田单上朝时便向齐襄王田法章推荐了貂勃，于是貂勃便做了中大夫。

齐襄王有九个受宠的近臣，但都是能言善辩且会哄人开心的奸佞小人。因此，他们受不了田单的威严正义，便想除掉他。于是，他们千方百计诋毁、诽谤田单，纷纷在齐襄王面前进言："燕国进攻齐国时，楚王派将军率领一万大军来援助。现在，我们国家已经安定，田单为什么不派使臣去酬谢楚王呢？"

齐襄王说："那派谁去合适呢？"

这九个宠臣异口同声地说："貂勃可以。"他们知道貂勃的嘴厉害，而田单对楚国大将淖齿残忍杀害齐湣王耿耿于怀，故而一直没有想要修复与楚国的外交关系。

楚国对齐国也一直耿耿于怀，因为这两个大国在历史上的纠葛一直就说不清道不明。在楚怀王时期，齐楚两国本来已经结成了同盟关系，但被纵横家张仪巧妙拆开，于是楚怀王确定了"绝齐联秦"的外交政策，并派人在边境大骂齐王而极尽污蔑之能事。因此，齐国和楚国断绝了关系。当楚军与秦军交战大败且对楚国极端不利的时候，楚国急需修复齐楚两国关系以共同对付强大的秦国，而那次出使齐国的重担便落在了士大夫屈原肩上。齐国君臣都知道纵横家张仪在楚国游说时只有屈原坚决反对"绝齐联秦"，坚持与齐国保持同盟关系，因此对屈原充满好感。就是在那次由楚国来齐国的途中，屈原经过鲁国地界时看到一个地方地势高而多兰花，便将其命名为兰陵——就是后来荀子做过两任县令的兰陵。

后来，齐国和楚国的关系又出现了多次反复。如此看来，貂勃出使楚国也很难修复好齐楚两国的关系。其实，齐襄王身边的九个宠臣对此自然是心知肚明的，但他们的盘算实际上是这样的：如果貂勃受辱而归，则是田单用人不当，这样便可以借机除掉田单。

这样，貂勃便出使到了楚国，但他口才太好且机智善辩，结果楚顷襄王不但接待了他，而且设宴款待了他。因此，过了好多天，貂勃都没有回齐国。

当消息传到齐国，这九个宠臣却乘机在齐襄王面前进谗言道："貂勃就是个普通的人，他有什么能力呢？被万乘之君楚王挽留款待，不就是因为他仗着田单的势力吗？况且这个田单对待大王不遵君臣之礼，没有上下之别，他内心恐怕是想要图谋不轨啊！您看他，笼络百姓，收买人心，救济穷人，补助困难户，对内给人民以小恩小惠，对外怀柔外族以及各诸侯国的贤士，暗地里交结诸侯中的英雄豪杰，恐怕他的阴谋可不小啊！希望大王仔细审查，小心防范。"

串　珠　人

这几个人的话勾起了齐襄王的一段回忆，那是在他刚刚回临淄即位不久，国家百废待兴之际。一次，田单路过淄水，当时天寒水凉，有一老者蹚水过河后冻得直打哆嗦，坐在沙滩上不能动弹。田单一见，立即起了怜悯之心，想要让自己的随从分衣给老者，但见下属都没有多余的衣服，便急忙将自己的裘皮大衣解下来给了那位老者取暖，并将其带回家中将养。这件事在齐国流传很广，百姓们都赞美田单是爱护百姓的大好人。

不过，这件事让齐襄王知道了，却感觉非常讨厌。其实，齐襄王当时离现场并不是很远，也知道当时的情况，但他对随从说："田单这种施舍，是想要谋取我的王位吗？如果不早点图谋他，恐怕就要太晚了。"然后，齐襄王左右一看，还想再看有没有其他人可以商讨一下这件事。随从寻找一番，只见岩石下面有一位串珠人，便招呼他到齐襄王身旁来。

齐襄王问："你听到我刚才说的话了吗？"

串珠人说："听到了。"

齐襄王问："你认为应当怎么办？"

串珠人说："大王不如因势利导，将其作为自己的善政。嘉奖田单的善行，下达王命说：'寡人忧患百姓的饥饿，田单便收留而给他吃的；寡人忧患百姓寒冷，田单便解下自己的裘皮大衣给他穿上；寡人忧患百姓劳苦，田单便也忧患百姓劳苦。田单非常理解寡人的心情，对此寡人特别高兴。'"

齐襄王说："好！就这么办。"于是赐给田单牛肉和美酒，嘉奖他的行为。

数日后，那位串珠人求见齐襄王说："请大王在上朝的日子，宣召田单时在朝廷上揖礼之，赞美他爱民的行为，并张贴布告——凡是百姓有困苦饥寒的人，都要收养照顾。"

过了些日子，齐襄王派人到市井街巷去探听百姓的舆论，听到人们相互说："田单如此关爱百姓，原来都是大王教导的呀！"齐襄王大悦，赏给串珠人一大笔奖励。①

其实，齐襄王心知肚明，田单是发自内心爱民的仁者，而自己不过是在串珠人的提醒下获取的爱民的名声，但那不是真实的自己。因此，这件事在齐襄王的心中始终是个结。现在，齐襄王听这九人说得头头是道，有鼻子有眼的，立即生气地下令道："传相国田单速来见寡人。"

田单一听齐襄王召见，而且时间紧急，于是就急急忙忙惶恐地前去请罪，甚至来不及戴帽子就趿拉着鞋、露出一个膀子地出门了。刚一进门，田单便一溜小跑，急忙大礼参拜。齐襄王一见，心情非常复杂，立即说："没有什么事了，你回去吧！"田单一边退出一边又是请罪。齐襄王见田单如此尊重自己，觉得他绝对是忠臣，就安慰说："你没有罪，你还是去行你的臣子之礼，做相国应该做的事，我还是行我的国君之礼，咱们就这样吧！"

又过了些日子，貂勃出使归来，齐襄王设宴款待他。在宴席上，貂勃绘声绘色地讲述了楚国如何突出君王的英明，楚顷襄王对齐襄王如何友好云云。齐襄王一听，非常高兴，就大声说："快去，把田单也叫来。"

貂勃一听此话，当即离开座席行大礼参拜，严肃地说："大王，您怎么说出这种亡国的话来啊？"

齐襄王一头雾水，莫名其妙地问："我怎么说亡国的话啦？"

貂勃问道："大王想一想，如果跟周文王相比，您怎么样呢？"

齐襄王摇摇头说："我根本不如。"

貂勃说："我就知道您不如！那么，您跟齐桓公相比又怎么样呢？"

齐襄王回答："那我也不如。"

貂勃说："我当然知道您也不如！那么，周文王得到了吕尚，尊他为太公；齐桓公得到了管夷吾，尊他为仲父。大王得到了安平君，为何直接叫他的名字'单'呢？从开天辟地有人类以来，做臣子的功劳，谁

① 参见《战国策·齐策六》。

能胜过安平君田单呢？可是，大王竟然直接叫他的名字'单'。大王说出这种话来，这还不是亡国的预兆吗？当初先王不能保住自己的国家，燕人出兵侵犯齐国，您逃到了城阳山中，是安平君凭着区区即墨的三里之城、五里之郭，带领着七千疲惫的士卒俘获了燕将司马，收复了千里的失地。这些都是安平君的功劳。

"在那时，如果他自立为王，诸侯也不能阻止他，而他本来也是齐国田姓的宗室呀！可是，安平君完全从道义出发，认为不能这样做，所以修筑栈道从城阳山中迎出大王和王后，您这才能返回国都治理国家。如今，国家已经安定，您却忘记他再造江山的丰功伟绩，直接呼安平君的名字'单'，就是小孩子都不会这样做的。大王，您还不赶快杀掉拉帮结伙的这九个奸佞小人向安平君道歉，不然的话国家前途可能真的就危险了。"

齐襄王幡然醒悟，当即下令杀掉了那九个宠臣，并将夜邑（今山东莱州）万户之地封给了安平君田单。从此，田单的地位得以巩固，齐国的政治也没有出现大的波澜。

学习与修身

荀子虽身在齐国，但知道各诸侯国的形势都在发生极大的变化。

当时，西方的秦国不断壮大，军队作战不断取胜，地盘不断扩充。楚国政治继续混乱，即位的楚顷襄王不但没有挽回一点颓势，反而加大了与秦国实力对比的差距。齐国在经过齐湣王的刚愎自用后，就已经把曾经强大的国力消耗得差不多了。韩国从来就没有强大过，而魏国和赵国都出现过英主，如魏文侯、魏武侯都比较英明，故刚刚进入战国相互兼并的时代最得风气之先的则是魏国，但后来出了一个好战的梁惠王且重用庞涓，一场马陵道惨败便一蹶不振了。赵国的赵武灵王也曾经叱咤风云，使赵国在几十年间向西、向北扩大了许多疆域，而且最早建立的一支骑兵也所向披靡、百战百胜，可惜其在政治上优柔寡断并造成两个儿子争位而国力大丧，最后他本人饿死在了行宫里。

荀子一想到天下的局势，心中就如同一团乱麻，感到没有头绪了，但转念又想既然自己再努力也不起作用，不如就继续教学开导人心吧。于是，荀子继续在稷下学宫讲学。

荀子讲道："君子曰：学不可以已。青，取之于蓝，而青于蓝；冰，水为之，而寒于水。木直中绳，𫐓以为轮，其曲中规，虽有槁暴，不复挺者，𫐓使之然也。故木受绳则直，金就砺则利，君子博学而日参省乎己，则知明而行无过矣。"①

意思是，"人的学习是不可以停止的。青色，是从蓝草中提取的，却比蓝草还要青；冰是水凝固而成的，却比水还寒冷。木材很直，可以符合拉直的墨线那么笔直，但经过柔韧度的加工，弯曲的程度可以符合圆规那么圆，即使又遭遇风吹日晒而干枯了，也不会再伸直挺拔了，这就是柔韧度加工后的结果。因此，木材接受墨线的加工就笔直，刀刃经过磨砺就锋利，君子如果广博读书学习而每天反省自己的行为，就会智慧明彻而没有过错了"。

这段话开头强调人生的学习是不可以停止的，停止学习就会停止前行的脚步。其实，人生永远在路上，永远在学习进程中。实际上，人生唯独学习是没有终点的，只有生命的终点才是学习的终点。

接着，荀子讲了学习的内容——五经，又讲了学习的进程。

"学恶乎始？恶乎终？曰：其数则始乎诵经，终乎读礼；其义则始乎为士，终乎为圣人。真积力久则入，学至乎没而后止也。故学数有终，若其义则不可须臾舍也。为之，人也，舍之，禽兽也。故《书》者，政事之纪也；《诗》者，中声之所止也；《礼》者，法之大分，类之纲纪也。

---

① 参见《荀子·劝学》。

故学至乎礼而止矣。夫是之谓道德之极。《礼》之敬文也，《乐》之中和也，《诗》《书》之博也，《春秋》之微也，在天地之间者毕矣。"①

意思是，"学习从哪里开始，到哪里结束呢？答曰：其目的和原则是从读经开始，到读礼结束。其意义则是开始为做士人，最终目标则是做圣人。真正积极长久地用力自然可以深入进去，只有死亡才可以终止。所以，学习的内容有终点，但追求正义却不可以有片刻的松懈。追求正义，就是人；舍弃正义，就是禽兽。《书》是政事的记录，《诗》是内心感情的寄托。《礼》是法制的大纲，是各种法规条例的总纲，所以要学到《礼》才算结束，才算达到道德的顶峰。《礼》敬重礼仪，《乐》讲述中和之声，《诗》《书》博大广阔，《春秋》微言大义，如果把这些知识都掌握并融会贯通，天地之间的大道理便全部都能够打通了"。

人生要不断学习，这个道理谁都懂，但学习什么则一定要明确指出，否则就空洞而不着边际了。

"当把这些知识都掌握之后，关键是终身坚持而不旁骛，要纯粹而不驳杂。要真正做到'权利不能倾也，群众不能移也，天下不能荡也。生乎由是，死乎由是，夫是之谓德操。德操然后能定，能定然后能应。能定能应，夫是之谓成人。天见其明，地见其光，君子贵其全也'。"②

意思是，"权势利益不能倾覆，多少人都不能动摇，整个天下都不能失去由这些知识建立的信念。活着坚持这种信念，一直到死都要坚持这种信念，这便是道德情操。具有道德情操后便能够坚定不移，能够坚定不移坚守信念就会产生相应的社会效果。能够坚定道德情操并能够产生社会效应，这便是最完美的人格。上天可贵的是它的光明，大地可贵的是它的广阔，君子最可贵的在于他德行的完美无缺"。这样，做人的全部道理和过程便都清清楚楚、明明白白了。

---

① 参见《荀子·劝学》。
② 同上。

荀子想按部就班地把天道和人道的关系，以及人应该如何度过人生的大道理讲授给弟子们，同时也继续关注着天下的大势。

触龙说赵太后

周赧王五十年（前265），荀子已经四十八岁了。

这一时期，荀子已成为天下水平最高的老师，甚至齐襄王都明确说"孙卿最为老师"。此时，齐国朝廷里不断传来新的消息，令荀子陷入了深思。

赵国来了使臣，是前来请求救援的。原来，赵国国君赵惠文王刚刚去世，秦国便出动大军紧急进攻赵国。赵国的形势十分危急，于是前来向齐国求救。当时，齐襄王也在病中，君王后代为处置军国大政，要求赵国必须用赵惠文王的小儿子安国君来做人质才可以出兵。

其实，赵国到如今这种地步与当年赵武灵王所犯的一个政治错误有关，而赵武灵王犯此错误又与其梦见美人并梦想成真有关。

赵武灵王十六年（前310），三十岁的赵武灵王游览大陵。一天夜间，赵武灵王梦见一个少女鼓琴而歌："美人荧荧兮，颜若苕之荣。命乎命乎，曾无我嬴。"歌声很美，人也很窈窕优雅，给赵武灵王留下了十分深刻的印象。

赵武灵王对梦中的少女十分留恋，他在与大臣饮酒的酒宴上把这个梦告诉给了众人，并有声有色地描绘了少女的形象。大臣吴广听说后，觉得赵武灵王说的少女太像自己的女儿吴孟姚了，而且女儿也喜欢鼓琴唱歌，于是便把女儿献给了赵武灵王。

赵武灵王一看吴孟姚，与自己梦中的少女简直就是一模一样，于是非常宠爱，而赵国人将之称为吴娃。很快，吴娃独宠后宫，做了赵武灵王的王后，没过几年就为赵武灵王生下了王子何。不过，赵武灵王的第一个王后是韩国的公主,为他生的大儿子名叫赵章,早已立为太子。此时,太子赵章已长得虎背熊腰,很有气魄。但是,吴娃太会哄赵武灵王开心,并在死前请其立自己的儿子王子何为太子。于是,赵武灵王便废长立幼,立小儿子赵何做了太子,这便是赵惠文王。后来,赵武灵王在壮年的时候便传位给了小儿子赵何,又感觉对大儿子赵章有点愧疚,便想要封其为代王。最后,两个儿子兵戎相见,大儿子赵章被杀,而他自己也被困在沙丘的行宫中活活饿死。从此,赵国的国力开始衰弱,至此便退出了强国行列。

赵国使臣回去了,齐国只等赵国的人质到来就出兵。荀子听说这个消息后,心里却有些着急了。要知道,齐国在齐湣王时就差点亡国了,多亏出现了田单这样的英雄人物才扭转乾坤使齐国缓过气来。荀子看得很清楚,认为齐襄王田法章就是个中等君主,没有魄力和雄才大略,故恢复和维持齐国现状尚勉强。同时,关键是齐国的地理位置太有利,为齐国的恢复和发展提供了机会。齐国与实行扩张和吞并天下的秦国距离太远,中间隔着三晋即韩、赵、魏三国的领土,这样秦国的兵锋便很难直接到达这里。如今,赵国正处在危急之中,如果赵国灭亡,则齐国便直接和秦国接壤了。试想,强大的秦国如果再拥有赵国的领土,天下便将近一半了,那齐国便立即陷入困境之中。从这个角度看,保全赵国,实际上也就是保卫齐国。荀子不禁为赵国担心,如果赵国万一不肯派安国君来做人质,则齐国真的不可能出兵,那么后果也就太可怕了。荀子不敢往下想,只能默默地等待结果。

很快传来消息,赵太后本来坚决不同意小儿子安国君为人质,但后来赵国有位叫触龙的老臣机智地说服赵太后,遂派了人质前来。这便是《战国策》著名的篇章,后来被收入《古文观止》的《触龙说赵太后》一文。于是,齐国出兵解围,赵国的危机暂时过去。但是,此事在荀子心中留下了很深的阴影,因为这件事表明齐襄王以及君王后都太缺乏政治智慧了。然而,这样下去,齐国还有希望吗?

应 侯 范 雎

周赧王五十年（前 265），岁当丙申，荀子已经四十八岁了。此时，荀子在稷下学宫已做了多年祭酒，不仅在学术上已如日中天，而且思想已完全成熟，有了自己完整的理论体系，只是苦于没有实现自己理想的条件。仲春的一个上午，荀子接待一位来自秦国的客人。此人是应侯范雎的心腹，带来重礼恳切地请荀子到秦国去，并代范雎传话说非常渴望见到荀子。

秦国的发展速度很快，在最近几十年可以说是日新月异，与山东六国（指战国时期崤山以东的齐国、楚国、燕国、韩国、赵国、魏国）已经完全不同。当时，山东六国总是出现大的起伏，如魏国、齐国、赵国都是先盛后衰，楚国更是日渐衰弱以致灭亡。

秦国的情况则完全不同，自从秦孝公重用商鞅变法以来，将近八十年时间里没有大的挫折，一直处在发展和扩张的态势中。因此，荀子对秦国是很感兴趣的，虽然一直有"儒者不入秦"的说法，如孔子周游列国没有到过秦国，孟子同样周游列国也没有到过秦国，也许是秦国没有儒者生活的氛围和土壤吧，但到底怎么回事当需要亲自前去考察才可以知晓。因此，应侯范雎的邀请正中下怀，荀子立即应允。

荀子此次去秦国只带了一个弟子，名叫陈嚣。此人不但人品好，是至诚君子，而且学习优秀，领悟力强，是荀子的得力助手。这样，师生二人在一路上也可以探讨问题，免去了许多寂寞。

范雎在相府的厅堂里热情接待了荀子。

范雎是魏国人，家住大梁，曾经是魏国大臣须贾的门客，因随须贾到齐国访问而受到齐国君臣的重视。须贾心怀疑惑和嫉妒，便猜测范雎里通外国，结果使范雎受到政治迫害，被当时的相国魏奇严刑审问和毒打，受尽侮辱后得以死里逃生。范雎能够逃命真的是运用了太多智慧，他活命以及逃生的过程真可谓惊心动魄，忽略任何一个细微之处就必死无疑。其后，范雎巧妙地逃跑到秦国，几年内便帮助秦昭襄王夺回被母亲宣太后和舅父魏冉瓜分的大权，并得到秦襄昭王的绝对信任而出任丞相。此时，秦国正处在蒸蒸日上的发展时期。

范雎将秦国的自然情况和国家的主要方面向荀子做了介绍，并诚恳地征求荀子的意见。

荀子感谢范雎的真诚款待，提出要到秦国各地去考察一番，然后才有发言权。

范雎非常支持，派出几名随从陪同荀子随时随地随意考察，待好好看一看后回来再深谈。

荀子考察了三个多月，看到秦国各地生机勃勃的生产状况和百姓的精神面貌，深有感触。

荀子带着弟子陈嚣一路考察，随时将看到的情况记录下来。

回到秦国都城咸阳后，范雎立即请见荀子，二人都同样有急于交流对秦国治理意见的愿望。

范雎说："先生风尘仆仆地走了很多地方，都看到哪些情况呢？秦国还有哪些弊端需要注意呢？请开诚布公，多多指教！"

荀子说："指教不敢，我就实话实说了。"

"请！"

荀子说："贵国四境边塞险固，山林河流优美，天然财物丰富，是形胜之国。进入国境，观其风俗，百姓纯朴，音乐也不庸俗污秽，服装不轻佻飘浮，很是畏惧各地方官吏而十分顺从领导，真是具有古代淳朴之风的人民啊！

"及到城镇府衙，官吏都严谨敬业，没有不恭敬俭朴、敦厚诚实的，真有古代官吏的作风。进入国都，观察其士大夫，出其家门，便进入公门；出于公门，便归其家门，没有私事，不拉帮结伙，不搞朋党，光明正大而出于公心，真是具有古代淳朴之风的士大夫。再观察朝廷政治，决策百事而不滞留，恬静清闲而不烦躁，真是具有古代风俗的朝廷。因此，四朝繁盛，不是幸运，而是必然。贵国的管理非常到位，这便是我这些日子考察后所见到的情况。"

范雎仔细聆听，生怕漏掉一个字。

荀子接着说："所以说，安逸而大治，简约而细致周到，不烦琐而有效率，是政治的最高境界，秦国很类似呀。虽然如此，也有值得忧惧的地方！"

范雎一愣，睁大眼睛继续往下听。

荀子稍微放慢了语速，说："这些方面都兼而有之，然而距离王者的功名，则还有相当大的距离。什么原因呢？就是没有儒家思想的指导，全民上下没有礼义的教化。运用儒家思想，纯粹就是王道，驳杂就是霸道，而一点也没有就必定会亡国。现实的秦国，却还一点都没有呢。恕我直言，这便是秦国现实中最大的忧惧。"[①] 荀子的语气非常肯定。

范雎频频点头，并说自己也有隐隐的感觉和忧虑。

随后，范雎向秦昭襄王推荐荀子，请荀子和秦昭襄王直接谈一谈儒家思想。至于秦国是否采纳引进儒家思想，则需要秦昭襄王决策。

秦 昭 襄 王

次日退朝后，秦昭襄王在后殿接见了荀子。

荀子是当时天下学术中心稷下学宫的大学者，又有应侯范雎的一再推荐和赞誉，因此秦昭襄王自然也是很尊敬和看重。

---

① 此段文字根据《荀子·王制》原文意译而成。原文是："虽然，则有其諰矣。兼是数具者而尽有之，然而县之以王者之功名，则倜倜然其不及远矣！是何也？则其殆无儒邪！故曰粹而王，驳而霸，无一焉而亡。此亦秦之所短也。"

主客落座，见礼。

荀子直接进入正题，说："昨日应侯嘱外臣给大王讲一讲大儒者。当初周武王驾崩，成王年幼，周公要保护成王而继续武王的事业，厌恶天下背叛周朝，便履行天子的权力和职务，判断天下的大事，俨然好像就是天子，后杀管叔，迁移殷商国家，天下没有人认为暴戾。全面治理天下，设立七十一国，姬姓独居五十三国，天下不以为偏颇。成王加冠，成人，周公则返政而北面称臣，不再掌握天下，而成王拥有了治理天下的权势。继承文武的基业，开创成康的盛世，这便是周公。周公是大儒，这便是儒家人物的典范和先驱。"①

秦昭襄王边听边思索，见荀子停止了便问道："先生说的这些都不错，但秦国目前似乎不存在这些问题，儒学对国家治理好像没有什么实际的作用。"②

荀子听完这句话一愣神，有点儿话不投机的感觉，但又不能不表明自己的看法，说："儒者效法先王，严格遵守礼义，谨慎做好臣子的本分而使君主尊贵。君主重用的话，在本朝势必非常合适；如果不用，退而进入百姓行列，也一定诚实淳朴，是顺民。即使贫困饥寒，也不会走入邪道。即使家无立锥之地，也不忘国家社稷之大义。如果有权势在上位，则是王公之才；在下位，则是社稷之臣，是国家之宝。孔子将要出任司寇，沈犹氏不敢在早晨饮羊，公慎氏立即休了大伤风化的妻子，违法乱纪的慎溃氏立即搬家出境，鲁国之贩卖牛马的人不再喂大肚子，都自觉改正自己的错误做法。居住在里巷，其中的弟子没有不守法安分的，这都是儒者用孝悌感化的。因此，儒者在朝则朝政美好，在下位则风俗美好。儒家的为人就是这样的。"

秦昭襄王再问："那么，请问如果儒者在上位将如何呢？"

---

① 参见《荀子·儒效》。
② 参见《荀子·儒效》："儒无益于人之国。"

荀子答道："如果其作为国君，那么作用就太大了！坚定的意志存在于内心，礼节法度规范着朝廷，法则气度端正着官吏，忠信爱心自然影响流行到天下。做一件不正义的事，杀一个无罪的人，即使可以得到天下也不做。如果这样用礼义诚信对待人就会通行四海，全天下的人都会很高兴地拥戴。为什么会这样？因为尊重名实相符而光明正大。所以，附近的人都讴歌而快乐着，远方的人都争先恐后往这里投奔，四海之内好像一家人，通达的人没有不宾服的。这就是所谓'人民之师'。《诗》说：'从西到东，从南到北，没有不敬重佩服的。'说的就是儒者。儒者为人下也就是那样，为人之上也就是这种情形，怎么能说对于国家没有益处呢？"[1]

其实，荀子的这段话为秦昭襄王如何能够成为一个明君提供了可以借鉴的榜样。

秦昭襄王听完笑了笑，说道："说得好！说得好！"但没有往下说，也没有其他表态。

荀子看出秦昭襄王不过是礼貌性地敷衍而已，于是便告辞出来。秦昭襄王也不再挽留。

理想的渺茫

回到下榻处，荀子心情非常压抑郁闷，如同一团乱麻般堵在心里理不出头绪来。荀子从应侯范雎的态度可以看出，范雎对儒学是充满好感的，但其并不是决策人，真正能做出决策的是秦昭襄王。

为此，荀子想得很深很远。例如，儒学先圣孔子周游列国，但踪迹不到秦国，这是为什么呢？前辈孟子也游历了许多国家，但踪迹依旧不

---

[1] 参见《荀子·儒效》。

到秦国，即使当时秦国已经开始强大，而他与梁惠王和齐宣王却有很多对话，这又是为什么呢？

荀子忽然感悟到了什么，看来孔子和孟子终生不到秦国是明智的。此时，荀子想起与孟子时代几乎同时的庄周的一句话："宋人资章甫而适诸越，越人断发文身，无所用之。"[①] 意思是，"宋国有个商人购买了许多礼帽长途贩运到越地去，而越地居住的都是少数民族，即所谓'百越之地'，那里的人都不留头发，因为一直是夏天且太热了，当然就不需要帽子"。秦国的几代国君都没有重视过儒家学说，信奉的就是耕战，而耕种土地、培养训练军队并凭借强大的军事力量去征伐各个诸侯国，以不断扩大自己的疆域。秦国运用这种国策尝到了甜头，取得了实际的效果，因此连续四代国君都如此做，即从秦孝公重用商鞅变法以来，经过秦惠文王、秦武王、到秦昭襄王正好是四代。

由于儒家学说强调的是王道政治，以德治国，见效慢，而秦国运用严刑苛法，以耕战为先，连续几十年已经屡试不爽，因此对儒家学说并不认同。其实，儒家思想在当时属于社会软实力，是在富足之上的文化与文明的提升，而其时天下乱糟糟的，大国需要的是硬实力——军队和财富。同时，开发耕地、开发财源可以很快见效，有财富便可以增加军费开支，这些都是立竿见影的，但儒家的文明教化却不是短时期可以见效的。不过，如果要追求国家的长治久安，使国家的发展有持续性，则必须要用儒家思想的王道政治来经营和统率，并且需要有远见卓识的政治家。然而，如今各个诸侯国的国君有这种人吗？荀子想了想，长长地叹了一口气。

秦国不需要儒家思想，当然就不需要儒家学者。在荀子看来，他到秦国来传布儒家思想，真的有点儿像那位宋国商人买了一大堆礼帽到越地去卖一样——根本没有需求，结果自然是碰壁。

---

① 参见《庄子·逍遥游》。

荀子内心充满迷茫，有点后悔自己不该来秦国了。但是，荀子忽然又感觉在迷茫中有了一丝亮光，这便是此次秦国之行还有个意外的收获，就是认识了一个人。据荀子判断，此人是个人物，如果不出意外，他将来会成为楚国的政治要人。

原来，在荀子从秦国地方考察回到都城咸阳的时候，有人前来求见。荀子见此人一身楚服，官袍束带，衣冠楚楚，长得也很标致，一表人才，眼神很是深邃。此人自我介绍一番，原来是楚国在秦国做人质的太子芈完的太傅黄歇。

黄歇真是个人物，几年后便掌握了楚国的大政，并且是中国历史上有名的"战国四公子"之一。所谓"战国四公子"，便是齐国孟尝君田文、赵国平原君赵胜、魏国信陵君魏无忌和这位后来被称为春申君的黄歇。

"战国四公子"中的另外三公子都是宗室贵族，本来就有地位。其中，孟尝君的父亲是齐国靖郭君田婴，那可是天下的风云人物，在齐国当政很多年；平原君赵胜是大名鼎鼎的赵武灵王的儿子、赵惠文王的亲弟弟，帮助兄长巩固国君位子并立下了汗马功劳；而信陵君魏无忌是魏昭王之子、魏安釐王的亲弟弟。但是，黄歇与他们三位不同，他与楚国宗室没有一点关系，完全凭借自己的勤奋和努力而博得一定的地位，而现在他深受楚顷襄王信任让其辅佐保护太子芈完在秦国做人质。

荀子和黄歇主客二人交谈不久，便都深深被对方折服。当然，黄歇也是一位有真知灼见的学人，而荀子是天下闻名的大学者，自然谈话更加心有灵犀。黄歇希望荀子在秦国能够得到重用，这样有可能改变天下的格局，更重要的是可以改变秦国只重视耕战而不重视礼义教化的倾向，因为当时秦国的政治做法也具有风向标的作用，天下各诸侯国的国君都在不同程度上效仿秦国。

当时，黄歇和荀子谈了很长时间，才依依不舍地告别。荀子想到这里，心情稍微开朗一点儿。

就在荀子要离开秦国的时候，又有了新的收获。

李　斯

荀子带着陈嚣准备离开咸阳，先到应侯范雎府上辞行，并向其表示由衷的感谢。范雎告知，自己本意是请天下高人来指教一下如何提升治国和执政的层次，对荀子所倡导的王道理想颇有同感，因此才在自己真正掌握秦国实权后请荀子到秦国来。同时，对于不能在秦国推行儒道，不能重用荀子表示很无奈。

范雎依依不舍地将荀子送到下榻处，并说明日要早朝且还有许多重要政务急于处理就不来送别了，而荀子也表示理解。如此这般，范雎和荀子两人都感觉有许多话要说，但又不知如何说、从哪里说，似乎都有一种莫名其妙的惆怅和无奈之感。

荀子回到下榻处，有一位年轻人来求见，已经等候了好一会儿了。

那位年轻人对荀子深深鞠躬，说道："弟子李斯，楚国上蔡人，在郡时为管理仓廪的小吏，感觉地位低下，没有前途。久闻先生是当代最大的学者，可为帝王之师，故辞去职务专程去齐国临淄拜师，走到半路却听说先生来秦国了，于是转身向西而来，一路要求车夫尽快赶路，今天早上才到咸阳。我想来先生一定下榻在这里，一打听果然还在，于是便在这里恭候了。弟子李斯千里迢迢投奔，请先生收下弟子。"李斯的这番话交代得清楚明白，信息很完整清晰，一听就知道是个精明之人。

说罢，李斯就要叩头拜师。

荀子见状，拉住李斯的手道："你的意思我已清楚了。随我到客房去，是否收你为弟子，等我们谈谈然后再决定。"荀子的话不冷不热，但很诚恳。

李斯随荀子和陈嚣来到荀子住的客房，里面各种设施齐全，而且在客房的外间有会客室，几案、蒲团一应俱全。

荀子坐在主位，弟子陈嚣坐在旁边的陪位，李斯则坐在对面的客位。荀子是尊者，故采用散盘的姿势，而陈嚣和李斯都是正襟危坐。

荀子先说道："你已经介绍了自己的出身和籍贯，这些我都清楚了。我只想问你三个问题，要一一回答。"

李斯很平静，胸有成竹地说道："先生在上，弟子侧耳倾听，以至诚之心回答。"

荀子问道："李斯，你已经有了差事，有稳定的收入，可以满足基本生活了，为什么还要出来拜师学习呢？"

书中暗表，李斯生于公元前 284 年，而荀子受应侯范雎邀请到秦国是在公元前 265 年，此时李斯虚岁刚刚二十岁，正是青春年少、风华正茂之时，为人精明好学。李斯是楚国上蔡人，而上蔡曾经是蔡国的都城，有相当的文化余韵和积淀，并且住着许多旧贵族。李斯年少好学，对《诗》《书》等都有一定的基础，十七岁时便谋得职务在郡里做管仓廪的小吏，即相当于管理粮库的官员。

从三代（夏、商、周）开始，中国便有了国家储备粮的制度雏形，到春秋战国时期已经相当成熟了。一天，李斯去检查粮仓，有点内急，故急急忙忙跑进茅厕。由于进茅厕速度比较快，李斯看到一只老鼠正在茅厕里，一见人来就急匆匆地逃跑了，又瘦又脏又惊恐的样子。当再回到粮仓里时，李斯见那里的老鼠从容不迫，见了人也十分从容，而且又肥又干净的样子。

从粮仓出来，李斯仰天长叹道："人之贤不肖，譬如鼠矣，在所自处耳！"[1] 意思是，"人是贤良还是不贤良，犹如老鼠一样，在于所处的地位"。就这样，李斯似乎一下就想明白了：在茅厕的老鼠，无论怎么努力，还是又脏又累又惊恐，即使在茅厕里做个老鼠王也一样；而在粮仓

---

[1] 参见《史记·李斯列传》。

里的老鼠，生活环境优越，又肥又从容，即使做个普通的老鼠也比茅厕里老鼠王强。如今，自己就做这么一个管粮仓的小吏，再努力也不会有什么出息。于是，李斯遂辞去小吏一职，欲寻访天下名师学习帝王之术，如果能够到帝王身边，那就会有光明的前途。然后，李斯打听了许多人，打听了许多地方，最后知道天下最有学问且有帝王之术的人便是在稷下学宫的荀子，于是便千里迢迢直奔临淄的稷下学宫而去，走到中途才听说荀子在秦国，然后又急匆匆地赶来咸阳。

李斯听荀子如此提问，他便回答道："先生在上，容弟子回禀：人生在世，不应苟且偷生，应该有大志远图，要干一番事业。要干成事业，便如同孔门子夏所云：'工欲善其事，必先利其器。'欲想成为帝王辅佐，必先学帝王之术。对先生的大名，弟子如雷贯耳，也唯有先生才能够教育弟子如此本事，故千里来投。"

荀子听罢，接着问道："如果成为帝王辅佐，将怎样辅佐？"

李斯揣摩了一下荀子的问话，然后回答道："如果有机会辅佐帝王，弟子当以仁义忠恕为基础，确立礼法，恩威并用，使天下太平，政治清明。"

荀子听罢，说："志向不小。我观你相貌堂堂，不是奸诈之人；听你话语，堂堂正正，不是华而不实之人。预知你将成大器，我收下你为弟子！"

李斯听罢，大喜，立刻磕了三个头。古代，拜礼叫作三拜稽首，而拜师礼一般都是再拜稽首，故多叩一个头。这样，这对师生的关系便确定了，也为后世留下了许多话题。

魂 牵 梦 绕

荀子在秦国相当于碰了个软钉子，秦昭襄王的态度令他心灰意冷，不但没有重用的意向，而且也没有尊重儒者的意思，反而还显示出有些轻蔑的意味。因此，荀子认为秦国明显不适合自己发挥作用，还是另谋出路去寻找适合自己的地方。

出了函谷关后，荀子回头再看了一眼这座险要雄伟的关口——秦国的西大门，大门以西便是"战国七雄"的另外六国，即齐、楚、燕、韩、赵、魏，而三晋之国韩国、赵国、魏国便是秦国通向中原以及天下的最大障碍。

荀子带着弟子陈嚣和李斯先到了赵国都城邯郸西南四十里左右的八特村孙家屯。这是一个上百户人家的村庄，大部分人都姓荀，而荀子便是三家分晋前范氏和中行氏两大家族中重要人物荀寅的后代。

其实，荀姓在春秋时期便是大姓。当年，春秋十三国联军围攻小诸侯国——偪阳国的时候，其联军的将帅便是晋国的卿荀莹。正是在那场大战中，孔子的父亲叔梁纥力举城门，营救了鲁国军队的二百多人，立下了赫赫战功，成就了显耀的声名。当然，那已经是三百年前的事情了。至于那位荀莹是否就是荀子的祖先很难说清，而荀子究竟是哪一支脉传下来的，已经无法考究。

荀子回到自己的出生地不禁感慨万千，自己曾在这里度过了幼年和童年。由于赵国这些年战争频仍，荀子看到童年时的伙伴有一半已经战死，剩下没有战死的也是缺胳膊少腿的。荀子十分伤感，想到自己如果不离开去齐国临淄求学，可能境况与那些童年时的伙伴也差不多。

当年，由于荀父识文断字，荀母也有一点文化，很注意对荀子的教育。因此，荀子的启蒙教育是不错的。同时，邻村有一家私塾，先生的水平也不低，因此荀子的基础打得很牢固。最关键的是，荀子从小就是天生的书痴，见到书便没命地读。因此，到十五岁的时候，荀子感觉私塾里的书已经不够读，先生的水平也实在有些捉襟见肘，以致自己不会的想去求教他人便再也没有可以询问的人了。

这样，强烈的求知欲和欲参透天地人之大道理的宏伟理想，促使这位有志少年去寻求天下最好的老师，去追求读遍天下之书。最后，荀子把目光投向了齐国都城临淄天下闻名的稷下学宫。当然，从赵国邯郸往齐国临淄去并不遥远，何况再遥远的路也挡不住有志少年求学的热望。于是，十五岁的荀子千里迢迢地去了齐国临淄的稷下学宫。

"海阔凭鱼跃，天高任鸟飞。"到了齐国临淄的稷下学宫，荀子可谓眼界大开，一下子豁然开朗起来。

如今，三十多年过去了，荀子回到赵国的家乡，但家乡的人仍然过着从前的生活，没有什么大的变化，反而更加困苦了。由于八特村距离邯郸不远，几次大战对村庄都有或大或小的影响。住了两天后，荀子带着弟子来到都城邯郸。

春申君黄歇

这一年是周赧王五十二年（前263），即秦昭襄王四十四年，是一个极其热闹的年份。在这一年，秦国大将白起攻打韩国，夺取了太行山以南的南阳，把上党地区和韩国分割开来使其成为孤岛。

韩国在上党的守将叫冯亭，是一个很有才能和性格的人。当时，秦国出动大军阻断上党与韩国的联系，目的就是要占领这块地盘为秦国所有。冯亭厌恶秦国，于是和赵国联系而宁愿归属赵国。赵国接受了冯亭的归顺，于是冯亭和赵国将领廉颇达成了协议。

秦国大怒，十分不甘，便与赵国开战。这个时期，老将廉颇是赵国的著名战将，与秦国大将白起齐名，难分高下，于是两个人率领的军队就一直对峙着。其实，廉颇和白起两人真是棋逢对手，如果赵国后来不犯大错误换将的话，或许秦国就真的没有机会了。

此时，秦国国内也出现了一些关乎历史进程的大事。秦楚之间一直处在战战和和的局面，双方经常互派人质以维持和平。这个时候，楚顷襄王的长子芈完在秦国都城咸阳城内做人质，辅佐他的便是楚国贤士黄歇。顺便交代一下，楚国的开国国君是熊绎，故楚国国君的氏便是熊，由于有大宗、小宗的区别，又分出别的姓，后来又有了芈姓。因此，楚怀王叫熊槐，也叫芈槐，如此楚国太子叫熊完，也叫芈完。

黄歇是楚国境内的独立的小诸侯国黄国人，而此时的黄国却早已经被楚国灭掉成为楚国的郡县。黄歇少年好学，到处游历访师、拜师，知识非常渊博，虽然是平民出身，但对社会现实以及风土人情十分熟悉，故是位学识渊博而又有胆略见识的人。

十年前，楚国确实面临着灭亡的危险。楚顷襄王芈横派时任左徒之职的黄歇出使秦国进行斡旋，以挽回危机并获得喘息的机会。

黄歇带着非常艰难的使命，来到了秦国都城咸阳。由于黄歇感觉自己此行事关重大，他便在行前先写就了一封长信，以备不时之需。

当时，秦国是唯一的大国和强国，秦国大将白起率军队进攻韩国和魏国，把两国的军队都打败了，俘虏了魏国名将芒卯。于是，韩、魏两国臣服。秦昭襄王下诏，命白起统率秦国大军和魏国、韩国的军队组成联军，共同讨伐楚国。

秦、魏、韩三国联军已集结完毕，基本做好了出战的准备，形势十分危险。黄歇立即写成一篇陈述利害的文章，并在与秦昭襄王见面后呈了上去。

关于黄歇的文章，其大意是——

如今，天下最大最强的国家便是秦国和楚国，秦国如果一定要进攻楚国，就如同是两虎相斗而群犬得利。况且，秦国和楚国并不接壤，如果从中原地区进攻楚国，则必须向魏国和韩国借道。秦国军队一旦深入楚国，后路就可能被截断。如果从西线出兵，都是十分荒凉的不毛之地或深沟大山，势必难以进军。当年，智伯联合韩、魏两国要共同灭掉赵国，韩、魏两国表面上答应联合，后来反而和赵侯联手灭掉了智伯。现在，韩、魏两国表面上听从大王，焉知不能反复？当年，越王勾践服从吴王夫差，极力恭维，但后来翻脸就灭掉了吴国。这些都是前车之鉴。

"今王妒楚之不毁也，而忘毁楚之强韩、魏也，臣为王虑而不取也。"① 这句话直指利害，十分有震撼力。意思是，"大王您只是妒忌楚国没有毁灭，而忘记了毁灭楚国而会使韩国、魏国强大。我为大王考虑，不应当采取这样的方针策略"。

接着，黄歇又讲了秦国和楚国结盟而继续实行"远交近攻"策略的英明和可行性，有理有据。"昭（襄）王曰：'善'。于是乃止白起而谢韩、魏。发使赂楚，约为与国。"②

秦昭襄王读了黄歇的上书后，说："说得真好。"于是，下诏阻止白起出征并辞谢了韩、魏两国，同时派使臣给楚国送去厚礼并签订了两国友好的秦楚盟约。

可以说，黄歇真是个人才，语出不凡，一番唇枪舌剑就化解了几十万大军，使楚国转危为安。秦昭襄王采纳了黄歇的意见，使楚国得以喘口气。但是，为了把楚国掌控在手，秦国要求楚国的太子来咸阳做人质。这时候，楚顷襄王唯命是从，只要秦国不发兵，让他干什么都答应。于是，楚顷襄王把已经立为太子的芈完送到秦国，同时让黄歇辅佐、教导他，并负责太子的衣食住行等一切事务。

这样，黄歇和太子芈完在咸阳一待就是十年，从公元前272年熬到了公元前262年。这十年，太子芈完经历了许多酸甜苦辣，都是凭借黄歇的智慧化解掉的。因此，太子芈完和黄歇结成了终身的友谊，两个人的命运也完全捆绑在一起了。

近日，楚顷襄王病重的消息传到咸阳。黄歇一听，非常紧张，于是便去求见应侯范雎。这时，范雎在秦国掌握大权，深受秦昭襄王的信任。其实，黄歇的理由很简单：楚顷襄王病重，如果一旦去世，而太子芈完却不在国内，那就会另立其他儿子为太子即位。到那时候，失去太子身份的芈完，便没有任何价值了。如果此时放太子芈完回国，那太子顺利

---

① 参见《史记·春申君列传》。
② 同上。

即位后一定对秦国亲近而忠诚。如此，何乐而不为呢？范雎也是有见识的人物，完全同意黄歇的意见，于是便向秦昭襄王进言。不过，秦昭襄王没有同意，只同意让黄歇回楚国去观察观察实际情况。

黄歇一想，如果自己独自回楚国，往返起码两个多月，而楚顷襄王的病很重，恐怕来不及。于是，黄歇便和太子芈完商议，最后决定用移花接木的计策先把太子送回楚国再说。

恰好，楚国有使者前来秦国，而此次前来的使者叫朱英，是一位精明有见识的人物。朱英完全理解黄歇和太子芈完的心情，于是立即答应并帮助全程安排。

书中暗表，这位朱英是一位智者，在识人方面比黄歇略胜一筹。朱英让太子芈完穿上仆人的服装，而让一名模样和体形有点像太子的仆人穿上太子的服装移花接木。就这样，朱英回楚国时，太子芈完就扮作他的随从神不知鬼不觉地离开秦国并顺利出关了。等到太子芈完出了秦国而进入楚国时，黄歇便亲自到秦昭襄王那里请罪，而且做好了被烹杀的准备，并把利害关系说得非常清楚。

秦昭襄王大怒，果真要烹了黄歇。黄歇本有心理准备，故脸不变色心不跳，一副大义凛然的架势。这时，范雎出面劝说秦昭襄王，并说黄歇这样做是大忠之举，对秦国并没有伤害，不如送个顺水人情以礼遣之。同时，黄歇回到楚国一定会得到重用，这对秦、楚两国都有好处。

秦昭襄王听信了范雎的建议，于是黄歇被礼貌地送回了楚国。

三个月后，楚顷襄王一命呜呼，太子芈完顺利即位，史称楚考烈王。黄歇被任命为令尹 ①，掌握楚国的实权。至此，楚国进入一个新的时期。

这一年，荀子五十一岁。

---

① 令尹，春秋战国时期楚国的最高官衔，是掌握政治事务、发号施令的最高官。其中，令尹执掌一国之国柄，身处上位，以率下民，对内主持国事，对外主持战争，总揽军政大权于一身。

再 回 临 淄

由于秦国大将白起的军队切断了上党地区和韩国的联系，其意图在于吞并上党地区，最后守将冯亭却与赵国联系而归顺了赵国。

其实，赵孝成王本来有宏图大志，对秦国没有畏惧感，在与秦国的多次战争中互有胜负且赵国并不落下风，何况还有老将廉颇在。因此，赵孝成王也想展示一下赵国的军事实力，而且上党守将冯亭请求归顺赵国的消息也给了这位年轻的君王很大的鼓舞，于是同意了冯亭的请求并派大将廉颇前去接管。

为了争夺上党地区，秦国和赵国都下了血本。由于和强大的秦国对抗，赵国全国上下都处于紧张状态，除开赴前线的三十多万大军外，在邯郸还要有十几万的军队作为后续和保卫都城的军队。

正是这时，荀子带弟子陈嚣和李斯进入了赵国都城邯郸，并在城中一个不显眼的旅店住下来。其实，荀子来邯郸是想考察一下赵国的政治状况和民风民俗，看看是否有自己发挥作用的空间。

几天后，荀子发现邯郸的人全部都笼罩在战争的氛围中，大家都来去匆匆。如此，在一个处于战争状态的国家，再谈什么儒家学说的天道、人道等几乎不可能了，因为此时君王关注的是军队和粮草，普通百姓关心的是生死和安危。当然，赵孝成王亦非英主，故在赵国自然是不会有前途的。此时，赵国与秦国这场争夺上党地区的大战，刚刚拉开序幕。

秦国的主帅是大将白起，赵国的主帅是威风八面的老将廉颇，而这两个人是针尖对麦芒、棋逢对手，最终鹿死谁手难以确定。不过，赵国陷入深深的战争危机则是确定无疑的，故在一段时间里是很难有发展机会的。因此，荀子决定还是回到齐国去，即使不能在政治上有什么作为，至少还可以安心教书育人。

恰好，齐国此时也派使者来暗中访查荀子，因为荀子离开秦国都城咸阳到达赵国都城邯郸的消息齐国已经知道了，便特地派人来寻访。当使者找到荀子时，荀子就立即决定回齐国去。

在荀子离开齐国的时候，齐襄王田法章病重。近日有噩耗传来，齐襄王已经驾崩，不到二十岁的太子田建即位，同时君王后临朝与儿子共同处理军政大事。

对齐襄王，荀子是有自己的看法的。从齐襄王长时间的执政来看，他绝非英主，不仅与其曾祖父齐威王无法相比，甚至与其祖父齐宣王也相差甚远。至于新君田建，其品性、才能尚未表现出来，一切都是未知数。在这种情况下，荀子仍然下定决心再回齐国，因为这毕竟是又一个新时期的开始。

在春秋战国时期，国君的德行和才能决定一个国家的兴衰。如果出现英主，国家就兴盛富强，如魏文侯、魏武侯、秦孝公、齐威王、赵武灵王等都是这样的君主，毕竟能臣贤士在任何国家都不缺而只在是否被重用。

对荀子来说，如果君王后或者齐王建有一位具有政治智慧的话，那齐国还是有希望的，同时稷下学宫的吸引力始终都在；而秦国是肯定没有自己发挥才能的余地，赵国的情况也不是很有自己的用武之地。这样，荀子便毫不犹豫地跟随齐国使者一同回到了临淄。

三为稷下学宫祭酒

三 为 祭 酒

　　路上，荀子的思维一直在飞速运转。这时，荀子感觉自己已经五十多岁了，却没有参与到任何实际的管理事务中，空有满腹经纶只停留在空头说教上。

　　荀子本来对秦国是寄予希望的，但秦昭襄王一句"儒无益于人之国"便令他心灰意冷，而具有这样认识的君王又怎么会重视儒家学者呢？诸如秦国这样的强国的君主却把利益放在第一位，首先要的是利益，没有仁义和信义，天下如何能够和平呢？实际上，秦国实行的就是最典型的霸道主张，如韩国上党地区守将冯亭宁可归属赵国也不愿意被秦国统治便是最有力的证明。因此，秦国在当时虽然强大，但不是世人眼中理想的社会形态。

　　想到这里，荀子的内心里渐渐升起一种不祥的预感：如今，秦国最强大，而且发展势头迅猛，而前辈孟子早就预测了"天下定于一"的观点，当下的社会现实已经得到了充分的印证。那么，统一天下最有希望的就是秦国，而秦国的国君奉行这种以暴力夺取天下、统治百姓的政治主张，如果真的统一了天下将会是什么样的国家形态呢？百姓的生活又将是什么状态呢？

此时，荀子心如乱麻，理不出个头绪来。究竟天下的走向将如何呢？当年，孔子的弟子子张曾经问过这个问题，孔老夫子说："殷因于夏礼，所损益，可知也；周因于殷礼，所损益，可知也。其或继周者，虽百世，可知也。"[①]难道社会还会在损益即在继承与革新中前行吗？

荀子回到临淄，在进入稷下学宫的时候受到了极其隆重的迎接。原来，荀子进入齐国境内，边关就派人把荀子回国的消息报告给朝廷了。君王后和齐王建喜出望外，立即安排人时刻注意荀子的行程，并做好了隆重迎接的准备。

君王后和齐王建到场迎接，在朝的文武大臣也全部来了，还有稷下学宫的师生们。

荀子的车走近时，见此急忙下车，整理衣冠，然后才走向稷门。

然后，荀子便分别向君王后和齐王建二人鞠躬致礼，又向前来迎接的所有人鞠躬，说道："感谢大王以及大家的盛情，荀某何德何能，受此隆重之礼。惭愧！惭愧！"

荀子离开齐国将近两年，稷下学宫的祭酒之位由一位学者暂时代理，一直虚位以待他再回来。对于如此隆重的欢迎仪式，依旧给他留着的祭酒之位，这些都出乎荀子的意料。

仪式结束后，君王后和齐王建设宴款待荀子。待宴席后回到自己的住所，荀子回想着在秦国的遭遇和回到临淄受到的欢迎之礼，知道齐国才是他可以发挥作用的地方，毕竟"士为知己者死"。于是，荀子内心里暗下决心，自己一定要为齐国尽心竭力地献计献策，以恢复齐国昔日的强盛。

次日上午，荀子去见齐王建和君王后，才知道相国田单因身体抱恙在家休养而一直没有上朝。从与君王后和齐王建母子谈话的过程中，荀子感受到他们心底的忐忑以及莫名其妙的恐惧感，同时朝廷中矛盾重

---

① 参见《论语·为政》。

重，很多政令难以推行开来。实际上，不管是君王后还是刚刚弱冠的齐王建，他们都还不知道如何处理好军国大政，似乎处处都有一种莫衷一是的感觉，尤其是相国田单长时间不上朝更令他们有莫名的恐惧。

其实，荀子在前一日稷下学宫的欢迎仪式上没有看到田单的身影时便有些疑惑，不知道究竟发生了什么。今日，见过齐王建和君王后之后，荀子才知道田单是生病在家休养。

田单是齐国的再造者，是齐国人的精神领袖，这一点天下人都知道。因此，荀子觉得自己必须立即去见一见相国田单。

田单再度出山

此时，田单在家已经半个多月，天天闭门谢客在家喝闷酒，心情烦躁，精神颓丧，感觉不到一丝亮光。

听说荀子来了，田单立即来了精神，觉得终于有可以倾诉的对象了。于是，田单立刻让仆人将荀子引导到厅堂稍微等待，而自己立即就过去。

荀子对田单的家很熟悉，他已经来过几次了。田单见到荀子，抱拳一揖道："久违了！祭酒大人光顾寒舍，未能远迎，失敬！失敬！"

书中代言，齐襄王田法章执政时期，荀子和田单都在其左右——前者为稷下学宫祭酒，后者为相国，成为齐襄王执政的左膀右臂。当年，齐湣王晚年的失误不但造成国破身死的悲剧，而齐国的国家实力也丧失殆尽。但是，田齐的一些贵族和旧大臣及其后代，他们不顾国家的现实和百姓的死活，依然想过锦衣玉食的奢华生活，而田单对这些无理要求都坚决拒绝了。

于是，那些贵族和旧大臣便联名向齐襄王诬告田单，列出许多"莫须有"的吓人罪状。齐襄王算是明主，将诬告者实行连坐制——杀了几人，关了几人，并依旧信任田单。但是，在齐襄王死后将近两年的时间里，齐国基本上是君王后主政——优柔寡断，而齐王建年轻且毫无主见，因此那些人便试图卷土重来。田单自觉独木难支，陷入了两难之境：若对他们严加打击，则有假公济私、官报私仇之嫌；若不严加打击，则朝廷政治便没有是非而浑浑噩噩且影响全国。如此这般，齐国朝野就出现了混乱不堪、是非不清、贤愚倒置的状况，甚至全国上下都出现了衰颓之气，而这样的国家能有希望吗？最后，田单无奈，只能称病在家休养而不去上朝——眼不见为净。

荀子听罢，眉头紧锁，沉思一会儿后说道："我这次回来，最想见到的就是您，齐国的希望也依旧还是您。您所说的情形确实非常严重，但是我们不能看着原本强大富庶的齐国就这样一直衰败下去。您要拿出当年的勇气和智谋来，就像在齐国全境陷落只有莒城和即墨两座孤城时一样妙用连环计，一战击溃强大的敌军，再战击败全部入侵的敌人，重新恢复齐国全境。您是天下瞩目的大英雄，如今的齐国无论如何也要比当年您被困在即墨城中时强大得多，毕竟战车还有几千辆，甲胄之士也有百万人，地方更有千里之多，还是可以大有作为的。"说到这里，荀子的语调开始提升，最后几句更是说得铿锵有力。

田单的激情并没有被调动起来，内心里顾虑重重。如今，田单已过花甲之年，自己的家庭和家族都在齐国临淄居住，凡事也不能不顾及妻子儿女以及家族的安全。

听完荀子的话，田单摆了摆手、摇了摇头，说道："好汉不提当年勇，那都是十几年前的事情了。如今，此一时，彼一时，与那时完全不同了。太后优柔寡断，新主没有主见，很多事当断不断，反受其乱。我并没有最后的决策权，与当年大摆火牛阵的情况已经完全不同——那时一切都是我决定，没有掣肘之人，而如今无论什么事一到决策时便优柔寡断，耽误了许多好的时机。这才是矛盾的焦点和关键，因此我心力交瘁、焦头烂额，实在孤掌难鸣啊！"

荀子说道："正因为局面复杂、困难重重，所以才需要您这样具有大智大勇的人物出来。目前，齐国形势十分复杂危艰，如强大的秦国具有虎狼之心而毫无王者的仁义情怀，正有吞并天下之心。就现在秦国的政治格局和政策，如果其吞并天下并不是天下百姓的福分，一定会进行更残酷的压榨和统治。因此，我们一定要坚持王道理想，使天下百姓过上安生的生活。对此，我自己愿意为此赴汤蹈火，在所不惜。"

对于荀子的话，田单有很大的触动，他深深地呼出两口气后斩钉截铁地说："祭酒大人，不要再说了。我田单也不是见硬就缩的孬种，不是没有血性的懦弱之辈，因此我决定绝不退避，现在我就进宫去。你荀况为天下苍生可以赴汤蹈火，难道我田单就不能为齐国万死不辞吗？"

荀子抱拳道："这才是我认识的田单，这才是我心目中的田单。"

新来的弟子

田单进宫去了。荀子毕竟是外臣，没有跟随田单进宫，直接回到了稷下学宫。

弟子李斯和陈嚣来见，还领来了一个人。李斯介绍说这位年轻人是从韩国前来拜师的，他和陈嚣与其交谈一些问题，认为其是个学识基础非常好的青年。

荀子先仔细打量这位年轻人，中等身材，骨相清奇，有棱有角。来人见到荀子，高高一揖，深深一个大鞠躬，然后说道："弟——弟子韩——韩——韩非——拜见先生。"他一张口就知道是个结巴——口吃，而且还比较严重。

李斯暗笑。

荀子见状，拉起就要叩头拜师的青年道："韩公子，免礼。坐下说话。"

落座后，荀子问道："听说韩公子是韩国宗室近支，本应该在韩国为国家的强盛尽心竭力、献计献策，而韩国现在的形势并不是太好。不知韩公子是否考虑过？"

"谢谢先生的提醒！弟子虽然是韩国公子，但并没有实际的权力，即使提出建议也无人采纳。当政的人都是鼠目寸光、得过且过，故国势一天不如一天，而弟子也无可奈何。如今，天下大乱，弟子就是要追随先生，向先生学习治理天下之大计。请先生收下我为弟子！"韩非说道。

荀子见韩非是至诚之心，便应允了。韩非行稽首拜师大礼，师生关系便确立了。

韩非是韩国宗室的贵公子，是真正的贵族。实际上，韩非思想深刻，领悟能力在李斯之上，但他说话结巴，故在表达方面比较吃力，并使他丢失了许多人望。当时，秦始皇读韩非的著述非常欣赏，但见到他本人好像就不那么欣赏了，而这大概与他的结巴也有点儿关系。因此，韩非善于著书而不善于演说。

韩非比李斯小四岁，来的时候刚刚二十一岁。后来，韩非和李斯也成为荀子在后世名气最大的弟子，其中《韩非子》一书成为很重要的诸子典籍中的一册，语言精练，思维敏捷，逻辑能力超强，具有极高的思辨能力，很值得仔细品读。

当然，李斯和韩非投入荀子门下，也给荀子带来了双面的影响。如果从正面来说，就是这两位在中国历史上都产生了极高的影响，而其作为弟子也极高地提升了荀子的名气。在中国历史进程中，李斯为秦始皇统一天下，建立郡县制，统一文字和度量衡，贡献卓越；而韩非的《韩非子》一书则是先秦诸子典籍中极其重要的一册，其思想的深刻性和复杂性都值得深思和玩味。

不过，李斯当政时助长了秦始皇的暴政，助长了秦朝专制的程度，对严酷的"焚书"政令负有不可推脱的责任，而这一政令就出自他的提议和执行。最后，李斯被腰斩，且连带三族被夷灭。韩非思想深刻阴冷，为专制君主提供思想武器，对儒者进行人身攻击并将其列入"五蠹"之一，后来成为法家学派的代表人物。这便是李斯和韩非给荀子带来的负面影响。后世，荀子一直无法与孟子齐肩，这无疑是最主要的原因。

长 平 危 机

荀子继续在稷下学宫讲学，讲授《诗》《书》《礼》。

一年后，周赧王五十五年（前260）秋天，赵国出现了十分严峻的局面。

赵国曾出现过许多名将，尤其在赵武灵王时期军事力量最强大，赵国的骑兵是当时天下战斗力最强的军队，兵锋所向更是攻无不克战无不胜，甚至连擅长骑马射箭的西北少数民族的强敌都被打得落花流水。其中，李牧、赵奢都是震惊天下的赵国名将。当时，赵奢是地方上主管收取赋税的官员，一个小吏仰仗主人的权势而报上主人的名号抗税，而其不但不惧怕反而大怒并将其斩首示众。实际上，那个小吏的主人正是在赵国炙手可热且一人之下万人之上的平原君赵胜。

提到平原君赵胜，在历史上可谓赫赫有名，他就是赵惠文王的弟弟，即赵武灵王与其"梦中情人"吴孟姚的第二个儿子。

当年，赵武灵王赵雍少年即位，十五岁便即位为国君。他聪明异常，智慧异常，处理了许多棘手的难题，在十五岁到四十岁之间干了许多惊天动地的大事。

赵武灵王的第一位夫人是韩国的贵族之女，生公子章，被立为太子。韩夫人去世，赵武灵王因"梦中情人"事而再娶大臣吴广之女吴孟姚。于是，吴孟姚成为赵武灵王的王后，两年后生下儿子赵何。由于赵武灵王宠爱吴孟姚，废长子赵章，立次子赵何为太子。

后来，赵武灵王壮年退位让太子赵何上位，而他自己则当上了太上皇，自称"主父"。赵武灵王有愧于长子赵章无故被废便想把代地封给他，但自己已经不在王位上，次子赵何身边一班大臣坚决不同意。赵武灵王发现自己已经无权力可用后也有些失落感，便在沙丘的行宫中与长子赵章住在一起，并打算收回权力。当然，赵武灵王这个想法是令人匪夷所思的，要知道王权一旦交给新君便无法收回了，因为此时新君已有自己的执政班底，而其与新君便是"一荣俱荣，一损俱损"的一体，自然这些大臣便会同心协力拥护新君。这样，结果是赵武灵王促成了两个儿子之间兵戎相见。

最后，赵惠文王赵何在弟弟赵胜和朝臣的辅佐下打败其兄长赵章。当时，赵章逃进赵武灵王所在的行宫躲避，但仍然被搜查出来杀掉，而其后包围行宫的军队并没有解围。由于执政大臣惧怕赵武灵王秋后算账，便一直围困着行宫，以致最后赵武灵王被活活饿死了。就这样，英明盖世的一代君王赵武灵王最终却落得如此凄惨悲凉的下场。

话说赵武灵王前半生叱咤风云、所向无敌，连新继任的秦昭襄王都畏惧三分，而其创立第一支骑兵部队对华夏民族战胜西北游牧的少数民族有着突出贡献。正因为如此，梁启超认为赵武灵王赵雍是黄帝以后的第一伟人，因他和秦始皇、汉武帝、宋武帝一样是少数可以取得对北方游牧民族战争胜利的人之一。历史学家翦伯赞也曾作诗赞誉赵武灵王，有诗句"骑射胡服捍北疆，英雄不愧武灵王"（《登大青山访赵长城遗址》）。

由于弟弟赵胜在这次权力争夺中帮助赵惠文王取得胜利，于是赵惠文王封其为平原君，并对其信任有加。

这位平原君赵胜是"战国四公子"之一，豪爽好客，以其地位和钱财豢养大量食客，势力极大。当赵胜知道赵奢杀了他的食客——那位抗税的小吏，不但没有怪罪，反而十分器重，并将其提拔到重要职位。后来，赵奢便成为赫赫有名的将军，屡立战功。从这一点看，平原君不愧为平原君，真是个明白人。

赵奢有个儿子赵括，颇爱兵法，天天读书研究，在纸上画各种阵形图，口若悬河、滔滔不绝于各种军事理论，甚至许多将军或懂军事的人与他辩论都甘拜下风。如此，大家见名将的儿子如此知兵，自然受到重视。

前文提到，秦国大将白起切断原来属于韩国上党地区与韩国本土的联系，但上党守将冯亭不愿意被秦国占领而派人与赵国联系。当时，韩国上党守将冯亭的使者到了赵国，说："韩国不能守住上党，将要把它献给秦国。但那里的吏民都愿意归属赵国，不愿意归秦。共有城市邑十七，都愿意归属赵国，希望成为赵国的吏民。"

赵孝成王大喜，先召平阳君赵豹告之曰："冯亭愿意归属城市邑十七，受之何如？"平阳君赵豹对曰："圣人甚祸无故之利。"王曰："人怀吾德，何谓无故乎？"对曰："夫秦蚕食韩氏地，中绝不令相通，固自以为坐而受上党之地也。韩氏所以不入于秦者，欲嫁其祸于赵也。秦服其劳而赵受其利，虽强大不能得之于小弱，小弱顾能得之于强大乎？岂可谓非无故之利哉！且夫秦以牛田之水通粮蚕食，上乘倍战者，裂上国之地，其政行，不可与为难，必勿受也。"①

可见，平阳君赵豹是很清醒的。但是，十七个城市邑镇的吸引力太强了，而赵孝成王本心是想要的。于是，赵孝成王便再召见平原君赵胜和赵禹商量，二人表示同意，遂派平原君赵胜和大将廉颇率领大军前去接收。如今，平原君赵胜是赵孝成王的亲叔叔，其地位就更显重要了。后世，关于是否接受上党地区诟病于平原君赵胜，其实赵国的失败最关键因素是赵孝成王起用只会"纸上谈兵"的赵括而取代老将廉颇，并不在于接收上党地区与否。

赵国派平原君赵胜和大将廉颇带兵接收上党。秦国大怒，便与赵国开战，要夺回原本已经到口的上党地区。于是，赵国不断增兵，秦国也如此，大有要一决雌雄的意味。

赵国名将廉颇和秦国名将白起可谓棋逢对手，秦、赵两军对峙壁垒

---

① 参见《史记·赵世家》。

森严，谁也不主动进攻。如此，秦、赵两军加起来已超过百万大军，真是一场大规模的战役。

白起率领的秦军在前线坚持与廉颇率领的赵国大军对峙，他们知道只要廉颇在就不要想战胜赵国军队，而不能战胜则无法夺回自己损兵折将即将得到的上党地区。秦军知道赵惠文王死后，即位的赵孝成王很年轻，同时赵太后也干政。于是，秦军便使用反间计，造谣说廉颇因年纪大、反应迟钝而不敢主动进攻，错失了许多战机，否则赵国早就取胜了。

一时间，邯郸城内谣言四起。其实，如此低等拙劣的反间计原本不难识破，但赵孝成王却相信了。就这样，赵孝成王听信了谣言，决定起用名将赵奢的儿子赵括为主帅去替换老将廉颇。不过，疑惑的是，平原君赵胜难道也不能识破秦国的反间计吗？如果说平原君赵胜对赵国的失败负有责任的话，那么其不能强力谏阻赵孝成王临阵换将便是最大的失误。

秦军又造谣说白起有病回秦国休养，意在暗示赵国认为秦国的主帅也换人了。当赵括的母亲听说要让儿子带兵，她急急忙忙进宫请求赵孝成王收回成命，并说儿子与其父赵奢完全不是一回事——儿子只会"纸上谈兵"，根本没有带过兵，没有任何实战经验，更不爱兵。同时，赵括的母亲还说，如果这次儿子战败，不要连累到她。

不过，赵孝成王没有听信赵括母亲的意见。赵括在接受君命之前还有顾虑——他最怕武安君白起，说如果秦军统帅不是白起，他便敢于前去承担重任，而其他秦军将领都不在话下。现在，赵括听说白起不在秦军军中，他便欣然接受君命而到战场去了。就这样，赵国连续上当，国中如此无人，令人唏嘘。

这是赵孝成王最大的败笔，大战期间临阵换将是最大的忌讳。赵括作为主帅，不能抓住关键，又刚愎自用，就连上党守将冯亭的意见他都不予理睬，结果粮道被断，以致四十万大军被围困在长平（今山西省晋城高平市西北）一带且粮草供应出现严重问题。于是，赵括派人到齐国求救，但只是请求几百石粮食的支援，甚至可以说是借用。

勇解玉连环

赵国派来求救的使臣是平阳君赵豹，他是平原君赵胜的堂弟，是地地道道的赵国宗室。当初，平阳君赵豹是反对赵孝成王接受冯亭请求而接收上党之地的，但现在事情到这种程度他也只能尽力营救自己的国家，毕竟这是他自己家族的事。于是，赵豹拿着赵孝成王的国书和前线的主帅赵括的信，语气恳切而哀怜。不过，齐王建拿不定主意，答应在五日之内给予答复。

但是，前线军情火急，五天时间已经够长了。

见过齐王建和君王后之后，焦急的平阳君赵豹便立即到稷下学宫求见荀子。平阳君赵豹知道荀子是赵国人，希望他能尽力帮助自己的国家。

荀子也听说赵国使臣前来的消息，知道一定是极其重要的事情，否则是不会十万火急前来的。

有人引导，平阳君赵豹急匆匆来到荀子的住所，而此时荀子和三名弟子正在讨论天下大势。平阳君赵豹一见荀子，好像久别的朋友意外重逢一样，高高一揖道："先生，别来无恙乎？"

荀子一见平阳君赵豹面容憔悴、风尘仆仆的样子，急忙站起来高高一揖还礼，然后急忙请其入座。

平阳君赵豹把来意和荀子说了，并请荀子千万帮助斡旋。

荀子急忙询问事情的经过，平阳君赵豹将赵孝成王听信谗言派赵奢之子赵括去代替在前线一年多的老将廉颇，但赵括只会"纸上谈兵"不会实战，面对错综复杂的战场局面更是不知变通且缺乏大的视野，屡屡被骗而使大军处在极其危险的境地。如今，赵军被秦军切断了粮道，四十多万大军处于万分危急的境况，如果不能及时运送粮草前去，后果不堪设想。

荀子一听，气得直拍几案，说道："临阵换将，兵家之大忌呀！您为何不强行谏阻？"话语中有点埋怨的口气。

"我几次诚恳谏阻，但君上不知中了什么邪，就是听不进去。现在不说这个了，先帮助我说服齐王，快速派兵运送粮草去解救被围的赵国大军吧！我请求先生了！"说罢，又高高一揖。

荀子见状，也不问了，立即起身道："我这就进宫去见齐王和君王后，也去见相国田单，一定尽心促成此事。这可是万分火急的大事！"

荀子请平阳君赵豹暂时回客舍好好休息，二人一起出门。然后，荀子直接进宫去了。

荀子先后见过齐王建和君王后，又见过相国田单，把利害得失都分析得十分详细、清楚。

于是，围绕救不救赵国，在齐国朝廷内外产生激烈的争论。相国田单和荀子都坚决主张借给赵国粮食，他们把利害关系看得清清楚楚。但是，齐王建拿不准主意，而君王后还是最后的决策者。

秦国也向齐国派来了使臣，并向君王后献上一个玉连环——蓝田玉精雕细刻而成，三个圆环相互套在一起，晶莹剔透，光滑润泽，声音清脆悦耳。秦国使臣说："我们大王知道君王后聪明智慧，齐国多贤臣，请求把这个玉连环解开吧。"内侍将玉连环递给了君王后。

君王后将玉连环拿在手里仔细观察一会儿，见三个圆环都完整无缺，没有丝毫的机关和缝隙，应该是一块玉石镂雕出来的。然后，君王后让内侍传给下面的大臣看，看谁有办法能解开。

君王后思考着秦昭襄王为什么会有这个举动，是否是表示现在赵国军队被包围是个无解的难题，就如同这玉连环一般一环套一环无法解开，以告诫齐国就不要蹚这浑水啦？

然后，君王后又想秦昭襄王给其送来玉连环究竟是什么意思呢？忽然，君王后好像想明白了什么，小声嘱咐身旁的侍女："去取一把小锤子来。"

当玉连环又回到君王后的手里时，她笑着对秦国使臣说："回去告诉你们秦王，我有办法解开这个玉连环了。"

秦国使臣瞪大了眼睛，不由自主地抻了抻脖子，眼珠好像要掉下来了。然后，君王后把玉连环拿在手里放在前边的几案上，拿起一把小锤只轻轻一砸，其中的一个环应声而断成几截，另外两个环便也解开了。

见此情景，朝廷上的人都惊呆了，秦国使臣也张着嘴说不出话来。由于没有设置解开玉连环的前提，君王后将其砸断解开自然也是解开了，如此秦国使臣也无话可说。

关键的抉择

经过多次的争论和反复，齐国贵族还是坚决反对借给赵国军队粮草，他们怕一旦惹怒了秦国会将战火烧到齐国来，而赵国四十万大军的存亡与齐国又有什么关系？因此，三天过去了，齐国依旧没有确定粮食到底是借还是不借。

不过，大臣周子说："我以为，不如听从赵国的意见，尽快给赵国军队发送粮食，以击退秦兵。如果我们不发送粮食，秦国军队就不能退却。如果秦国的计谋得以实现，我们齐国和赵国都危险了，因为赵国就是我们齐国的屏障和庇护，就好像牙齿之外有嘴唇啊，而嘴唇没有了牙齿自然就寒冷。如果今天赵国灭亡了，那明天祸患就要到齐国，况且拯救赵国是高义，退却秦兵是显名。高义拯救危亡的赵国，威力退却强秦之兵，如果不努力做这种伟大的事业而吝惜那点粮食，那可是执掌国家大政者的严重错误。"话说得非常透彻。

齐王建觉得有道理，但还是不能下最后的决心，于是到稷下学宫来征求荀子的意见。其实，面对这么明显的道理，这么严重的情况，齐王建却毫无主张、优柔寡断，可见其真的非英主。

当荀子从秦国回来后，齐王建一直以老师的礼节来对待荀子，每有大事都要去征求荀子的意见。此时，荀子刚刚讲课结束，齐王建已经来到稷下学宫等着了。

弟子告知后，荀子急忙回到住处。见到齐王建后，荀子欲行君臣大礼，而齐王建急忙扶住荀子，说："弟子今天免去师生之礼，先生也免去君臣之礼。弟子今天有事请教，请先生直言无妨。"

荀子见问，便道："情况我都知道了，目前确实是天下兴衰存亡的关键时刻。秦国和赵国在长平摆开战场，各自都投入了几十万兵马，大有要决一胜负的架势。齐国是否援助赵国，关系到秦国、赵国和齐国三国命运走向的大事，不可以不慎重考虑。"

齐王建眉头紧锁，仔细聆听。荀子接着说："国君，领导着一个国家，担负着天下最大的重担。国家运行道路的选择是非常关键的，而一个有远见的君主起码要看出十年甚至二十年之远。如果从最长远的观点看，义立而王，信立而霸，即尊奉以德服人者王，尊奉以力服人者霸。如今，秦国不义不信，想用武力征服天下，故年年发动战争杀人掠地。赵国敢于抵抗强秦，是很有勇气的。如今，赵国几十万大兵处在困厄之中，齐国的粮草到就可以生存，不到则必亡无疑。现在，齐国正是建立道义、威望的大好时机，只是发送粮草便可以救危存亡，可以挫败暴秦的锐气，对于维护天下都大有益处。"

齐王建听罢，微微颔首道："先生的话令我茅塞顿开，我知道该如何做了。"

荀子说："人之大智慧便在于选择，善于选择的人可以把握住机会而制人；不善于选择的人，则容易失去机会而受制于人。机不可失，时不再来，而现在便是千载难逢的机会。请君上早日定夺。"

齐王建告辞。荀子说："君上，孟子早就说过'天下定于一'，即天下只有一统才可以安定下来。如果要统一天下，则必须是施仁政、推行王道的国君，有仁义、有担当的国君，能够审时度势、顾全大局、扶危济困的国君。"

齐王建听明白了，这是荀子对他的希望，非常诚恳而殷切。于是，齐王建信心满满地告辞了。

齐王建回去后便发出诏令，命相国田单立即筹措粮草，尽快驰援困在长平的赵国军队。但是，朝廷中一些顽固派老臣和一些鼠目寸光的皇亲国戚出来阻拦，且君王后也支持他们，于是即将要出发救援赵国军队的粮草车队又停止在原地而没有出发，就此错过了扭转天下大局的最好时机。

"机不可失，时不再来。"很多时候，把握时机是大智慧，是决定人生命运、国家命运或民族命运的关键。对于人生来说，每个人的人生起点完全不同，不必在意起点在哪里，更不要强调起点不同，如何把握人生的机遇才是最关键的。所以，孔子反复强调"不怨天，不尤人"，还有范仲淹在《岳阳楼记》中的"不以物喜，不以己悲"也强调了这一点。

《中庸》云："君子素其位而行，不愿乎其外。素富贵，行乎富贵；素贫贱，行乎贫贱；素夷狄，行乎夷狄；素患难，行乎患难。君子无入而不自得焉。"[1] 无论是什么出身、什么处境，都应该努力奋斗、自强不息，要仰不愧天、俯不愧地、中不愧人，干干净净、清清白白、无怨无悔、无惧无愧。

几个月后，赵国军队在长平战败的消息传遍天下，秦军大将白起下令在黑夜里将已经投降的四十万赵国军队赶进事先选定的大沟，只留下240名弱小的小兵而将其余全部活埋。至于秦军留下那些小兵，他们是为了让其回邯郸传播失败被活埋的恐怖情景，从而对赵国造成第二次心理威慑。

---

① 参见《中庸·第十四章》。

人性是恶的

听到这个消息，荀子几乎彻夜难眠，他想着长平被活埋的赵国军队将是何等凄惨的情景。然后，荀子又想到了齐国现在的现状，功高盖世的田单被孤立，那些无能的奸佞小人却在四处横行，仿佛是暗夜里的幽灵在到处游荡。

人，怎么可以这样残忍？人性，怎么可以这样恶劣？前辈孟子反复坚持"人性善"，但他终生坚持仁政理想、王道理想却始终不能施展抱负，最后也是一事无成。就这样，荀子翻来覆去地想了两个来回，最终下了一个决断："人性就是恶的！"

次日，荀子到稷下学宫讲学。

荀子扫视了一眼下面的弟子，说道："今天，我要讲一个值得思考的大问题。"

荀子停顿了一下，稍微提高一点声音道："我要讲的问题是——人性是恶的！人性不是善的，人性就是恶的！"

听到这个题目，讲坛下的弟子们都有些惊诧，不由得交头接耳起来。荀子没有在意弟子们的错愕，继续高声讲道：

"人之性恶，其善者伪也。今人之性，生而有好利焉，顺是，故争夺生而辞让亡焉；生而有疾恶焉，顺是，故残贼生而忠信亡焉；生而有耳目之欲，有好声色焉，顺是，故淫乱生而礼义文理亡焉。然则从人之性，顺人之情，必出于争夺，合于犯分乱理，而归于暴。故必将有师法之化，礼义之道，然后出于辞让，合于文理，而归于治。用此观之，人之性恶明矣，其善者伪也。"[1]

---

[1] 参见《荀子·性恶》。

意思是，"人天生的本性就是恶的，善良都是人为的。现在的人的本性，生下来就好利，按照这个本性发展下去，所以就会产生争夺而辞让便没有了；生来就有疾患恶习，按照这个本性发展下去，所以就会产生残忍贼盗而忠诚、守信便失去了。人生来就有听觉和视觉的欲望，爱好追求音乐和美色，于是淫乱就会产生而文明理性便丧失了。这样的话，顺从人的本来性情，就一定出现争夺，违犯本分和混乱伦理，归向于暴力。因此，一定要有老师和法规的教化，要有礼义的规则，然后才可以有辞让，符合文明和伦理，最后归向于有规矩和秩序。如果从这些方面来看，人性原本就是恶的，而其善良都是伪装的"。

有位弟子大声质问："请问先生，孟子曾经反复强调人性是善的，您这样讲不是和孟子相反吗？"

荀子回答道："我当然知道孟子的理论，他反复强调'人性是善的'。但是，我认为不是这样的，这是因为孟子并不真正知道人性、理解人性，而没有考察人性是否伪装的区别。凡是人性，是天生成就的，是与生命同时来到的，不可学习，不可改变。礼义，是圣人发明创造后产生的，是人能够学习的，也是可以按照礼义去做的，而这样就是人为的，就是伪装的，不是本来的人性。这就是人本来天生的本性和经过学习而后伪装的人性的区别。如今，人的本性，眼睛可以看见，耳朵可以听到，但看东西离不开眼睛，听声音离不开耳朵，耳聪目明是不可以学习的。这一点非常清楚了吧？"①

此时，弟子们的议论更多了。其中，一个人问道："先生说人性是恶的，那么礼义又是怎么产生的？当如何解释呢？"

荀子回答道："所有的礼义，都是圣人伪造的，是人为的，不是人

① 参见《荀子·性恶》："曰：是不然。是不及知人之性，而不察乎人之性伪之分者也。凡性者，天之就也，不可学，不可事。礼义者，圣人之所生也，人之所学而能，所事而成者也。不可学，不可事，而在人者，谓之性；可学而能，可事而成之在人者，谓之伪。是性伪之分也。今人之性，目可以见，耳可以听；夫可以见之明不离目，可以听之聪不离耳，目明而耳聪，不可学明矣。"

的本性就有的。因此，制造陶器的工匠利用黏土造型而为陶器，陶器便是陶匠伪造的，并不是生于陶之本性。木匠把木材加工成家具，家具便是木匠伪造的，也不是木之本性就如此。圣人处心积虑，反复研习如何造伪，创造出礼义而制定法度。然而，所有的礼义和法度，都是圣人人为造就的，不是人性本来就有的。"①

由于齐国当时小人当道、恶人当道，尤其是关于是否发送粮草救援赵国之事更看出邪恶势力的强大和猖獗，而这对荀子的心理刺激很大。同时，被坑杀四十万大军的赵国又是荀子出生的国家，甚至被坑杀的士兵中很可能有荀子的熟人或老乡，而这对荀子的心理影响就更加严重了。再加之荀子对当世许多人的恶行看得太多，因此就产生了"人性本来就是恶的"的观点。于是，荀子便提出了"性恶论"的观点。

楚 国 来 客

当时，荀子的心情极其复杂。荀子知道，自己的"性恶论"不但在稷下学宫中会遭到强烈的质疑，而且会受到天下学者的质疑。但是，荀子反复思考自己的观点后仍然认为是正确的，而此前也从来没有人如此明确地否定过人性本善的观点。

晚饭后，荀子正在自己的房间闲坐，弟子进来说有人求见。荀子到厅堂接待，原来是春申君黄歇派来的使者，并给荀子带来了亲笔信。黄歇来信的大意是，他在楚国发展得非常好，楚国新君考烈王对他十分信任，而楚国现在开始出现转机，上下关系正在理顺，迫切需要人才。同

---

① 参见《荀子·性恶》："应之曰：凡礼义者，是生于圣人之伪，非故生于人之性也。故陶人埏埴而为器，然则器生于陶人之伪，非故生于人之性也。故工人斫木而成器，然则器生于工人之伪，非故生于人之性也。圣人积思虑，习伪故，以生礼义而起法度，然则礼义法度者，是生于圣人之伪，非故生于人之性也。"

时，他早就仰慕先生，恭请先生到楚国去与他共同治理楚国。

有了这个请帖，荀子的心情立刻开朗起来，似乎又看到在自己的前方出现了一条大道。当然，荀子早知道楚国是南方最大的诸侯国，而且楚国向东南方发展也有很大的战略空间，同时其在秦国已经见过春申君黄歇，知道他与齐国的孟尝君、魏国的信陵君、赵国的平原君齐名，且一齐是天下赫赫有名的"四公子"。

春申君黄歇与楚国宗室不沾边，完全是凭借自己的刻苦努力以及天赋之才能取得名望，并具有洞察时局的深邃眼光，在最关键的时刻运用高超的计谋暗中将在秦国当人质的楚国太子芈完送回到楚国顺利即位。这样，春申君黄歇对于楚国新君考烈王来说便有了救命之恩，辅佐上位之情。因此，楚考烈王任命春申君黄歇为相国，而黄歇也就此真正掌握了楚国的权力。

黄歇比荀子小两岁，不但人非常精明，学问也不错。荀子知道，春申君黄歇曾经率领楚国军队驰援被包围一年多的赵国都城邯郸，虽然没有直接与秦国军队交手，但楚国军队的到来对解救赵国于危亡还是非常关键的。

当时，秦国军队打败赵国军队并活埋赵军四十万人后，大将白起便打算直接率领大军灭掉赵国，最起码要打下赵国都城邯郸。但是，应侯范雎与白起有隔阂没有同意，而是将秦军撤了回去，使赵国有了喘息的机会。一年后，秦国军队再度侵入赵国并包围都城邯郸，邯郸危在旦夕。于是，赵国的平原君赵胜立即动用自己的一切力量来营救自己的国家。

前文提到，对于赵国如今的危险局面，平原君赵胜也是有责任的。当初，上党守将冯亭请求把上党地区划归给赵国并请赵国军队前来接收的时候，平阳君赵豹坚决反对，而平原君赵胜则是支持的，同时他还是亲自接收者。如今，平原君赵胜自然要拼了命来保护自己的国家。

平原君赵胜先是向信陵君魏无忌求救，因为信陵君在魏国有很大的势力，他本人便有食客三千。于是，信陵君魏无忌挖空心思说服魏王答应他的请求，派出主帅晋鄙率领十万大军虚张声势，但只在半路驻扎而不前行以观望态度视之。赵国形势十万火急，平原君赵胜一个劲催促，但是魏国的十万大军就是原地不动。最后，信陵君魏无忌采取侯嬴的计谋窃符救赵，而侯嬴在送别信陵君魏无忌和好友朱亥后引颈而死。后世，唐代诗人王维有七言歌行长诗《夷门歌》咏叹此事以歌颂侯嬴，其中结尾四句云："非但慷慨献良谋，意气兼将身命酬。向风刎颈送公子，七十老翁何所求。"

毛 遂 自 荐

在盼望魏国军队的同时，平原君赵胜更是亲自到楚国去搬救兵，需要在食客中挑选二十人随同前去，但挑来挑去始终差一个人，于是便出现了"毛遂自荐"的故事。

平原君赵胜左挑右选，只有十九人够条件，还差一人，有些为难。这时，一个叫毛遂的门客从众人中走出来，向平原君赵胜道："听说君将到楚国去合纵，约定带领门下食客二十人前往，不需外人。如今，还少一人，您就用我充那个数吧！"

平原君赵胜对毛遂没有印象，便问道："先生在我门下几年了？"

毛遂答道："已三年。"

平原君说："贤士处在世间，好像是装在口袋里的铁锥子，锥子尖马上就会露出来。如今，先生在我门下已经三年，我左右的人从来也没有人称颂您，我也没有听说过您，这恐怕是因为先生您没有什么特长吧。因此，先生不能参加此次行动，还是留下吧。"

毛遂说："请求您今日就把我装在口袋里吧！如果让我毛遂早日处在口袋中，早就脱颖而出了，岂止是锥子尖露出来而已。"平原君听到这句话，感觉此人胆量非凡，于是没有再反对。不过，另外十九名食客看看毛遂，都会心地笑了。

一路上，十九名食客与毛遂交谈议论，不禁对毛遂的见识和胆量大为赞叹。

到了楚国，平原君与楚考烈王开始谈判，从早晨太阳刚出来一直谈到中午都没有结果。于是，有食客怂恿毛遂，说："先生，您上吧。"

毛遂手按宝剑登台阶而上，到堂上对平原君赵胜道："合纵的利害，两句话就可以说得明明白白。日出就开始说合纵，到日中还不能决定，为什么？"

楚考烈王问平原君赵胜道："客人是什么人？"

平原君赵胜说道："是我的舍人。"

楚考烈王很生气地斥责道："还不赶快下去？我正在和你的主人谈话，你算干什么的？"

毛遂不但没有下去，反而手按宝剑往前走了几步，厉声对楚考烈王道："大王之所以斥责毛遂，是因为楚国国大兵多。如今，在十步之内，大王不得仰仗楚国兵多，您的性命就悬在我毛遂的手心里。我的主人在这里，你凭什么斥责我？况且我听说汤以七十里地王天下，文王以百里之壤而使诸侯称臣，哪里是因为他们的士兵众多？他们是真正能够凭借形势而发挥自己的威风。如今，楚国土地方圆五千多里，手持戈矛的士兵百万，这本是霸王的基业，以楚国的强大，天下无以抵挡。白起，一个竖子，率领几万人，兴师而与楚国交战，一战而攻破鄢陵和郢都，再战而烧夷陵，三战而侮辱大王的先人。这是百世的冤仇，我们赵国人都感到耻辱，而大王您却不知道仇恨。合纵也是为了楚国，不只是为赵国。我的主人在前面，你凭什么斥责我？"说罢，怒目圆睁，手按宝剑。

接下来，出现了下面的情况——

楚王曰："唯唯，诚若先生之言，谨奉社稷而以从。"毛遂曰："从定乎？"楚王曰："定矣！"毛遂谓楚王之左右曰："取鸡、狗、马之血来！"毛遂捧铜盘，而跪进之楚王曰："王当歃血而定从，次者吾君，次者遂。"遂定从于殿上。毛遂左手持盘血而右手招十九人曰："公相与歃此血于堂下。公等碌碌，所谓因人成事者也。"①这也是"毛遂自荐""脱颖而出""因人成事"三个成语的来源，而且这三个成语都与毛遂有直接的关系。

合纵已成，于是春申君黄歇率领楚国大军北上救援赵国都城邯郸。

当赵国都城邯郸被围危在旦夕时，城内各色人物都纷纷发表看法。鲁仲连因大义凛然反驳尊秦为帝的言论而彪炳千古。其中，《鲁仲连义不帝秦》是千古名篇，被收在后世的《古文观止》（第四卷）中而广为流传。由于鲁仲连是敢于抗击强权、抗击强敌的大丈夫，而且拒绝任何奖赏，故后世文人也都对其十分敬佩，如司马迁便将其写进了《史记》。

另，在混乱中，大商人吕不韦通过打通关节保护秦国在赵国的人质异人逃跑出了邯郸而回到秦国，为后来的秦始皇即位打下基础。此是后话，按下不表。

非十二子

经过仔细考虑，荀子觉得继续留在齐国已没有任何前途和意义，而齐国这样的大国在这种决定天下大势的时候却没有担当，如此还能有什么指望呢？于是，荀子答应了楚国来人的请求，决定第二日下午就启程到楚国去，到春申君黄歇那里去。第二日上午，荀子要在稷下学宫进行最后一次讲学，他要把自己胸中积郁的闷气都宣泄出去。

这是荀子在稷下学宫的最后一次讲学，他依旧很有激情地说道："如

---

① 参见《史记·平原君列传》。

今的天下，各种学说争奇斗艳，粉饰邪说，花言巧语，弄得人们眼花缭乱而不知道是非治乱的真正道理在哪里，这样的学者大有人在啊！"弟子们静静地听着，他们不知道荀子究竟是在指谁。

稍微停顿了一下，荀子说道："放纵人们的性情，安于人们恣意放肆而行，与禽兽的行为没有两样，不足以符合文明和礼治，然而持之有故，言之成理，足以欺骗愚弄民众，这就是它嚣和魏牟啊！"当时，它嚣和魏牟并没有很大的名气和影响。对此，弟子们没有太大的反应。

接着，荀子又用同样的口吻严厉批评了陈仲和史鳅、墨翟和宋钘、慎子和田骈、惠施和邓析，他们都是前辈，有的人还很熟悉，如慎子和田骈曾经推荐提携过荀子。当荀子严厉批评前面十人的时候还没有泛起大的波澜，但当他批评最后两位——子思和孟子的时候，弟子们就如同炸开了锅一样。

"略法先王而不知其统，犹然而材剧志大，闻见杂博。案往旧造说，谓之五行，甚僻违而无类，幽隐而无说，闭约而无解。案饰其辞，而只敬之，曰：此真先君子之言也。子思唱之，孟轲和之。世俗之沟犹瞀儒、嚾嚾然不知其所非也，遂受而传之，以为仲尼、子弓为兹厚于后世：是则子思、孟轲之罪也。"①

意思是，"还有的人粗略取法先王而不知道其道统和传承，一副很高傲的样子好像有非常大的志向，而学问和见识渊博但非常杂乱。按照以往旧时的说法，称之为五行，但非常偏僻违背常规而没有事实根据，隐约幽眇而不能解说，闭塞模糊而无法解释。他们按照粉饰的言辞，一味对其敬佩，还说'这真是我先人的话啊'。子思在前面提倡，孟轲在后面唱和。世俗上那些狭隘以及保守迂腐的儒者，纷纷攘攘地到处宣传而不知道这是不对的，于是都接受而往下流传，以为他们便是孔子和子弓得以进行传承到后世的人物，而这便是子思和孟轲的罪过"。

---

① 参见《荀子·非十二子》。

在战国时代，子思和孟子是儒家思想的权威解读者和传承人。孟子比荀子大六十岁，是荀子的前辈大学者；而子思是孟子的前辈，后世将其学说一直称为"思孟学派"，是战国初期到中叶儒家思想的关键学派。在"儒分为八"的情况下，嫡传和正统的便是"思孟学派"，而这是中国后世学术界的基本认识。

对于荀子在儒家的地位，其制约的关键因素大概有三个方面：一是其"性恶论"与孟子提倡的"人性善"相左，与儒家道统的核心观点不一致；二是其"非十二子论"旗帜鲜明地指责子思和孟子，而子思和孟子恰恰是儒家思想传承过程中最关键的人物；三是其主要的弟子李斯和韩非都是法家思想阵营中的关键人物，而李斯（焚书）和韩非（文化专制以及文字狱）的思想与儒家思想的观点相违背。不过，荀子思想的主体架构和基本精神还是儒家的，其王道政治和军事思想都是儒家思想的精华。

荀子讲学的讲坛曾经是孟子讲学的讲坛，所在的稷下学宫也曾经是孟子大肆宣讲"性善论"和王道政治理想的地方，因此孟子的影响在稷下学宫依旧有非常深刻的痕迹。当荀子点名道姓地批判子思和孟子时，大家都有些气愤，以致质问、斥责的声音不绝于耳。于是，荀子的讲学进行不下去了，便决定提前离开。

荀子带领三个弟子回到住所，便立即让随从套车离开了稷下学宫，离开临淄这个令他百感交集的地方。

对于这次离开，荀子的心情其实是有些郁闷和复杂的。

事先，荀子已经安排好了三个弟子。当荀子征求三个弟子的意愿时，韩非是韩国贵公子需要回到韩国去，希望韩非能够把韩国的事情办好；而李斯和陈嚣都是平民出身，他们坚决要跟随荀子。于是，李斯和陈嚣便与荀子一起离开临淄赶往楚国。

这一年是周赧王五十九年（前256），岁当乙巳，荀子已经五十七岁了。

告别稷下学宫

三辆轻便的马车从临淄城出来一直南下，前面的车中坐的是荀子和楚国派来专程请荀子的使者，后面的车中坐着李斯、陈嚣和楚国使臣的随从，最后一辆车装载着荀子师生三人的行李和书籍。

这时，荀子回想出稷下学宫大门的时候，他让御者放慢速度并回头仔细打量"稷下学宫"的匾额，心中可谓是酸甜苦辣咸五味俱全。要知道，荀子在稷下学宫度过了三十多个春秋，由一个积极求学的少年，经过七年艰辛苦读，二十二岁时便成为祭酒。齐国虽然在齐湣王时期经历了悲剧性的遭际，但田单以大智大勇再造齐国，恢复了齐国全境。进入齐襄王时期，荀子再次回到稷下学宫出任祭酒，同时自己的学术生涯也进入了最辉煌的时代——在稷下学宫讲述了自己的全部主张和思想，曾经赢得那么多弟子们热烈的掌声和君臣朝野百姓的赞誉。不过，荀子的主张并没有在现实中实行，都只是停留在理论形态阶段，因此他认为其对于天下和苍生是没有什么实际的意义和价值的。从秦国回来后，荀子第三次出任祭酒之职，但无论是秦国、赵国还是齐国都让其内心里无比的郁闷，使得他再次有了离开稷下学宫的想法。

对稷下学宫，荀子是又爱又恨又留恋的，而他现在离开后恐今生都不会再回到这个地方了。

鲁国的灭亡

当年，春申君黄歇以其大义、大智、大勇和敢于担当的精神，冒着死亡的危险保护在秦国做人质的楚国太子芈完安全回到楚国。随后，在应侯范睢劝谏秦昭襄王成功后，黄歇也被体面地放回楚国，并给了他许多赏赐。

回到楚国不到三个月，楚顷襄王去世，太子芈完顺利即位为楚考烈王。楚考烈王对黄歇十分感激，于是把淮北之地十二个县封给他，并封号为春申君。

春申君黄歇将处在淮北东面的姑苏旧城——吴王阖闾和夫差苦心经营的姑苏城进行大规模复建和新修，使这座古城焕发了荣光，一举成为当时繁华的都邑之一。

这时，春申君黄歇充分施展政治才能，不但把自己的领地治理得井井有条，还率领楚国军队灭掉了鲁国，向东北扩大了楚国的领地。

就在荀子一行前往楚国的途中，春申君黄歇便在干着这样一件大事。

春申君黄歇辅佐楚考烈王把楚国的元气基本恢复大半，君臣合心，百姓顺气。于是，他又全盘思考后决定把离楚国最近的中等诸侯国——已经非常衰败的鲁国灭掉，将其领土收入楚国的版图，这样便可以扩大楚国的疆域和实力。在古代，所有诸侯国的国君都有共同的两个心愿：一是领土大，二是人口多。

其实，鲁国自从季桓子排挤孔子，孔子不得已周游列国之后，便一直走下坡路。在孔子之后的时代，虽然孔子的诸多弟子对挽救鲁国的颓势有一定的作用，但"三桓"的后代是一蟹不如一蟹，故其后更是每况愈下。孟子时代是鲁平公为国君，当初孟子的弟子乐正克为臣，听说鲁平公很仰慕孟子便提议其去见孟子，但最后被一个名叫臧仓的小臣几句谗言就打退堂鼓而没有去见。当时，鲁国便有大贤，即孔子的六世孙孔斌，字子顺，但可惜的是鲁国国君根本就没有发现他，更谈不上重用了。

孔子六世孙

在长平之战（前260）前，魏安釐王听说孔子的六代孙孔斌是大贤，也是有实际能力的人物，便派使者到鲁国诚恳邀请其到魏国都城大梁来。

到了大梁之后，正逢秦军和赵军在长平大决战，于是魏国朝廷展开讨论。有位大夫提出，魏国应该完全置之度外，坐山观虎斗，无论哪国胜利，对魏国都有益处。

孔斌不理解，反问："为什么这么说？"

那位大夫理直气壮地说："秦国如果战胜赵国，我们就服从秦国；如果不能战胜赵国，我们则可以趁其疲惫而攻打秦国。"

孔斌说："不是这样。秦国自从孝公以来，战争就没有失败过。这次战役又派出良将武安君白起，哪里会有失败的机会被我们所利用呢？"

那位大夫说："即使秦国战胜赵国，对我们有什么损害呢？邻国受到损失和羞辱，是我们国家的幸运和福分。"

孔斌听到此话后双眉紧锁，忧郁地说道："秦国，是个贪婪残暴的虎狼之国。如果战胜赵国，必定再向其他地方寻求土地，恐怕那时候魏国一定会遭受秦国军队的侵扰。先人有这样的话：'燕子和麻雀居住在屋檐下，各自母子相依为命，很是快乐，自以为非常安全。灶坑里的火苗蹿出来，房屋和栋梁都要被烧毁，燕子和麻雀仍然面色不变，因为它们不知道祸患将要波及自己呀！如今，先生不明白赵国破败后祸患将要波及魏国，为什么人和燕子麻雀的智商一样低呢？'"道理阐释得清晰明白，比喻精当。真是个智者呀！

当初，魏安釐王听说孔斌是大贤人，便派使者带着金银布帛前去请其到魏国做相国执政。在魏安釐王执政的时期，正是战国斗争最激烈且也是各色人物纷纷登场亮相的时代。其中，战国"四公子"之一的信陵君魏无忌便是魏安釐王的亲弟弟，而"窃符救赵"故事中的魏王便是魏安釐王。应该说，魏安釐王能够派使者从鲁国的曲阜将孔子六世孙孔斌请到魏国来，可见其还是有一定见解的人。

当魏安釐王的使者到达鲁国后，孔斌说："如果魏王真正能够信任我并采用我的政治主张，而我的主张当然可以使国家走向大治，即使是吃粗粮蔬菜、喝白开水我也前去。如果只是要控制和笼络我并给我厚重的俸禄，却不发挥我的执政能力和作用，那我也就像一个普通百姓而已，而魏王怎么会缺少一个普通百姓呢？"意思很明确，魏安釐王如果用我就要采用我的主张——推行仁政和王道政治，那么即使生活很清苦我也心甘情愿；如果只给我很高的俸禄而不推行仁政和王道，那么我就没有必要前去了。

使者态度极其诚恳，孔斌这才跟随其来到了魏国。当孔斌到达魏国时，魏安釐王亲自到郊区迎接，并拜其为相国。于是，孔斌大刀阔斧进行改革。经过一段时间的观察和调查研究、明察暗访，首先将魏安釐王身边的宠臣佞人全部免职而换上了贤人，将无能的官员裁汰而换上了能干的人，这样朝廷以及地方的面貌都焕然一新了。

当然，被罢免的那些官员自然有足够的能量，而那些被裁汰的国君身边的佞人的能量更大。于是，这两拨人到处煽风点火，极尽诽谤之能事，说什么的都有，一时间谤言四起。

一位文职官吏叫文咨，他把这种情况告诉给孔斌。孔斌说："开始变革的时候不可以与百姓谋划，这是很悠久的情况了。古代善于执政的人，起初的时候不能没有谤言。子产在郑国执政，三年而后谤言才止息。我的先祖当鲁国摄相，三个月后谤言才止息。我如今为政的日子很浅，哪里用得着在乎谤言呢？"

文咨问："不知当年对您祖上有什么诽谤啊？"

孔斌说："先祖在鲁国出任摄相时，有人唱道：'穿鹿皮袍的那位权贵，抓起他来没有罪；权贵穿着鹿皮袍，抓起他来都叫好。'等到三个月以后，风气教化逐渐成形，人们享受到新政的好处，百姓们便又唱道：'穿皮衣，戴殷帽，我们的心事他想到；戴殷帽，穿皮衣，一心为民不为己。'"

文咨听后，高兴地赞叹道："今天我才知道您与古圣贤相比也不差呀。"

孔斌执政九个月，提出一些重大的建议却不被魏安釐王采用，于是喟然长叹："建议不被采纳，是有不合适的地方。我如果再继续做官享用，就是尸位素餐，枉拿俸禄，不做事白吃饭，罪过就太大了！"然后，称病辞去了职务。

其实，孔斌对魏安釐王也是苦口婆心，但当遇到无法解决的矛盾时魏王并未能真正支持他。于是，孔斌坚决请辞，绝不尸位素餐。

可以看出，孔斌的执政理念应当是导之以德的王道政治，而在那个时代除非国君是圣贤之人才有可能实行，故魏安釐王不能执行也是可以想象的。

有人对孔斌说："魏王不用你，你为什么不到别处去呢？"

孔斌回答："到哪里去呢？崤山以东的各国都将被秦国吞并；而秦国的行为不仁不义，我绝不去那里。"于是便在家休养。

新垣[①]固问孔斌："圣贤所到之处，必定是振兴教化、修明政治。而你在魏国做相，没听说干出什么特殊的政绩就自行引退，猜想你是不得志才如此的吧？"

孔斌叹口气道："以无异政，所以自退也。且死病无良医。今秦有吞食天下之心，以义事之，固不获安；救亡不暇，何化之兴！昔伊挚在夏，吕望在商，而二国不治，岂伊、吕之不欲哉？势不可也。当今山东之国敝而不振，三晋割地以求安，二周折而入秦，燕、齐、楚已屈服矣。以此观之，不出二十年，天下其尽为秦乎！"[②]

意思是，"正因为我还没有取得特殊的政绩，所以就自己引退。况且在必死的绝症面前，良医便显示不出本事。现在，秦国有吞并天下之心，用仁义的手段去对付当然不可能安全。现在的天下大势是，救亡图存尚来不及，又哪里可以推行教化呢？三晋一个劲儿割地求安，如同抱薪救火，二周即将被秦消灭，燕、齐、楚已经屈服于秦国。以此观之，

---

① 新垣，中国复姓之一，主要源于姬姓。
② 参见《资治通鉴·周纪五》。

不出二十年，天下即将都归于秦国"。

楚 考 烈 王

荀子一行人乘坐的三辆马车从临淄继续向南行驶。与此同时，春申君黄歇亲自率领的楚国大军已经灭掉鲁国，留下一部分军队和一些精挑细选的官员管理新占领地区，并在原来鲁国南部与齐国接壤的地方新增设了一个方圆三百多里的县。

然后，春申君黄歇便率军撤回楚国都城钜阳（今安徽太和境），楚考烈王亲自到城东门迎接。这是楚国近几年来最大的一次胜利，而且获取了鲁国全境的领地，使得楚国向东北方向扩充了几百里的范围，可以和齐国直接接壤了。

话说楚考烈王是楚怀王的孙子，楚顷襄王的嫡长子，十多岁便立为太子。楚考烈王出生于周赧王二十五年（前290），十九岁那年（前272）时被楚顷襄王派到秦国做人质。当时，楚国处在生死存亡的关键时刻，左徒黄歇运用智谋和辞令打消了秦国联合韩、魏两国共同伐楚的决定，而秦昭襄王提出为表达楚国的诚意要求把太子芈完送到秦国来。于是，楚顷襄王便送太子芈完到了咸阳，跟随太子前来的太子太傅和辅佐之人便是黄歇。

当年，作为太子的芈完虽然十九岁，但其遇事没有主见，因此全靠黄歇的辅佐、保护和开导。对于孤身前来秦国做人质的太子芈完，秦昭襄王把自己的一个女儿许配给了他，因为其毕竟是楚国的太子、未来的楚国国君。

跟随太子芈完在秦国的黄歇密切关注着天下大势，特别是楚国国内的情况，因为他的肩上担负着楚国太子的未来。实际上，黄歇也担负着楚国的未来，因此他不得不格外谨慎周密。在秦国的十年间，黄歇尝遍了各种滋味，酸甜苦辣咸都有。

在周赧王五十二年（前263）的冬天，黄歇听说楚顷襄王病重，感觉楚国的形势已经万分急迫了。恰巧，年末时楚国派使者来秦国贺岁，而前来的使者是一位三十多岁且非常精明的人——朱英。黄歇与朱英秘密交谈了很长时间，其后巧妙地将太子芈完送回到楚国国中。后来，黄歇虽然遇到危险，但最后还是得以顺利回到楚国。

当黄歇回到楚国后不到三个月，楚顷襄王便一命呜呼了，太子芈完顺利即位。于是，黄歇由原来的左徒之职提拔到令尹之位，并被封为春申君。

如今，春申君黄歇实际控制着楚国的军政大权。楚考烈王一切都听从春申君黄歇的，而楚国国内也出现了新的气象，民心也逐渐顺畅。为避免秦国的侵略，楚国把都城由原来陈国旧都搬迁到了钜阳——仍名"郢都"，就在淮河的南岸。

此时，春申君黄歇率领楚军已经灭掉了鲁国，将楚国的领土扩大了几百里地，并且在班师还朝后刚刚两天就听说了天下闻名的荀子即将到达的消息。对此，楚考烈王和春申君黄歇简直太高兴了，便商讨用最隆重的礼仪迎接这位来自天下最高学府——稷下学宫的祭酒荀子。

荀子一行渡过淮河，上岸不远就是楚国的新都——郢都（钜阳）。实际上，楚国的都城最开始建都在今湖北、河南交界处的丹阳地区，其后则迁都到今湖北荆门地区，而楚国最繁荣的时期便建都在这里，前后长达四百多年，曾经盛极一时。其后，楚国又三次搬迁都城，但都称作"郢都"。另外，楚国历来崇拜太阳，故称太阳为东皇之神，又称太阳叫"东皇太一"。

郊　　迎

到楚国郢都郊外，迎接使者对荀子说道："刚才来人说，楚王和令尹安排了隆重的欢迎仪式，请先生从东门进城！"然后，又指着大约十里远的一大片城池说那里就是郢都，我们很快就要到了。

荀子手搭凉棚向那个方向一望，果然是很大也很气派的一座城池。

御者把鞭子一扬，"啪啪啪"三声清脆的响声，然后高喊一声："驾！"两匹马便开始小跑，车速也快了起来。

东城门外有一个很宽阔的广场，是楚国迎接重要客人的专门场所。在春秋战国时期，各诸侯国对来访的客人视国家关系和来宾的等级而定迎接的礼仪，分为郊迎和庭迎，各自都有一定的礼仪程序和规矩。

此时，楚考烈王和春申君黄歇已经出城郊迎荀子的到来，而荀子一行人到达附近时便下车来。

这一年，荀子五十七岁，春申君黄歇五十五岁，楚考烈王三十五岁。

春申君黄歇站在楚考烈王的身旁，满面春风地介绍道："那位一身儒服的便是大儒荀子，而他能够来到我们楚国是国家的大幸、君王的大幸啊。"

楚考烈王心情特别好，大笑道："好好好！令尹刚刚灭掉了鲁国，又迎来天下第一大儒，我们楚国真是双喜临门啊。这是我们国家的大幸，社稷的大幸，列祖列宗的大幸。令尹，传令下去，今日破例演奏乐舞《东皇太一》迎接大儒荀子。"主管礼乐的官员随即应声示下。

说话间，荀子一行人已经走到面前。春申君黄歇走上前去向荀子施礼，说道："先生，我们可把您盼来了。看，我们楚王亲自前来欢迎先生呢！"

荀子一看服饰，就知道那位高高在上的年轻人便是楚考烈王，于是紧走小步就要跪行君臣大礼。楚考烈王先向前跨了一大步，拉起荀子说："先生远道而来，大礼就免了吧！寡人盼望你真是望眼欲穿，如大旱之日盼甘霖啊！"说着，请荀子站在自己的身旁。此时，在楚考烈王左边的是春申君黄歇，右边便是荀子，而这也是荀子一生中最显赫的时候。

　　然后，乐舞《东皇太一》开始，乐声悠扬明亮："吉祥之日啊好时光，恭敬肃穆啊娱乐上皇。手抚长剑啊玉为环，佩玉铿锵啊声音清亮。座席华贵啊玉镇边，满把香花啊吐露芬芳。蕙草裹肉啊兰为垫，祭奠美酒啊飘来桂香。高举鼓槌啊鼓敲响，节拍舒缓啊歌声响亮，吹竽鼓瑟啊声音真悠扬。群巫娇舞啊服饰美，香气四溢啊香气满堂。众音齐会啊响四方，上皇欢欣啊快乐安康。"①

　　舞者有十六人，分别站成两列，每列八人，这就是"二佾"之舞了。

　　荀子见舞者个个扮作女巫，纵列二人联袂翩翩起舞，舞姿优美婀娜，不禁连连赞美道："我早听说过楚国的歌舞独具特色，十分优美迷人，百闻不如一见，真是美轮美奂、尽善尽美啊。"

国　　宴

　　郊迎仪式后，楚考烈王设宴款待荀子师生。春申君黄歇请荀子和自己同车而行紧随楚考烈王的御辇，其后是荀子的两名弟子李斯和陈嚣的车，再后面是楚国大臣的车。荀子心情大悦，想到自己曾经到秦国时秦昭襄王对自己的冷淡态度，与之相比简直是天壤之别，不禁对楚国君臣生起了感激之情，并决定要将自己的全部智慧和才能贡献给欣赏自己的人。

　　在宴席上，春申君黄歇诚恳地请求荀子能够在楚国留下来，与自己一起相佐君王成就楚国大业。

　　众位大臣也连连应和。

　　当时，楚考烈王刚过三十岁，正是精力旺盛的年龄，说道："我们

---

　　① 参见《九歌·东皇太一》："吉日兮辰良，穆将愉兮上皇；抚长剑兮玉珥，璆锵鸣兮琳琅；瑶席兮玉瑱，盍将把兮琼芳；蕙肴蒸兮兰藉，奠桂酒兮椒浆；扬枹兮拊鼓，疏缓节兮安歌；陈竽瑟兮浩倡；灵偃蹇兮姣服，芳菲菲兮满堂；五音纷兮繁会，君欣欣兮乐康。"

楚国幅员辽阔，地大物博，物产丰饶。如今，得贤令尹施政有方，刚刚取得鲁国之地，又迎来天下大儒荀子，真是双喜临门啊。请先生对楚国之政治多多指导！"

春申君黄歇见状，便顺势请荀子对楚国的政治提些意见。

荀子见状，也不推辞，说道："诚挚感谢大王和令尹对我如此隆重的迎接，又设如此丰盛的宴席款待，我荀况大有受宠若惊之感。诗云：'投我以木瓜，报之以琼琚。匪报也，永以为好也！投我以木桃，报之以琼瑶。匪报也，永以为好也！投我以木李，报之以琼玖。匪报也，永以为好也！'既然楚国如此看重我，我自当倾心回报，并把我所有的智慧和才能贡献给楚国。"古今一礼，人之常情。

然后，觥筹交错，尽欢而散。

推 心 置 腹

宴会后，荀子师生三人被安排在重要使臣的客舍中休息，但很明显是临时的居所。休息过后，荀子的心情很舒畅，对自己的人生前景又有了新的期望。

经过反复思量，荀子对自己在楚国如何走好下一步有了明确的思路。

次日早饭后，春申君黄歇来访，二人便都敞开胸怀进行了深入的交流。

先是寒暄一番，然后渐渐进入正题。春申君黄歇想请荀子留在郢都为楚国的军政大计提供意见，开馆授徒为楚国培养人才，并请楚王授予其上卿的实衔。

荀子说："感谢令尹为我着想而安排一切！但是，我觉得我现在最需要的是把理想和主张落实到现实中。当年，孔子五十岁出任中都宰，然后又做大司寇、摄相取得许多政绩，其后周游列国也是想要推行自己的政治主张。'不闻不若闻之，闻之不若见之，见之不若知之，知之不若行之。'①因此，我想到下面去，到地方去，到百姓中间去，去实现我的政治理想和主张，并在实践中检验和修正、补充和完善，以求为天下留下可以借鉴的经验和理念。"

春申君黄歇说："先生既然如此想，那也好。待我仔细想一想，请先生到什么地方去吧。不过，此事也不是很急的事情，那就请先生在这里先多住几天，我也好随时前来请教。今天，我就先请先生指教如何治理国家，如何做好令尹。"

荀子说："既然令尹如此礼贤下士、不耻下问，那我就谈谈如何当好执政的问题。"

春申君十分虚心和诚恳，说："我洗耳恭听。"

荀子说："人之生不能无群，群而无分则争，争则乱，乱则穷矣。故无分者，人之大害也；有分者，天下之本利也；而人君者，所以管分之枢要也。"②

说到这里，荀子停顿了一下，说："令尹是辅佐国君之首相，故管理各个层次之官员，规定其职责与义务以及工作目标则是第一要务。只要各级官吏都能各司其职，则国家便会运转起来。"

特别注意的是，在荀子的话里，"人之生不能无群，群而无分则争"是关键。这里，荀子说的"分"是名分的意思，即每个人在社会中都要有自己确定的身份，这个身份的社会属性便是什么职务，以及具体的职责和义务。这是社会能够正常运转的关键，也是领导国家机器运转的关键。

春申君黄歇一边思考，一边凝神聆听。

荀子接着说："国家兴衰，取决于用人。用人比法度更关键。'故有

---

① 参见《荀子·儒效》。
② 参见《荀子·富国》。

良法而乱者,有之矣,有君子而乱者,自古及今,未尝闻也。'传曰:'治生乎君子,乱生乎小人。'此之谓也。①

"因此选拔人才,任人唯贤,便是国家兴衰的第一要义。'虽王公士大夫之子孙,不能属于礼义,则归之庶人。虽庶人之子孙也,积文学,正身行,能属于礼义,则归之卿相士大夫。'"②

荀子就是这样,他只要有机会就会毫无顾忌地宣传自己的学说。其实,荀子"国家兴衰,取决于用人"的观点确实是正确的,但他主张王公大臣的子孙如果不肖就归向普通百姓的行列与普通百姓中品学兼优者则立即提拔到公卿大夫的行列则未免过于理想化了。

"我听明白了,第一是用人。只要把各级官员都安排好,选拔能人,任人唯贤,则大势定矣。但是,具体部署当如何呢?"

荀子说:"圣王之制也:草木荣华滋硕之时,则斧斤不入山林,不夭其生,不绝其长也。鼋、鼍、鱼、鳖、鳅、鳣孕别之时,罔罟毒药不入泽,不夭其生,不绝其长也。春耕、夏耘、秋收、冬藏,四者不失时,故五谷不绝,而百姓有余食也。"③

意思是,"圣天子的制度:在草木繁盛生长的时候,割草伐木的人不能进入森林,不能摧残草木的生长期。在鼋、鼍、鱼、鳖、泥鳅、鳝鱼的繁殖期,不能捕捞,更不能下毒饵,不能破坏它们的生长繁殖。春种、夏锄、秋收、冬藏,四季都不失其时,不能耽误农时,这样粮食不会断绝,而百姓也就丰衣足食有余粮了"。

然后,荀子表情郑重地说:"足国之道:节用裕民,而善臧其余。节用以礼,裕民以政。"④

春申君黄歇重复着荀子的话,并自言自语地说:"妙!妙!一字千金。"

---

① 参见《荀子·致士》。

② 参见《荀子·王制》。

③ 同上。

④ 参见《荀子·富国》。

弟子李斯和陈嚣在一旁也听得入了神。

这时，荀子接着说："在使百姓丰衣足食之后，就要对百姓进行教化，奖勤罚懒。因此，奖赏制度一定要跟上。

"故不教而诛，则刑繁而邪不胜；教而不诛，则奸民不惩；诛而不赏，则勤厉之民不劝；诛赏而不类，则下疑俗俭，而百姓不一。故先王明礼义以壹之，致忠信以爱之，尚贤使能以次之，爵服庆赏以申重之，时其事，轻其任，以调齐之，潢然兼覆之，养长之，如保赤子。若是，故奸邪不作，盗贼不起，而化善者劝勉矣。"①"化善者劝勉"是这段话的核心。

荀子这段话表达了他非常清晰的执政理念，即教化是前提，奖惩是跟进的措施。换句话说，作为各级政府和执政官员执政的首要问题，即只要是有群体的地方，就一定有优劣善恶，如果不能够奖勤罚懒，不能惩恶劝善，就会是非不分、浑浑噩噩，便无法激发人的积极性。

见春申君黄歇在深思，荀子又接着说："故用国者，义立而王，信立而霸，权谋立而亡。三者明主之所谨择也，仁人之所务白也。"②

意思是，"因此运用国家权力的人，道义确立了就可以称王，信誉建立了就可以称霸，但运用权谋就一定会亡国。这三点是所有掌握国家权力的人都要仔细权衡选择的，也是所有志士仁人都要明白的"。这是带有总结性的发言，关键还是执政者的理念和出发点。

"国危则无乐君，国安则无忧民。乱则国危，治则国安。"③

意思是，"国家危险动荡则没有快乐的国君，国家如果安定则没有忧伤的平民。如果混乱则危险，如果大治则安全"。因此，国家安全是一切幸福与快乐的前提和基础。但是，国家的安全则来自开明的政治，故执政者的德行与能力才是这一切的关键。

---

① 参见《荀子·富国》。
② 参见《荀子·王霸》。
③ 同上。

最后，荀子感叹道："令尹大人之责重于泰山啊！"

春申君黄歇一直在边思考边聆听，当听到荀子如此语重心长的话时不禁抱拳道："先生所论甚当，我深知职责重大，定当尽心竭力，鞠躬尽瘁而已。"

一任兰陵县令

兰　陵

来年正月刚到，荀子便接到兰陵令的任命，其中可以看出春申君黄歇的苦心，也可看出其对荀子的信任和期待。

兰陵，传说这个地名是诗人屈原的杰作。据说，夏代王杼五年（前2053），封曲烈为鄫，拥有向、次室、鄫等地，后来成为鄫国。春秋中叶，因无力抵抗南面东夷的侵扰，鄫国便主动归属于鲁国。当时，鲁国执政的是季文子，他在这里建了一个小的城邑，名为"次室"，即鲁国附属的意思。由于这里与季孙氏的采邑费地距离比较近，因此成了鲁国东南的边邑。从某种意义上说，这里也是季孙氏的采邑。

后来，在秦、齐、楚三国争霸的时代，楚国连续施行错误的外交政策以致频频受制于人。在第一次"绝齐联秦"上当受骗后，楚怀王大怒并要报复秦国，而这需要先修复与齐国的关系。于是，这一出使齐国的重担便落在了屈原肩上，因为屈原当初是确定"绝齐联秦"政策时最坚决的反对者，而这一点已经被天下人知道。

此次屈原前往齐国正好路过这里，见此地形胜且地势较高，又见其山地到处是兰花，便有意将"次室"的地名改为"兰陵"。其实，兰花是屈原最喜欢的花卉，而次室的地理位置又偏高——高地为陵，取"圣洁之花开放在高地"之意,于是便有了"兰陵"这一地名。

不过,"兰陵"这一地名究竟是何时出现的则无明文记载,而"兰陵"地名出自屈原也只是一种可能的说法。

兰陵是楚国灭亡鲁国后新设置的县,地域宽阔,在方圆三百里以上。此地原在鲁国南端,是丘陵地带,地势自西北向东南逐次降低,依次是低矮的山脉、丘陵、平原和洼地。其中,流经这里最大的河流是马汤河,水量充沛,同时还有吴坦河、汶河、陶沟河等河流纵横交错,给这里带来了勃勃生机。

由于兰陵是新设置的县,政治上没有盘根错节的关系,应该是最好统治的地方。

临行前,荀子和春申君黄歇进行了深入的交谈。荀子认为,兰陵地盘很大,处在楚国东南,北与齐国接壤,而齐国现在的情况是泥菩萨过河——自身难保,不可能对楚国构成任何威胁,在很长一段时间内也不会有战争的威胁,因此是推行新政最好的地方。春申君黄歇正想革新楚国的政治并在天下纷争的生存危机中尽快发展壮大起来——不但要使楚国富裕起来,更要强大起来,而使楚国强大起来的关键便是提升朝廷的凝聚力并建立一支强大的军队。

在这一点上,春申君黄歇和荀子的意见是一致的。因此,春申君黄歇便答应了荀子的要求:在不违背楚国利益,不违背楚国法度的前提下,可以有充分的自主权。同时,第一年不必向朝廷缴纳赋税,第二年、第三年赋税减半,所缴纳的赋税主要用于发展地方生产。总之,荀子可以运用自己的聪明才智治理兰陵,使之成为富庶而又文明的礼乐之邦,并在取得经验后可以向楚国全境推广。

于是,荀子与春申君黄歇约定:一年见效果,三年可以大成。孔子云:"苟有用我者,期月而已可也,三年有成。"[①] "期月",实际上就是一

---

① 参见《论语·子路》。

周年。荀子非常认可孔子的这句话，毕竟无论干什么都需要一定的时间周期。

春申君黄歇答应了荀子的要求，兰陵县如何治理全部由荀子自行决定，同时第一年不向朝廷缴纳任何赋税，且第二年、第三年赋税减半。当时，楚国执行的是天下普遍的赋税制度——"什一税"，即孔子、孟子曾反复强调的"彻"，即十分之一的税率。如此，在原有税赋基础上再减半就是二十分之一的税率，那么兰陵百姓的负担就非常轻了。

绘 事 后 素

荀子师生三人一行顺利来到兰陵。兰陵虽然是新的县邑，但作为邑镇则是历史悠久的：如果从鄪受封开始算，比鲁国的历史还要长；如果从归属鲁国且季文子前来经营开始算，也有三百年以上的历史了。

这一年是秦昭襄王五十三年（前254），岁当丁未，荀子已经五十九岁了。

县丞以及其他官员热情接待了来自郢都的新县令荀子，并将其安排在县令居住的宅院，而其弟子李斯和陈嚣则被安排住在别院之中。

荀子的心情特别好，因为他真正得到了可以按照自己的主张来独立统治一个地区的机会。话说孔子虽然曾经参政过，也取得过很好的政绩，但一直没有获得独自行政的权力和机会。后来，孔子被季桓子排挤边缘化并被迫出走周游列国，根本上就是想寻找一个能够独立推行政令的机会，但十四年而未能得到。最后，稍微出现了一点希望，这就是楚昭王对孔子的政治主张极其重视，想要划给他七百里地——叶地让其带领弟子去治理，也想要摸索出一条使国家走向强大的道路。然而，楚昭王却英年早逝，以致孔子最后的希望也破灭了。

话说这位楚昭王的一生也充满了传奇色彩，而其与中国历史上有名的伍子胥的故事有关联，甚至说他便是这个故事所产生的结果。

当年，楚平王在费无极的鼓吹纵容下强行霸占了儿子的媳妇，杀了太傅伍奢和其长子伍尚，造成了伍子胥出走。后来，伍子胥借助吴国军队攻破楚国，把楚平王的尸体挖掘出来进行鞭打。然而，当初楚平王霸占儿子的媳妇造成了巨大的影响，并生下了一名婴儿——后来的楚昭王。

当楚国破败时，楚昭王刚刚八岁，在战乱中能够保全性命也算是大难不死必有后福。后来，楚昭王即位为楚王，成为著名的中兴之主，而楚国也开始出现强大的苗头。对此，孔子对楚昭王充满期望，因为当时楚昭王年仅三十五岁。楚昭王召孔子前去，并让其最得力的臣子叶地的宰邑叶公负责此事。就在孔子踌躇满志准备前往的时候，楚昭王却在临时驻跸的城父去世了，而孔子最后的希望也随之破灭。

想到这里，荀子的内心涌现出一阵悲凉。

不过，荀子转念又想：今日自己得到了治理兰陵县的这次机会，一定要不辜负上天恩赐的机遇，要按照自己的意志将如此大的兰陵县好好治理一番，何况还有寄予厚望的两位聪明有能力的弟子——李斯和陈嚣。

李斯和陈嚣到来，落座。荀子说："如今，咱们师生三人来到这里，可以共同干一番事业了。你们俩便是我的得力助手和左膀右臂，咱们要好好运作一番，尽快将这里的事务运转起来。"

"弟子愿追随师干一番大事业，并在实践中学习和提升，否则那些理论和主张是否能够实行是无法确定的。如今，这是一个千古难逢的好机会啊。因此，老师吩咐就好，我们紧跟着照办就是了。"李斯表态。

"我们一定跟随老师好好学习如何治理社会。"陈嚣也表态说道。

李斯和陈嚣的情绪十分高昂，内心的喜悦和振奋便在无形中表现在神情里，而他们知道将知识运用到实践中的机会是难得的——这样的学习是进步最快的。

荀子也受了弟子们的感染，便有些兴奋地说道："孔子曾经说'绘事后素'，是说最美好的图画一定要在洁白的基础上进行。如今，我们来到新的地方——兰陵县就如同是一张白色的绢布，可以按照我们的设计构图在上面绘制最精美的图画，并为其造型和涂色。我们一定要把握好这次时机，绘制出精美绝伦的社会图景来。"

接着，荀子思考了一下，说道："如果拥有百里的地方，所拥有的等级爵位便足以容纳天下的贤士了，所需要设置的官职事业便可以容纳天下的能士了。依循原有的法规，选择其中好的完善后严格明确推行，便足以调动一切好利之人的积极性了。贤士都得到重用，能人都得到官职，好利之人都服从领导，心情舒畅地努力劳动，这三者具备就能让天下的事情都齐全了，没有什么可以超出其外的了。"①

李斯听荀子说完，马上接过去说："老师的意思，弟子已经听明白了。首先是选贤任能，让贤人在位；其次是选能授官，让有能力的人做官；最后是调动一切普通劳动者的积极性。这三个方面都做到了，社会便会很好地运转起来。"

荀子说："对，如果治理一个地方，就要做到'其法治，其佐贤，其民愿，其俗美，而四者齐，夫是之谓上一'。"②

意思是，"如果法制健全合理，各级官员都贤良，百姓都心情愉悦，风俗都淳朴美好，这四个方面都齐备了，便可以说是一流的政治、一流的国家、一流的地方了"。

陈嚣听罢，连连说："老师说得精彩，真的就是这样。"

荀子说："当年仲弓要出任季氏宰，临行前向老师请教，孔子告诉他九个字。"说罢，顿了一下。

李斯马上问道："哪九个字？"有点儿迫不及待的样子。

---

① 参见《荀子·王霸》："故百里之地，其等位爵服，足以容天下之贤士矣；其官职事业，足以容天下之能士矣；循其旧法，择其善者而明用之，足以顺服好利之人矣。贤士一焉，能士官焉，好利之人服焉，三者具而天下尽，无有是其外矣。"

② 参见《荀子·王霸》。

荀子说："孔子说：'先有司，赦小过，举贤才。'①换言之，初到一个新的地方，首先要了解情况，那么各个职能部门便是首选，如果发现一些小的非原则的问题则要赦免和原谅。然后，经过一段时间的观察和考核，再把贤能的人提拔到相应的位置上。这样便可以逐步顺利进行了。"可见，荀子对孔子的思想理解得很准确。

期 月 有 成

荀子是有能力的，再加上两名弟子的倾心辅佐，三四个月便将兰陵县各方面的关系都理顺了，并使其走上了正常的发展轨道。之前，兰陵经历连年战乱，这里的百姓一直生活困苦，民不聊生。如今，兰陵的社会安定，百姓生活逐渐好转，同时保留和新任用了一批贤能的官吏，真正做到了"贤者在位，不肖者罢免"。

于是，荀子看着眼前的兰陵，不禁想到了孔子反复强调的"举直错诸枉，能使枉者直"②，以及"为政以德，譬如北辰，居其所而众星共之"③。

意思是，"提拔那些正直的人到领导岗位上，而处分罢免那些不正直的官吏，就能够使不正直的人也改变作风而正直了"，而"用道德来规范一切政事，就好像北极星一样，众多的星辰都围绕着它而运行了"。

其实，从古至今，一个地方、一个单位、一个部门，风气的好坏直接决定其效率，而风气和效率的好坏则取决于各级官吏，如果官吏队伍一切妥当，便可以垂拱而治。

"人心大顺，上天作美"，这一年风调雨顺，兰陵大丰收了。由于第一年不用缴纳赋税，荀子便制定了一个很小的额度收取一定的租税，以

---

① 参见《论语·子路》。

② 参见《论语·颜渊》。

③ 参见《论语·为政》。

作为兰陵县内的公共支出。

秋收之后，荀子主持召开会议，确定和安排了两项基本事务：一是利用秋冬农闲季节兴修水利，由各地方自己筹款，根据其受益情况组织劳力参加；二是兴办教育，要求各地方都要办学校，提升本地方百姓的礼乐知识和文化水平。

兴修水利顺利展开，学校也开始从无到有，很快就建立起来了。兰陵原来在鲁国的南端，虽然距离都城曲阜较远，但齐国和鲁国的学术风气一直很浓厚，也受到了一定的影响。从春秋后期到战国前期，学术的中心一直在鲁国，而进入战国中期后由于齐国的强大和田齐政权对文化学术的高度重视，学术中心转移到了齐国都城临淄，而最具体的表现便是稷下学宫。

在兰陵城里，原来有一个书塾，可以容纳二十多人，就是兰陵最高的学府了。荀子在此基础上将其扩大，建成了一个可以容纳二百人的大规模的学堂，虽然与稷下学宫有天壤之别，但在当时天下战乱频仍的状况下县邑有一个学堂的已经是凤毛麟角了。

荀子派李斯具体负责兴修水利的工程，而陈嚣负责扩建学堂，最后两方面的事务都如期推进了。学堂修好后，由原来的一些老师负责基础的《诗》《书》，而荀子和两名弟子则讲授更难的《礼》《易》并举办学术讲座。很快，兰陵城里便到处书声琅琅，向学的风气很快兴盛起来。

很快，一年时间过去了，荀子治理兰陵的成效已经非常显著了。

异人浮丘伯

转眼到了秦昭襄王五十四年（前253），岁当戊申，荀子已经六十岁了。

就在一切顺风顺水的时候，荀子又被一个人的到来所触动，并一眼看出其是一位慧根很深的人。

这是一位来自齐国的年轻学者，但其具体来自什么地方没有任何文献记载。此人是一位奇人，天生好学，时刻奋发向上，并深刻地认识到只有不断地学习才能掌握知识，从而认识天道与人道，这样才可以明确人生前行的方向。于是，此人在当年曾经到稷下学宫旁听，不仅亲耳聆听过荀子的讲课，而且听荀子讲课的时间甚至比李斯和韩非都要早。

此人一直在思考人生当如何度过，什么才是人生的真正幸福与快乐，因此他不愿意受到束缚，喜欢自由和独来独往。在稷下学宫听了一段时间的课程后，此人对齐国的政治很失望，觉得看不到任何前途和希望，便离开临淄回到了家乡。几年后，此人听说荀子到了楚国，后来又做了兰陵县令，他便南下来到这里拜见荀子。此时，正好兰陵的学堂刚刚扩建完毕，此人便径直来求见。

荀子在厅堂里接待了这位不速之客，只见来人中等身材，面目清秀，眼睛发光，骨骼健朗，有棱有角，嘴角边留着两绺八字胡，一眼看上去便具有一种脱俗的感觉。此人一身儒士装束，见到荀子后便拜，口中说道："老师在上，弟子久违来迟。"

荀子没有应声，又打量一下来人，似乎是个见过的面孔，但是在何时何地见过又一时想不起来。突然，荀子想起是在稷下学宫里，自己在最大的讲堂里讲学的时候见过这样的面孔，而且其前来听课还不止一次。于是，荀子问道：

"看你有些面熟，我尚未收你为徒，又何来老师之有？请道其详。"

来人再次见礼，说："十几年前，弟子浮丘伯在稷下学宫便多次听过老师的讲课，如此弟子早就是老师的学生了，只不过老师不熟悉弟子而弟子却牢记老师而已。当年，老师在稷下学宫讲'性恶论''天论'时，弟子印象极为深刻，许多片段至今都能够背诵。"

浮丘伯的话印证了荀子的记忆。于是，荀子马上爽朗笑道："这么一说，我想起来了。当初你听课的时候还是十几岁的孩子，这么说来我们确实早就是师生了。"从此，浮丘伯便留在兰陵的学堂里担任教师之职，并与陈嚣、李斯一起成了荀子的入室弟子。

这位浮丘伯真是个异人，他极端聪明，思维开阔敏捷，对天道和人道的思考有许多高妙深邃之处。

两年后，兰陵的百姓都过上了安居乐业的生活，学堂的开办也大见成效，到处是礼乐弦歌和欢声笑语，更出现了从未有过的大好局面。于是，兰陵成为全天下人向往的地方。就这样，荀子做到了孔子所说的"苟有用我者，期月而已可也，三年有成"，用三年时间在兰陵见到了成效。荀子治理一个兰陵的实践，证明了其理论主张的正确性和现实可操作性，也展现出了荀子的行政领导能力。

此时，荀子已经六十三岁，但身体好，精神头十足。当然，荀子最希望的是春申君黄歇能够把他的这一套理论主张逐步推行到楚国全境去，首先使楚国真正富起来，在富国的同时加强教化，使百姓知礼仪，再加强军队建设，并等待机会统一天下。目前，秦国似乎开始了无限扩张的进程，可以看出其欲消灭所有的诸侯国而一统天下。

但是，纵观天下各国，魏国、齐国、赵国已经没有丝毫力量与强大的秦国相抗衡了，而唯有楚国经过几年的恢复后疆域大、人口多，还有可能与秦国争夺统一天下的最后机会。因此，荀子希望楚国保持长期的发展势态，而尽量避免战争，这样楚国才有可能取胜。

可是，楚考烈王和春申君黄歇是这么想的吗？

最 后 一 搏

冬至过后，荀子开始思考新一年的政事与学堂教学的安排了。

在春秋战国时期，人们更重视冬至，而冬至才是每一年周期结束和开始的时间。对荀子而言，新的一年即将开始，而这也是其在兰陵的第四个年头了。荀子正在思考问题时，忽然随从带来一位年轻的将军求见荀子。

荀子一见，暗暗吃惊，以为有什么紧急军情。

来人急忙行礼，说："参见县令。末将接受令尹大人之命，特送一封信来。"说罢，从怀中掏出一封信恭恭敬敬奉上。

荀子赐座，然后急忙打开信来看。

那时候，写信都用薄薄的竹简，根据内容多少而竹简多少不同，一般都是三五根竹简，然后上下用两根空白竹简夹上，用特定的熟牛皮条捆两道并在正面打结，然后在绳结上扣上一块专用的快干泥，最后在快干泥上盖印密封。由于要在泥上盖印，因此便把这种快干泥称为印泥，而这便是"印泥"名称的由来。

荀子一目十行，很快就把信看完了。信是令尹春申君黄歇亲笔写来的，大意是：为了扼制秦国对山东（崤山以东）各国的侵略和蚕食，他已经联络韩、赵、魏、燕四国形成五国联军共同讨伐秦国，迫使秦国返还各国被侵占的土地。如今，大军即将出发，请荀子给出建议以及主要的战略应该注重什么。其实，春申君黄歇的来信就是征求作战方略而已，因为其知道荀子是知兵之人，对军事是非常精通的。

荀子看罢，双眉紧锁，急忙回信，大意是：秦国连年征战，将士熟悉战争，战斗力强大，千万不可与之争锋。五国联军这种形式不行，一旦开战，很难形成合力，而一军动摇则全线溃败。目前，楚国只可韬光养晦，尽量避免战争，原本躲战争都来不及，怎么能主动发动战争呢？时机尚不成熟。现在，楚国只能埋头发展生产，增强国家实力，本分守卫疆土，千万不要主动发动战争；否则，后果是十分危险的。

荀子的信是发出了，但能起作用吗？

实际上，秦国想要蚕食各国的野心早已经显露出来，山东各国的君臣和有识之士都有很强烈的危机意识。正是在这种情况下，春申君黄歇才提出了联合起来共同讨伐秦国，想要通过武力迫使秦国将蚕食各国的土地归还回去，以此削弱秦国的实力而保护各国的安全。但是，春申君黄歇的这种想法本身是很幼稚的，因为多国联军联合作战最大的弊端便是各自观望而都想保存实力，不愿意打硬仗。同时，当时的秦国年年打仗，而且规模都不小，军队很强大。如此，这种联合五国攻打秦国的方式本身便很难奏效了。

如今，五国的军队已经集结，出发的时间已经确定。其实，春申君黄歇此前给荀子写信虽然有征求意见的因素，但更多的是表示尊重而已。然而，荀子的回信是劝谏停止这次战争。

看完信，春申君黄歇深深地出了一口气，叹道："先生有些迂腐啊！如今，箭在弦上，不得不发呀！各国联军已经组成，怎么可以随便取消呢？"

随后，春申君黄歇亲自下达了楚军出征的命令。这次攻打秦国是楚国发起的，纵约长便是楚国国君考烈王，而联军的总统帅便是春申君黄歇，楚军的统帅则是临武君。

五路大军浩浩荡荡，从各国出发到函谷关下聚齐，攻破函谷关后一直进攻到临潼。在华山和黄河之间，各路大军分开驻扎。秦国应敌的大将是赫赫有名的王翦，率领秦军三十万人，足以应对联军。王翦部署军队，准备集中最优势兵力专攻楚军大营，只要楚军溃败则其他军队便不在话下了。

当楚军侦察兵探知敌军来势太猛时，临武君一见来势汹汹的秦军便知道楚军无法抵挡，便下令立即拔营以最快的速度撤退。眼见着几万楚军撤退，其他大营得知后，便都纷纷拔营撤退。然而，秦军怎么肯放弃如此好的战机，于是挥兵追击。最后，五国军兵大溃逃，漫山遍野都是溃逃的军队，武器、粮草更是被抛弃得遍地都是。这样，五国联军对秦国的最后一搏以惨败告终。

京 师 来 人

荀子治理兰陵三年后，兰陵成为天下向往之地，成绩斐然而天下尽知。为此，荀子心情大悦，对自己更加自信了。

然而，楚国发起的五国联军攻打秦国的战争惨败后，春申君黄歇非常沮丧和懊恼。

出乎他意料的是，楚军统帅临武君战败后把军权交给了副帅，让其统领残兵败将回楚国，而他本人却逃到赵国避难去了。

此时，春申君黄歇十分焦躁烦恼，完全理不清头绪。对春申君黄歇而言，他最称心可以交流的人只有荀子，本有心前去交流倾诉，但又感觉不合适，见面说什么且又怎么说呢？当时，荀子回信已经非常明确地表态反对楚国主动发起战争，并且预言不会取得胜利。难道此时前去是向荀子检讨或听他教训吗？当然不能，更何况春申君黄歇毕竟是楚国的令尹，怎么可以随便服输呢？但是，荀子三年来把兰陵这样一个贫穷落后且乱糟糟的地方治理得井井有条，可见他的确是一位学识渊博、行政能力超常的人物。既然如此，如果全面对照，春申君黄歇自觉自己还是不如荀子。那么，如今该怎么办呢？忽然，春申君黄歇想出一个方案来——对，就这么办。

新春到来，大地出现了绿色。荀子带领弟子李斯、陈嚣、浮丘伯在兰陵城郊区视察备耕情况，地方的官吏也一并同行。忽然，有人来报告说京师来人了，请县令立即回去。

荀子不能怠慢，他也急于知道京师来人是做什么，毕竟五国联军攻打秦国失败的消息已经很快传遍了天下。这个时候来人，难道是要增加赋税吗？

见面之后，荀子仔细打量此人，只见其人不到四十岁。来人先递上了公文，原来其是代表朝廷来兰陵视察的。其中，来人还带来了春申君黄歇的一封信，信中无非是慰问、关心之类，并没有涉及其他内容。于是，荀子这才放下心来，并命人准备午餐招待来人。

不过，荀子又打量了一下来人，感觉此人满脸奸相，满嘴佞词。俗话说"嘴甜者心苦"，而且孔子也曾明确说过"巧言令色，鲜矣仁"[1]的话。

---

[1] 参见《论语·学而》。

但是，此人代表春申君黄歇而来，自然要客气而不能怠慢。

由于春申君黄歇命其视察一番，于是此人便带着随从在兰陵城里和郊区象征性地视察了三天，然后面见荀子后对其歌颂一番后便赶回郢都向春申君汇报去了。

此人名叫李园，特别会伪装，对春申君黄歇百般逢迎。李园原本是春申君黄歇的门客，但三年多时间来博得了春申君的高度信任，于是春申君便把他安排到自己的身边成为心腹。李园对于春申君黄歇十分了解，完全掌握了春申君的心理。

当时，厅堂里只有春申君黄歇和李园两个人，这样二人便可以尽情畅谈了，而其基本话题主要集中于两点：一是荀子把兰陵治理得到底如何；二是荀子对春申君这次失利的看法如何。其实，荀子对春申君黄歇的此次失败是深感惋惜的，内心也是十分感伤的，因此在语言上便不会有其他更多的表达。然而，在李园汇报的口风中，春申君黄歇却在隐隐约约中感觉荀子对这次的失败似乎有些高兴——失败的结果验证了最初的预测，并在话里话外还有些轻蔑的意味。不过，李园并没有明说什么，似乎一切都在有无之中，但春申君却又能够感觉出来的样子。

当汇报荀子在兰陵的政绩时，李园用尽最美好的辞藻进行赞美和歌颂，最后说："这位荀子的能力实在是太强了，原来那么贫穷混乱的地方，他去了三年多简直是天翻地覆啊！兰陵已经完全变了，那里的百姓对县令真是太爱戴了，简直是奉若神明的样子，而这种感觉真是难以形容和表达呀。"

说到这里，李园斜眼瞟了一下春申君黄歇的神态，见其深思状后便停顿了一下。春申君黄歇感觉李园的话未完，便说道："把话说完吧。"

李园沉了一下，压低声音道："小人感觉荀子这样做，恐怕不是楚国的福分，对令尹大人可能也不是福分。"

春申君黄歇问道："什么意思？"

李园说："小人确实还有话，不知当讲不当讲？"有点犹豫不定的样子。

春申君黄歇说："尽管说，把你的想法都说出来。"

李园的声音更小，说道："荀子是真有能力，这一点毋庸置疑。三年时间，他便把兰陵这个地方治理得如此好就是明证。但他现在是只带三名弟子，兰陵又是不足三百里的地方，如果地方再大……"

见春申君黄歇深思，李园继续说："当年，楚国的先祖昭王曾经要封给孔子七百里地，让孔子带领他的弟子自主治理。令尹子西劝阻，说在楚国境内出现一个新的政权并非好事，因为孔子能力越强则隐患越大。昭王才没有马上实行，想见到孔子和弟子后再作决定。后来，昭王还没有见到孔子，便在城父去世了。"

春申君黄歇说道："兰陵是我楚国的一个县邑，治理得越好对我楚国不是越好吗？如果楚国都能这样，难道不是楚国列祖列宗和百姓更大的福分吗？"

"令尹大人，您可能太善良了，善良到对任何人都深信不疑的程度了。这次兰陵之行让我有个预感，但说出来您也不一定相信，我看还是不说了吧！"

"什么预感？你今天把话都说明白了！"春申君黄歇用命令的口吻说道。

"荀子恐怕不一定安心做个楚国的县令？"李园说道。

"什么意思？难道他还有非分之想？还想投靠他国？"春申君黄歇轻轻摇头。

"令尹大人，您想兰陵原来是哪国的领土？荀子反复强调的是礼乐，要以礼建国，而兰陵本来是鲁国的领土，本来就是礼乐之乡啊。他是否想要复兴鲁国呢？人心叵测呀！"

"什么？重建鲁国？"春申君黄歇的眼睛瞪起来了。

接着，李园向春申君黄歇说了兰陵到处都是颂扬县令的声音，人们似乎根本不知道还有楚国国君和令尹，尤其是一些民谣更是令人费解。

"怎么？还有民谣？你说说看，说说看，都怎么说？"春申君黄歇很焦急的样子。

李园从怀中掏出几支竹简，上面都写着字。他没有说话，把几支竹简递给春申君黄歇，说："请令尹大人过目。"

春申君黄歇拿起一支支竹简，只见上面都写着一些百姓赞扬荀子的歌谣。

为此，春申君黄歇愤怒到了极点，直接把那些竹简往地上一摔，厉声道："怎么？他想重建鲁国？这还了得？"

见春申君黄歇沉思，李园又眨巴眨巴眼，压低了声音说道：

"汤以亳，武王以鄗，皆不过百里以有天下。今孙子，天下贤人也，君籍之以百里势。臣窃以为不便于君。何如？"①

意思是，"商汤凭借亳京兴起，周武王凭借靠镐京兴起，两个地方都只不过百里大小，但两位大王却以这样的地盘而终于占有了天下。现在，荀子是天下的贤人，您竟给他百里土地的势力范围。我私下认为这对于您非常不利，不知您以为如何？"

片刻的沉默后，春申君黄歇的脑袋里如同一团乱麻理不出头绪来，于是挥手让李园退了出去。

春申君黄歇陷入了苦苦的沉思中：近三年时间，荀子就把一个兰陵治理得几近完美的程度，可见此人不但学问大，实际能力也超过常人，确实难得。但是，我自己呢？近几年来不但毫无政绩，反而联合五国攻打秦国还失败了。

这样，春申君黄歇的心里泛起了一丝丝嫉妒之意，还伴随着一丝丝的自卑之感。正是在这种复杂的心理作用下，春申君黄歇做了一个错误的决定，而这也使他的人生光辉减少了很多。

---

① 参见《战国策·楚策四》。

变相逐客令

荀子正在酝酿一篇文章，有人又从京师送来一封信，是春申君黄歇写来的。荀子急忙展开仔细读，只见信上写道："君治小县，三年有成；兰陵地窄，难展宏图；楚国固陋，难容天下大才。"

读完信后，荀子一头雾水，不知春申君黄歇这莫名其妙的来信是什么意思。不过，虽然来信的具体缘由不知，但表达的意思倒是清楚明白——那就是下逐客令。简而言之，你荀子水平太高，能耐太大，我们楚国太小、太落后，容纳不下你这位大才。话说得很客气，但内里表达的意味很决绝，即扫地出门、驱逐出境之意。

其实，荀子从当年被应侯范雎邀请去秦国考察时偶遇春申君黄歇始，二人便都有一见如故的感觉，在对天下大势以及人生追求方面都有许多默契。荀子对春申君黄歇的人品和能力高度认同，因此才在春申君邀请时毫不犹豫地从齐国来到楚国。

此时，荀子在兰陵正要进一步大展宏图，也在憧憬为战乱频仍的天下百姓寻找一条出路，似乎已经看到了东方的鱼肚白，但忽然阴云密布且天黑得如同锅底一般，丝毫不见一丝亮光。面对这种突如其来的状况，荀子一点心理准备都没有，而这种打击是可想而知的。

因此，荀子对春申君黄歇十分失望，而自己原以为遇到这样占有重要位置的知己是可以放手一搏的，结果却是如此这般。这时，荀子忽然感觉自己比孔子更不幸，毕竟孔子没有得到楚昭王的重用和没有得到七百里地的自治权仅仅是由于楚昭王突然去世而已。然而，如今春申君黄歇既没有去世也没有失势，却不知听了什么谗言忽然来了这么一出。如此，荀子便当是自己看错了人，而离开也就变得更加急迫了。

于是，荀子叫来三位弟子，让他们收拾东西并考虑去留，然后说明自己要离开兰陵准备回到故国赵国去。同时，荀子也告知弟子，如果赵王能够用自己，则为故国效力；如果没有机会，就回自己的家乡去，在那里建造一个住宅和学堂开馆授徒，以此了结一生。由此可见，荀子此时真的有些灰心丧气，感觉前途已一片暗淡。

李斯和陈嚣决心跟随荀子回到赵国，而浮丘伯是位极其聪明且又很散漫的人，他提出要云游天下寻找自由和快乐。

就这样，荀子将兰陵县里的一切事务交付给县丞，便带着两名弟子及随从分乘三辆车离开了兰陵，一直向西北方向的赵国都城邯郸而去。

这一年是秦孝文王元年（前250），也是赵孝成王十六年，岁当辛亥，荀子已经六十三岁。

一年前，赵孝成王十五年（前251），即燕王喜四年，燕王欺负赵国兵壮多死于长平之战，遂派栗腹、卿秦率军攻打赵国。赵国派老将廉颇、乐乘大破之，而廉颇进一步率军包围了燕国的都城。也就是在这一年，秦孝文王（服丧期满正式即位三天）死，秦庄襄王立，即嬴异人（又名楚或子楚）。话说嬴异人便是当初吕不韦下血本进行政治投机的赌注，他就是秦始皇嬴政的父亲。

赵孝成王与临武君

执政十年余的赵孝成王赵丹已经三十几岁，经过十几年的执政历练，逐渐变得有魄力和有胆识了。赵孝成王的母亲便是在战国时期赫赫有名的赵太后，也称赵威后。（《古文观止》中专门收录《战国策》中一个选段，并加题名"赵威后问齐使"，故流传非常广。）如今，赵孝成王已经人到中年，经历过长平惨败的教训后对军事格外重视，同时由于赵国与几个强国比邻——西是秦国和魏国，南是楚国，东是齐国，东北是燕国——而战争一直未断。

当有人报告说荀子来到赵国，赵孝成王便立即派人去请。

需要说明的是，赵孝成王是有骨气、有野心的，他的祖父便是赵武灵王，而赵国的军事力量一直是不弱的。因此，赵孝成王最关心的是战争问题，即军队和战争最关键的到底是什么，并请来自楚国的将军临武君和荀子研讨军事问题的要点和关键。在《荀子》中，有专门一篇《议兵》是荀子自己整理记录的，其中便可看到荀子的军事思想。

与荀子一起在赵孝成王面前讨论军事问题的临武君，原本是楚国的一位将军，也是受过封赏的人物。战国时期，各国封赏大功之人时往往有某某君的称呼，如乐毅被燕国封为昌国君，到赵国政治避难后又被封为望诸君；白起被封为武安君；赵奢被封为马服君。以此观之，这位来自楚国的临武君也一定有过轰轰烈烈的事迹，否则是不可能得此封号的。但是，在《战国策》中有专门的记载，这位临武君和秦国军队作战时曾打过败仗，并留下了"惊弓之鸟"的成语。

当年，天下合纵，五国联军集结攻打秦国，纵约长是楚国考烈王，而联军的统帅则是春申君黄歇。在战前，赵国使者魏加来求见春申君黄歇，问："您有联军统帅的人选了吗？"

春申君黄歇说："有了。我想要任命临武君为统帅。"

魏加说："我年轻的时候就好射箭，我想用射箭来做比喻可以吗？"

春申君黄歇说："可以。你尽管说！"

魏加说道："从前，我和魏王坐在一个高台之上，仰头看见天空中的飞鸟。我便对魏王说：'我能够拉开弓弦而不搭箭，就能把那只鸟射下来。'魏王说：'射箭能够达到这种程度吗？'我说：'可以！'不一会儿，那只大雁从东边飞来，而我真的用空弦就把那只大雁射下来了。魏王很惊奇，问：'太奇怪了！然而，射箭怎么会达到这种程度呢？'我回答说：'这是一只受伤的大雁。'魏王问：'你是怎么知道的？'我说：'这只大雁飞得特别慢而叫声凄厉悲哀。飞得慢，是因为受的箭伤还没有好；叫声凄厉悲哀，是因为失群时间很久了。旧伤未好，惊恐之心也没有平复，一听到弓弦之声就拼命往高拔，结果旧伤复发就落下来了。'如今，临武君被秦国打败过，曾经是秦国的手下败将，他也如同受伤的大雁一样，不可以用他来做抗拒秦国军队的统帅。"[1] 这就是成语"惊弓之鸟"的来源。

其实，从临武君对军队以及战争的观点来看，他也不失为一位有作战经验的将军。

关于这位临武君的真实身份和如何得名，已经难以考证。其中，钱穆先生在《先秦诸子系年》有关此人到底是谁的观点，认为他是赵国人庞煖，曾经统率五国军队伐秦。但是，西汉刘向则说是孙膑，而孙膑生活的历史时期在荀子之前较远，与孟子几乎同一时代。因此，这里可以确定的是，这位临武君肯定不是孙膑。

用兵的要害

由于是在朝廷讨论军事问题，赵孝成王端坐在君王之位上，临武君坐在赵孝成王的旁边，荀子坐在赵孝成王的对面，而其左右是弟子李斯和陈嚣。同时，内侍以及负责记录的史官也都在位。

赵孝成王说："请问，用兵作战的要害和关键是什么？"

临武君本身就是带兵打仗的将领，首先回答道："上得天时，下得地利，观敌之变动，一切准备好后便先进行攻击，这是用兵最关键的战术。"

荀子说："不是这样的。我听说古代政治，凡是用兵攻战的根本，在于能够统一天下百姓的心，具有极强的凝聚力。弓箭不调整好，就是神射手羿也不能射中目标；六匹马的步调不统一，就是造父驾车也不能奔驰很远；官兵不亲附同心，就是商汤、周武王也不能确保胜利。因此，

---

① 参见《战国策·楚策四》。

善于获取人心，能够得到百姓拥护，才是最善于用兵的人。故而用兵的关键是得到百姓的支持。"

赵孝成王仔细聆听，默默沉思着。

临武君说："不是这样的。用兵所最重要的是势利，所遵循的是变化欺诈。善于用兵的人，若明若暗，飘忽不定，不知道来自什么地方。孙武和吴起用兵无敌于天下，哪里一定等待百姓亲附、支持呢！"①

荀子立即反驳临武君的说法道："不是这样的。我所说的用兵战争之道，是仁义之师、王者之志。你所推崇的，是权谋势利呀。你所行动的，是攻击夺取中的变化奸诈，都是诸侯之事。仁者的军队，是不可运用奸诈之术的。那些可以被欺骗和运用奸诈之术的军队，是怠慢疏忽的军队，是离心离德、缺乏统一行动的军队。君臣上下，官兵之间，涣散而离心离德，这样的军队才可以被欺骗。如果以夏桀欺骗夏桀，可以行使欺诈之术，巧拙不同，还需要幸运。用夏桀的军队来欺骗尧率领的军队，打比方来说就好像以卵击石，用手指去阻挠沸腾的开水，或者自己投入水火当中，进去就烧焦或淹没了。

"因此，仁者的军队，君臣、百将一心，三军同力；臣子对君上，下级对上级，如同儿子侍奉父亲、弟弟侍奉兄长，如同手臂捍卫脑袋、眼睛而保护前胸和腹部。欺诈而后偷袭，与先惊动而后袭击是一样的效果。况且仁者统领十里之地的国家，就要有侦查百里之地的能力；统率百里之地的国家，就要有侦查到千里之地的能力；统率千里之地的国家，就要有掌握全天下大势的能力。如此，必然要将一切情报、警戒和传令统一起来。

---

① 参见《荀子·议兵》："临武君与孙卿子议兵于赵孝成王前，王曰：请问兵要？临武君对曰：上得天时，下得地利，观敌之变动，后之发，先之至，此用兵之要术也。孙卿子曰：不然！臣所闻古之道，凡用兵攻战之本，在乎壹民。弓矢不调，则羿不能以中微；六马不和，则造父不能以致远；士民不亲附，则汤武不能以必胜也。故善附民者，是乃善用兵者也。故兵要在乎善附民而已。临武君曰：不然。兵之所贵者埶（艺）利也，所行者变诈也。善用兵者，感忽悠暗，莫知其所从出。孙吴用之无敌于天下，岂必待附民哉！"

"所以，仁者统率的军队，集合则成为团队，解散则成为战斗序列，延展开来就如同是锋利的莫邪剑的长刃，碰到就会断绝；伸展出去如同是莫邪剑的尖，触之者亡，圆形驻扎而方形布阵，触犯者就会头破血流，惨败得稀里哗啦。再说了，那些暴君将率领谁来攻打我们呢？跟随他们来的一定都是他们国家的百姓。然而，那些百姓亲近仁君就像喜欢自己的父母一样，热爱仁君就像热爱芳香的兰草和椒树一样，再回头看他们自己的国君，就像看到凶神恶煞一般恐惧，就像看到仇人一样怒火中烧。暴君的性情就如同夏桀、盗跖一样贪婪残暴，哪里会有为深恶痛绝的君主去攻打喜爱的君主的这种百姓呢？所以，仁君当政，国家就会日益昌盛兴隆，而诸侯先归顺者就得到安宁，后归顺的就危险，想和他作对的就会日益削弱，背叛的就灭亡。《诗》中说：'武王姬发，大旗招展如画，威武地手持大斧，就像熊熊燃烧的烈火，没有人敢阻挡我。'"①

赵孝成王聆听着，并连连说："说得好！说得好！请问要建立王者的军队，需要通过什么途径、什么具体行动才可以办到呢？"可见，赵孝成王是真的动心了。

---

① 参见《荀子·议兵》："孙卿子曰：不然。臣之所道，仁者之兵，王者之志也。君之所贵，权谋埶（艺）利也；所行，攻夺变诈也；诸侯之事也。仁人之兵，不可诈也；彼可诈者，怠慢者也，路亶者也，君臣上下之间，涣然有离德者也。故以桀诈桀，犹巧拙有幸焉。以桀诈尧，譬之：若以卵投石，以指挠沸；若赴水火，入焉焦没耳。故仁人上下，百将一心，三军同力；臣之于君也，下之于上也，若子之事父，弟之事兄，若手臂之捍头目而覆胸腹也，诈而袭之，与先惊而后击之，一也。且仁人之用十里之国，则将有百里之听；用百里之国，则将有千里之听；用千里之国，则将有四海之听，必将聪明警戒和传而一。故仁人之兵，聚则成卒，散则成列，延则若莫邪之长刃，婴之者断；兑则若莫邪之利锋，当之者溃，圜居而方止，则若盘石然，触之者角摧，案角鹿埵陇种东笼而退耳。且夫暴国之君，将谁与至哉？彼其所与至者，必其民也，而其民之亲我欢若父母，其好我芬若椒兰，彼反顾其上，则若灼黥，若雠仇；人之情，虽桀跖，岂又肯为其所恶，贼其所好者哉！是犹使人之子孙自贼其父母也，彼必来告之，夫又何可诈也！故仁人用国日明，诸侯先顺者安，后顺者危，虑敌之者削，反之者亡。《诗》曰：'武王载发，有虔秉钺；如火烈烈，则莫我敢遏。'此之谓也。"

王 者 之 道

对于如何建立王者的军队，荀子也给了赵孝成王答案。

荀子说："一切都是由君王决定的，将领统率还是末节。请允许我讲一讲王者与诸侯强盛软弱的效果和安宁危险的态势。君王贤明，他的国家就治理得好；君王无能，他的国家就混乱动荡。重视礼法、推崇道义的国家就会大治，简慢礼法、轻视道义的国家就一定会混乱。大治的国家就强大，混乱的国家就衰弱，这便是强弱的根本和关键。

"下足可以仰赖于上，就可以领导和指挥，而在上位的人不可以信任和依赖就无法领导和指挥。下面的人听从指挥就强大，不听从就软弱，这便是强和弱通常的情况。推崇礼法，考核战功，是最高等的奖赏办法；重视利禄，推崇气节，是次一等的奖赏办法；崇尚战功，不看气节，是最下等的奖赏办法。这便是导致强大与衰弱的一般规律。君王爱贤者就强盛，不爱贤者就衰弱；君王爱民者就强大，不爱民者就衰弱；政令有信者就强盛，政令失信者就衰弱；民众齐心者就强盛，民众心不齐者就衰弱；奖赏重的就强大，奖赏轻的就衰弱；刑罚严格者强盛，滥用刑罚者衰弱；武器装备精良者就强盛，不精良者就衰弱；慎重用兵者就强盛，轻率用兵者就衰弱；指挥大权归一人者就强盛，指挥权分两人者就衰弱。这些都是强盛与衰弱的正常规律。"①

---

① 参见《荀子·议兵》："孙卿子曰：凡在大王，将率末事也。臣请遂道王者诸侯强弱存亡之效，安危之埶（艺）：君贤者其国治，君不能者其国乱；隆礼贵义者其国治，简礼贱义者其国乱；治者强，乱者弱，是强弱之本也。上足印则下可用也，上不印则下不可用也；下可用则强，下不可用则弱，是强弱之常也。隆礼效功，上也；重禄贵节，次也；上功贱节，下也，是强弱之凡也。好士者强，不好士者弱；爱民者强，不爱民者弱；政令信者强，政令不信者弱；民齐者强，民不齐者弱；赏重者强，赏轻者弱；刑威者强，刑侮者弱；械用兵革攻完便利者强，械用兵革窳楛不便利者弱。重用兵者强，轻用兵者弱；权出一者强，权出二者弱，是强弱之常也。"

荀子在这里论述的是建军思想，就是用什么宗旨建立军队，军队为什么打仗，这是能否百战百胜的关键因素。再往深处想，实际上就是建立一支造福百姓、为百姓讨取公平的军队，而这支军队是仁义之师，也就是属于人民的军队。最后，荀子还强调了集中统一指挥的决定作用。

荀子见赵孝成王和临武君听得目瞪口呆，也没有再发问，便继续阐述自己的观点。

三大强国之军

荀子接着说："齐国人注重'技击'的战法。此战法是，取得敌人一个首级，就赐给他八两黄金来赎买，但没有战胜后原来所应颁发的奖赏。这种办法，如果战役小、敌人弱，那还勉强可以使用；如果战役大、敌人强，那么士兵就会涣散逃跑。士兵们像飞鸟那样飞走了，国家离溃败、覆灭就不远了，而这便是亡国之军，没有比这更弱的军队了。如此，这与那些雇佣军就差不多了。①

"魏国的'武卒'，是按照一定标准招募的。其考核的标准是：穿上三种依次相连的铠甲，拿着拉力为十二石的弩弓，背着装有五十支箭的箭袋，把戈放在那上面，戴着头盔，佩带宝剑，带上三天的粮食，半天奔走一百里。考核合格后录用参军，并免除他家的徭役，使他家的田地、住宅都处于好的地方。这些待遇都是终身享用的，即使数年后他们体力衰弱了也不可剥夺，重新选拔其他人也不改变对他们的周济。因此，国土虽然广大，但税收必定很少，这是使国家陷于危困的

---

① 参见《荀子·议兵》："齐人隆技击，其技也，得一首者，则赐赎锱金，无本赏矣。是事小敌毳，则偷可用也，事大敌坚，则涣然离耳。若飞鸟然，倾侧反覆无日，是亡国之兵也，兵莫弱是矣。是其去赁市佣而战之几矣。"

军队啊。①

"秦国君主使民众谋生的道路很狭窄、生活很困窘，奴役百姓残酷严厉，用权势威逼，用穷困使他们生计艰难而只能去作战，用奖赏使他们习惯于作战，用刑罚强迫他们去作战，使民众向君主求取利禄的办法除作战外别无他途。使民众贫困后再使用他们，得胜后再给他们记功，功劳和奖赏随着功绩的累积而增长，得到五个敌兵的首级就可以役使本乡的五户人家。这样做，士兵多就强盛而又能够持久，土地广阔而税收就多。所以，秦国四代都有胜利的战果，并不是侥幸而是必然。②

"因此，齐国的'技击'不可以对付魏国的'武卒'，魏国的'武卒'不可以对付秦国的'锐士'，秦国的'锐士'不可以抵挡齐桓公、晋文公那样有纪律约束的军队，齐桓公、晋文公那样有纪律约束的军队不可以用来抵抗商汤、周武王的仁义之师；如果有抵抗它们的，就会像用枯焦烤干的东西往石头上摔一样。综合齐、魏、秦这几个国家来看，它们用的都是一些追求奖赏、获取利禄的士兵，这是雇佣军的途径，并不讲尊重君主、遵守制度、极尽气节的道理。诸侯如果有谁能用仁义节操精细巧妙地来训导士兵，那么只要发兵就都可以击败它们。③

"因此，招募挑选，注重权谋诡诈，崇尚功利，这是用利益引诱欺骗士兵；讲求礼制道义，进行礼义教化，这才能使士兵齐心协力。用受

---

① 参见《荀子·议兵》："魏氏之武卒，以度取之，衣三属之甲，操十二石之弩，负服矢五十个，置戈其上，冠胄带剑，赢三日之粮，日中而趋百里，中试则复其户，利其田宅，是数年而衰，而未可夺也，改造则不易周也，是故地虽大，其税必寡，是危国之兵也。"

② 参见《荀子·议兵》："秦人其生民郏厄，其使民也酷烈，劫之以埶，隐之以厄，狃之以庆赏，酋之以刑罚，使天下之民，所以要利于上者，非斗无由也。厄而用之，得而后功之，功赏相长也，五甲首而隶五家，是最为众强长久，多地以正，故四世有胜，非幸也，数也。"

③ 参见《荀子·议兵》："故齐之技击，不可以遇魏氏之武卒；魏氏之武卒，不可以遇秦之锐士；秦之锐士，不可以当桓文之节制；桓文之节制，不可以敌汤武之仁义；有遇之者，若以焦熬投石焉。兼是数国者，皆干赏蹈利之兵也，佣徒鬻卖之道也，未有贵上安制綦节之理也。诸侯有能微妙之以节，则作而兼殆之耳。"

骗的军队去对付受骗的军队，还有巧妙与拙劣之别；用依靠蒙骗组建的军队去对付齐心合力的军队，就好像用小锥刀去毁坏泰山一样，如果不是天底下的傻子，没有人敢尝试。所以，王者的军队是没有人敢尝试与之为敌的。商汤、周武王讨伐夏桀、商纣的时候从容指挥，而那些强横暴虐的诸侯国也没有不积极奔逃前来提供驱使的，除掉夏桀、商纣那样的暴君就好像除掉独夫一样。因此，《泰誓》说：'独夫纣。'指的就是这种情况啊。所以，军队能够最大限度地齐心协力，就能制服天下；小规模地齐心协力，就能打败邻近的敌国。至于那种招引募求挑选而组成和注重权谋诡诈、崇尚功利的军队，那胜负就没有个定准了，有时衰，有时盛，有时保存，有时灭亡，互为高下、互有胜负罢了。这叫作盗贼式的军队，君子是不用这种军队的。①

　　"齐国的田单，楚国的庄跻，秦国的卫鞅，燕国的缪虮，这些都是一般人所说的善于用兵的人。这些人的巧妙、拙劣、强大、弱小没有什么相似的，至于他们遵行的原则却是一样的——他们都还没有达到使士兵步调一致、齐心协力的地步，只是抓住了对方的弱点伺机进行欺诈，玩弄权术和阴谋进行攻击，仍然免不了是些盗贼式的军队。齐桓公、晋文公、楚庄王、吴王阖闾、越王勾践，这些人的军队就都能够步调一致、齐心协力，可以说是进入礼义教化的境地了，但还没有抓住根本。所以，可以称霸诸侯而不可以称王天下。这就是或强或弱的效验。"②

---

① 参见《荀子·议兵》："故招近募选，隆埶（艺）诈，尚功利，是渐之也；礼义教化，是齐之也。故以诈遇诈，犹有巧拙焉；以诈遇齐，辟之犹以锥刀堕太山也，非天下之愚人莫敢试。故王者之兵不试。汤武之诛桀纣也，拱挹指麾，而强暴之国莫不趋使，诛桀纣若诛独夫。故泰誓曰：'独夫纣。'此之谓也。故兵大齐则制天下，小齐则治邻敌。若夫招近募选，隆埶诈，尚功利之兵，则胜不胜无常，代翕代张，代存代亡，相为雌雄耳矣。夫是之谓盗兵，君子不由也。"

② 参见《荀子·议兵》："故齐之田单，楚之庄跻，秦之卫鞅，燕之缪虮，是皆世俗所谓善用兵者也，是其巧拙强弱，则未有以相君也。若其道一也，未及和齐也；搢契司诈，权谋倾覆，未免盗兵也。齐桓、晋文、楚庄、吴阖闾、越勾践是皆和齐之兵也，可谓入其域矣，然而未有本统也，故可以霸而不可以王；是强弱之效也。"

通过荀子的话，可以知道当年齐国、魏国和秦国的征兵制度和军队建设情况。

在荀子的一番长篇阐述之后，两个弟子陈嚣和李斯也听得目瞪口呆，但他们从心里敬佩老师的高见，深深为自己的老师感到骄傲，并以为能跟着这样的老师学习是莫大的幸运。

统 帅 之 道

赵孝成王、临武君齐声说："说得好。请问做将领的原则是什么？"

荀子说："当机立断是最高的智慧，不犯错误是最好的行动，事后没有可后悔之处是最美的事情。做事能够做到无悔之地步就是极致，不能要求一定成功。

"因此，制度、号召、政策、命令，要严肃而有威势；奖赏刑罚，要坚决实行而有信用；军队驻扎的营垒和收藏物资的军库，要周密而坚固；转移、发动、进攻、撤退，既要安全而稳重，又要紧张而迅速；侦探敌情、观察其变动，既要隐蔽而深入，又要多方比较而反复检验；对付敌人进行决战，一定要根据自己已了解清楚的情况去行动，不要根据自己怀疑的情况去行动。这六种策略叫'六术'。

"不要热衷于当将军而怕罢免，不要急于求胜而忘记了有可能失败，不要只以为自己有威力而轻视外敌，不要看见了有利的一面而不顾有害的一面，考虑事情要仔细周详而使用财物进行奖赏时要大方。这五种要权衡的事叫'五权'。

"不从君主那里接受命令的原因有三种：宁可被杀而不可使自己的军队驻扎在守备不完善的地方；宁可被杀而不可使自己的军队打不能取胜的仗；宁可被杀而不可使自己的军队去欺负老百姓。这三条最高的原则叫'三至'。

"凡是从君主那里接受了命令就巡视三军，如果三军已经稳定，各级军官得到了合适的安排，各种事情都治理好了，那么君主就不能使他高兴，敌人就不能使他愤怒，这叫作最合格的将领。一定在战事之前深思熟虑，并且反复告诫自己要慎重，慎重地对待结束就像对待开始时一样，始终如一，这叫作最大的吉利。大凡各种事情成功一定在于慎重，失败一定在于怠慢。所以，慎重胜过怠慢就吉利，怠慢胜过慎重就灭亡，冷静的谋划胜过冲动的欲望就顺利，冲动的欲望胜过冷静的谋划就凶险。攻战要像防守一样不轻率追击，行军要像作战一样毫不松懈，有了战功要像侥幸取得的一样不骄傲自满。慎重对待谋划而不要大意，慎重对待战事而不要大意，慎重对待军吏而不要大意，慎重对待士兵而不要大意，慎重对待敌人而不要大意。这五种叫作'五不圹'——五不大意。

"谨慎地根据这六种策略、五种权衡、三条最高原则办事，并且用恭敬而不大意的态度来处理一切，这叫作举世无双的将领，他就能与神明相通了。"①

至此，赵孝成王和临武君以及李斯和陈嚣都只是单纯聆听了。可以说，荀子对将帅提出的要求具有很强的针对性和可操作的实用性，也是非常完善的军事理论。

---

① 参见《荀子·议兵》："孙卿子曰：知莫大乎弃疑，行莫大乎无过，事莫大乎无悔，事至无悔而止矣，成不可必也。故制号政令欲严以威，庆赏刑罚欲必以信，处舍收藏欲周以固，徙举进退欲安以重，欲疾以速；窥敌观变欲潜以深，欲伍以参；遇敌决战必道吾所明，无道吾所疑：夫是之谓六术。无欲将而恶废，无急胜而忘败，无威内而轻外，无见利而不顾其害，凡虑事欲孰而用财欲泰：夫是之谓五权。所以不受命于主有三：可杀而不可使处不完，可杀而不可使击不胜，可杀而不可使欺百姓：夫是之谓三至。凡受命于主而行三军，三军既定，百官得序，群物皆正，则主不能喜，敌不能怒：夫是之谓至臣。虑必先事，而申之以敬，慎终如始，终始如一：夫是之谓大吉。凡百事之成也，必在敬之；其败也，必在慢之。故敬胜怠则吉，怠胜敬则灭；计胜欲则从，欲胜计则凶。战如守，行如战，有功如幸，敬谋无圹，敬事无圹，敬吏无圹，敬众无圹，敬敌无圹：夫是之谓五无圹。谨行此六术、五权、三至，而处之以恭敬无圹，夫是之谓天下之将，则通于神明矣。"

王 者 之 师

临武君连连赞叹道："精彩！说得太好了。请问您所说的'王者之师'是什么样的军队？"

荀子回答道："真正的王者之师，大将闻鼓便拼命战斗到死，驾车的御者死于驾车过程中，百官死于自己的职位上，大夫死在自己的岗位上。听到战鼓声便进攻前进，听到铜锣声便立即撤退，听从指挥和命令是第一位的，有军功是第二位的。

"没有命令就进攻，如同没有命令撤退就撤退一样，罪过是一样的。王者的军队不杀老弱士兵，不糟蹋庄稼，投降的人不杀，继续搏斗的人不舍弃，逃跑者不追杀。凡是诛杀，不是诛杀百姓，而是诛杀祸害百姓的人，但百姓中有保卫贼人的，便也是贼人。因此，顺从王者之师的人活，触犯王者之师的人死，逃跑的人不再追击。

"微子启归顺周朝被封在宋国，曹触龙负隅顽抗被斩杀于军中。殷商那些服从周朝的百姓得到的抚养和生活资料，与周朝的百姓没有什么区别。因此，近处的人歌颂周朝且欢迎周朝，远处的人都急急忙忙地奔向这里，即使偏远荒凉、愚昧边远的国家，也没有不前来归附、听从役使而喜欢这个安居乐业的地方，四海之内如同一个大家庭，凡是可以到达的地方没有不服从的。这样的军队可以称作'王者之师'了。《诗》上说：'从西到东，从南到北，没有不服从的。'说的就是这种情况。

"称王天下的君主有讨伐而没有战争，敌军城池坚守便不强攻，敌军拼命抵抗就不攻击，敌军上下欢喜就庆幸，不摧毁城郭屠杀百姓，不秘密出兵偷袭，不拘押众多的俘虏，战争不超过预先约定的时间。因此，那些政治混乱的国家的百姓欢迎这样的政治，不安心于他们的君王，而盼望这样的'王者之师'早日到来。"①

实际上，真正的王者之师应该是仁义之师，是吊民伐罪而非为开疆拓土侵略他国的军队。孟子最著名的判断便是"春秋无义战"，而换个说法便是"春秋无王者之师"。如此，春秋没有义战，战国就更没有义战了。

临武君听罢，抱拳高高一揖道："说得好！说得好！真是太好了。"

赵孝成王听罢，也连连赞叹道："说得太好了！寡人要好好想一想，如何建立这样的王者之师。"

时间很长了，主客都感觉有点儿疲乏，话也都说透了，于是荀子告辞出来。

仁义与战争

与赵孝成王和临武君讨论军事战争的问题结束，荀子师生三人回到了住处。弟子陈嚣和李斯一直跟随在荀子身后，他们听完荀子回答赵孝成王和临武君的全部问题后都陷入了深深的思索中。

晚饭后，陈嚣向荀子请教道："先生议兵，常以仁义为本；仁者爱人，义者循理，然则又何以兵为？凡所为有兵者，为争夺也。"②

荀子说："这就不是你所知道的道理了。仁，就是爱人，正因为爱人而厌恶人遭到侵害；义，就是寻求正义公平，正因为寻求正义公平而

---

①参见《荀子·议兵》："孙卿子曰：将死鼓，御死辔，百吏死职，士大夫死行列。闻鼓声而进，闻金声而退，顺命为上，有功次之；令不进而进，犹令不退而退也，其罪惟均。不杀老弱，不猎禾稼，服者不禽，格者不舍，奔命者不获。凡诛，非诛其百姓也，诛其乱百姓者也；百姓有捍其贼，则是亦贼也。以故顺刃者生，苏刃者死，奔命者贡。微子开封于宋，曹触龙断于军，殷之服民，所以养生之者也，无异周人。故近者歌讴而乐之，远者竭蹶而趋之，无幽闲辟陋之国，莫不趋使而安乐之，四海之内若一家，通达之属莫不从服，夫是之谓人师。《诗》曰：'自西自东，自南自北，无思不服。'此之谓也。王者有诛而无战，城守不攻，兵格不击，上下相喜则庆之，不屠城，不潜军，不留众，师不越时。故乱者乐其政，不安其上，欲其至也。"

②参见《荀子·议兵》。

厌恶有人打乱这种正义公平的秩序。因此，'王者之师'是禁止杜绝残暴而除去祸害的，不是为了争夺。

"所以，'王者之师'的存在如同神明，所经过的地方都被感化，如同及时雨降临，没有不喜悦、不欢迎的。因此，当年尧讨伐骓兜，舜讨伐有苗，禹讨伐共工，商汤讨伐夏桀，文王讨伐崇侯虎，武王讨伐商纣王，这四帝二王都用他们仁义的军队——真正的'王者之师'纵横天下而无敌手。所以，附近的百姓亲近他们的善良，远方的百姓倾慕他们的道德，兵不血刃，远近都来归附，而道德达到这种程度便可以影响推及四方极远的地方。《诗》说：'仁义贤良的君子，他的道德始终如一，因为道德始终如一，故能够端正四方诸侯国的行为。'说的就是这种情形。"①

听罢这番话，陈嚣说："弟子明白了。"

李斯也有疑问，而且是更现实的问题。李斯问道："秦四世有胜，兵强海内，威行诸侯，非以仁义为之也，以便从事而已。"②

意思是，"秦国连续四代在军事上都取得胜利，军队在天下最强大，威慑力流行于诸侯之间，并不是依靠仁义取得的，是看形势而取便于行事的方式而已，是随机应变而已"。

荀子用冷峻的目光看看李斯，严肃地说："这其中的大道理不是你所能够理解的。你所说的便宜行事，是在不便当中的便；而我所说的仁义，是最大便宜当中的便。我所强调的仁义，是用来修为政事的；政事修为，那么百姓就亲近上级，崇尚喜欢他们的国君，很轻易地愿意为国君而死战。所以说，凡是军队的战斗力，将帅是次要的。秦国虽然四代打仗一直取胜，但是仍然惴惴不安，总是害怕天下联合起来共同讨伐自

---

① 参见《荀子·议兵》："孙卿子曰：非汝所知也！彼仁者爱人，爱人故恶人之害之也；义者循理，循理故恶人之乱之也。彼兵者所以禁暴除害也，非争夺也。故仁者之兵，所存者神，所过者化，若时雨之降，莫不说喜。是以尧伐骓兜，舜伐有苗，禹伐共工，汤伐有夏，文王伐崇，武王伐纣，此四帝两王，皆以仁义之兵，行于天下也。故近者亲其善，远方慕其德，兵不血刃，远迩来服，德盛于此，施及四极。《诗》曰：'淑人君子，其仪不忒。'此之谓也。"

② 参见《荀子·议兵》。

己的国家，这其实是末世的军队，没有根本的传统。因此，商汤流放夏桀的时候，不是驱逐于鸣条的时候；武王伐纣王的时候，也不是以甲子之朝而后才战胜他的，都是在此之前有所修为的，这就是所谓仁义之兵。如今，你不在根本上寻找原因，而是寻找这些枝节的东西，这就是天下混乱的原因啊。"①

李斯听罢，想要说什么，但没有说。其实，李斯的意思很清楚，秦国虽然不讲仁义，但秦国却不断取得胜利，不断扩大国土，已经出现一统天下的趋势了。这时，李斯内心对荀子的观点已经并不完全认同了。

得 道 多 助

荀子见两名弟子都在思考，接着说道："礼，是治理国家的准则，是强国的根本，是使权威推行有效的途径，是功名的总闸。王公遵循礼，便可以得到天下；不遵循礼，就会使国家倾颓衰败。因此，有坚固的铠甲和锋利的兵器也不足以取得胜利，有高高的城墙、深深的护城河也不能算是坚固，有严酷的法令、烦苛的刑罚也不足以有权威。遵从礼的法则和道路就前行，不遵从就偏废。②

"楚国人用鲛革、犀牛皮制作铠甲，坚固如同金石；用南阳的铁制

---

① 参见《荀子·议兵》："孙卿子曰：非汝所知也！汝所谓便者，不便之便也；吾所谓仁义者，大便之便也。彼仁义者，所以修政者也；政修则民亲其上，乐其君，而轻为之死。故曰：凡在于军，将率末事也。秦四世有胜，諰諰然常恐天下之一合而轧己也，此所谓末世之兵，未有本统也。故汤之放桀也，非其逐之鸣条之时也；武王之诛纣也，非以甲子之朝而后胜之也，皆前行素修也，所谓仁义之兵也。今女不求之于本，而索之于末，此世之所以乱也。"

② 参见《荀子·议兵》："礼者、治辨之极也，强固之本也，威行之道也，功名之总也，王公由之所以得天下也，不由所以陨社稷也。故坚甲利兵不足以为胜，高城深池不足以为固，严令繁刑不足以为威。由其道则行，不由其道则废。"

造大戈、扎枪，刺人之锋利凄惨如同毒蜂和蝎子；军队运动迅速，士兵行动如风。然而，楚军在垂沙惨败，大将唐蔑战死；庄蹻起兵，楚国分裂为三四个地区。这哪里是没有牢固的铠甲和锋利的兵器呢，而是因为楚国所奉行的一直就不是正确的道路。以汝水和颍水为险阻，以长江和汉水为池沼，还有邓林的限制，楚国成为有牢固边疆的方城。但是，秦国的军队一到，楚国的大城市鄢陵和都城郢都被占领，如同摧枯拉朽一般。这哪里是没有坚固的天险阻塞呢，而是因为所奉行的统治政策和道路不正确的缘故。商纣王剖比干之心，囚禁箕子，设置炮烙的刑罚，随时杀戮臣民，因此臣下都心惊胆战而没有人真心执行其命令。周的军队一到，纣王的命令在下面不能实行，他也不能指挥他的臣民了。这哪里是命令不严厉、刑罚不繁重的缘故呢，而是因为所奉行的不是正道。"①

陈嚣和李斯仔细地听着，荀子继续说道："古代的兵器，不过是大戈、矛枪、弓箭这些简陋的武器而已，然而相同国力的国家不待对抗已先屈服；城郭也不坚固，护城河也不深，边境的墙也不修建，一切军事设施也不启用，但国家安全无事，不畏外敌而坚固，没有其他原因，就是明确大道而始终稳健推行，始终依照大道行事而真心爱护百姓。下面的百姓听从响应上级的命令如影随形回声一般；有不听从政令的，便使用刑罚。因此，刑罚一个人而全天下的人都服，被刑罚的人也不怨恨上级，知道罪过在于自己。如此，刑罚简约而国家的威望盛行，没有其他原因，就是国家奉行正道的缘故。古代尧治理天下的时候，只杀戮一个人，刑罚两个人，而天下大治。故古书上说：'威权严厉而不必尝试，

① 参见《荀子·议兵》："楚人鲛革犀兕以为甲，鞈坚如金石；宛钜铁矛，惨如蜂虿，轻利僄遫，卒如飘风；然而兵殆于垂沙，唐蔑死。庄蹻起，楚分而为三四，是岂无坚甲利兵也哉！其所以统之者非其道故也。汝颍以为险，江汉以为池，限之以邓林，缘之以方城；然而秦师至，而鄢郢举，若振槁然，是岂无固塞隘阻也哉！其所以统之者非其道故也。纣剖比干，囚箕子，为炮烙刑，杀戮无时，臣下懔然莫必其命，然而周师至，而令不行乎下，不能用其民，是岂令不严，刑不繁也哉！其所以统之者非其道故也。"

刑罚设置而不必使用。'说的就是这种情况。"①

荀子停顿了一下，再继续说道："凡是人的行为，如果以奖赏、刑罚为杠杆来进行指挥运作的话，人们被伤害的一定很深。因此，奖赏、刑罚、以权术欺诈，这些手段都不足以使人尽心尽力，不足以使人为之拼命。作为民众的君主，对待百姓的态度，如果没有礼义忠信，只是考虑用奖赏、刑罚、权术役使下层百姓来获取他们的劳动和功用而已。

"如果大敌到来，使百姓守危城则一定会背叛，遇到敌人战斗则必然会失败逃跑，劳苦、烦琐、受辱则一定会逃走，突然间就一下散去了。这样，下面的人反而控制了上面的人。所以，奖赏、刑罚、权术之道，是对雇佣买卖之方法，不足以凝聚大众之心，使国家政治变得美好，故而古代圣明的君王是羞于采用这些招数的。因此，圣明的君王要先用醇厚的道德进行开导，用礼义的道理来引导，用忠诚守信的态度来爱护百姓，用尊敬崇尚贤良来建立次序，用爵位奖赏来鼓励他们。按照季节安排劳务，减轻他们的负担来调齐他们、抚养他们，如同保护抚养初生的婴儿一样。政令要稳定统一，风俗也要基本一致，如果有人违背习俗而不顺从君主，那么百姓没有不深恶痛绝，没有不以之为毒害罪孽的，就好像要除掉不祥一样除掉他，这样就产生了刑罚。然后，重大的刑罚就会加诸到他的身上，所受到的耻辱没有比这更大的了。

"如果自身不是特别糊涂狂妄、愚蠢固陋，谁看到这种情况能不改正啊！这样以后，百姓都清楚知道遵循上级的法度，效仿上级的思想和情志，从而安居乐业地生活。于是，如果有人能够教化人们向善、修养自己、正道直行、尊敬道德，百姓没有不尊重敬仰他的，没有不亲近赞

---

① 参见《荀子·议兵》："古之兵，戈矛弓矢而已矣，然而敌国不待试而诎；城郭不辨，沟池不抇，固塞不树，机变不张；然而国晏然不畏外而固者，无它故焉，明道而钧分之，时使而诚爱之，下之和上也如影响，有不由令者，然后俟之以刑。故刑一人而天下服，罪人不邮其上，知罪之在己也。是故刑罚省而威流，无它故焉，由其道故也。古者帝尧之治天下也，盖杀一人，刑二人，而天下治。传曰：'威厉而不试，刑错而不用。'此之谓也。"

誉的，这样就产生了奖赏。这样，高贵的爵位和丰厚的俸禄就会加诸到这些人身上，没有比这个更光荣了。怎么能把它看作为害呢？那么，用高高的爵位、丰厚的俸禄来奉养，作为普通百姓谁不愿意过这种生活呢？清清楚楚地把高高的爵位和丰厚的俸禄摆在前面，明明白白地把重大的刑罚放在后面，即使想要不教化百姓又怎么可能呢？因此，百姓归顺投奔而来如同流水一般，所保存的都是原来的精神，所作的都成为教育感化的效果，那些顽固不化的百姓都被感化而顺服：暴戾、强悍、勇力的人都被感化而变得忠厚老实，自私自利而偏狭古怪的人也都被感化而变得有了公心，那些被惩处过的人也都被感化而变得和气温顺，这就是所谓'大化至一'的境界。《诗》说：'天子的谋略实在高明，徐方的君臣心悦诚服而已经前来归顺。'说的就是这种情况啊。"[1]

三种统治术

荀子仿佛有一吐为快的想法，也不管两个弟子是否听明白了，径直

----

[1] 参见《荀子·议兵》："凡人之动也，为赏庆为之，则见害伤焉止矣。故赏庆、刑罚、埶诈，不足以尽人之力，致人之死。为人主上者也，其所以接下之百姓者，无礼义忠信，焉虑率用赏庆、刑罚、埶诈，除厄其下，获其功用而已矣。大寇则至，使之持危城则必畔，遇敌处战则必北，劳苦烦辱则必奔，霍焉离耳，下反制其上。故赏庆、刑罚、埶诈之为道者，佣徒鬻卖之道也，不足以合大众，美国家，故古之人羞而不道也。故厚德音以先之，明礼义以道之，致忠信以爱之，尚贤使能以次之，爵服庆赏以申之，时其事，轻其任，以调齐之，长养之，如保赤子。政令以定，风俗以一，有离俗不顺其上，则百姓莫不敦恶，莫不毒孽，若祓不祥；然后刑于是起矣。是大刑之所加也，辱孰大焉！将以为利邪？则大刑加焉，身苟不狂惑戆陋，谁睹是而不改也哉！然后百姓晓然皆知循上之法，像上之志，而安乐之。于是有能化善、修身、正行、积礼义、尊道德，百姓莫不贵敬，莫不亲誉；然后赏于是起矣。是高爵丰禄之所加也，荣孰大焉！将以为害邪？则高爵丰禄以持养之；生民之属，孰不愿也！雕雕焉县贵爵重赏于其前，县明刑大辱于其后，虽欲无化，能乎哉！故民归之如流水，所存者神，所为者化，而顺，暴悍勇力之属为之化而愿，旁辟曲私之属为之化而公，矜纠收缭之属为之化而调，夫是之谓大化至一。《诗》曰：'王犹允塞，徐方既来。'此之谓也。"

继续说道：

"凡是领导统治人有三种方式和方法：有的用道德领导统治人，有的用武力领导统治人，有的用财富领导统治人。赞美我的德行，希望成为我的属民，所以打开国门、整修道路而前去迎接。我依靠那里的百姓，沿袭他们的风俗，百姓都非常心安理得，对我设立的法规和发布的政令没有不顺从的。因此，获得土地而权势越重，兼并他人而兵力越强大，这是用道德兼并去领导他人的情况。

"百姓并不是尊崇我的名声，也不是赞美我的德行，是因为畏惧我兵力的威武，被我的势力所胁迫，所以百姓有离心而不敢背叛。这样的话，兵力数量必须多，需要的给养费用就特别庞大，因此越获取土地而权势越轻，越兼并别人而兵力越弱。这是凭借武力兼并他人的情况。

"百姓并不是敬重我的名声，也不是赞美我的德行，是因为贫穷而求富贵，因为饥饿而求温饱，所以空着肚子、张着大嘴归向我这里是为了吃饭。这样的话，就必须发放国家粮仓里的粮食来使他们富足，委任善良的官吏来接待他们，如此满三年归附的百姓才会信任。这样的话，获取新的领地而权势更轻微，兼并他人之国而更贫穷。这就是以财富兼并他人的情况。所以说：以道德兼并人者称王，以力量兼并人者衰弱，以财富兼并人者贫穷，古今都是一样的道理。"①

最后，荀子对兵事兼并的目的做了总结：

"兼并一个国家和地区是容易的，只是能够巩固并长期占领却是难

---

① 参见《荀子·议兵》："凡兼人者有三术：有以德兼人者，有以力兼人者，有以富兼人者。彼贵我名声，美我德行，欲为我民，故辟门除涂，以迎吾入。因其民，袭其处，而百姓皆安。立法施令，莫不顺比。是故得地而权弥重，兼人而兵俞强：是以德兼人者也。非贵我名声也，非美我德行也，彼畏我威，劫我执，故民虽有离心，不敢有畔虑，若是则戎甲俞众，奉养必费。是故得地而权弥轻，兼人而兵俞弱：是以力兼人者也。非贵我名声也，非美我德行也，用贫求富，用饥求饱，虚腹张口，来归我食。若是，则必发夫掌窌之粟以食之，委之财货以富之，立良有司以接之，已期三年，然后民可信也。是故得地而权弥轻，兼人而国俞贫：是以富兼人者也。故曰：以德兼人者王，以力兼人者弱，以富兼人者贫，古今一也。"

的。齐国能够兼并宋国，但不能真正占有和统治，而被魏国夺去。燕国能够兼并齐国，但也不能真正占有和长期统治，而被田单夺了回去。韩国的上党地区方圆几百里，非常富有而趋向归属赵国，但赵国不能完成占有接收，而被秦国夺去。因此，能够占领而不能巩固，就一定会被夺走；不能占领，又不能稳固统治，就一定会亡国。如果能够稳定统治，就一定能够继续兼并。得到的土地便能够稳定统治，兼并其他国家不需要强大的武装力量。古代商汤凭借亳，周武王凭借镐京，都是方圆百里的土地，却能够统一天下而使天下为一、诸侯为臣子，没有其他原因，只是有凝聚力能够团结百姓。因此，凝聚士人用礼义，凝聚百姓运用政治。修养礼制则士人归服，政治公平则百姓就安定。士人归服，百姓安定，这就是最大的凝聚力。用它来守卫疆土就非常坚固，用它来征伐就非常强大，令行禁止，这样王天下者的所有事业就全部完成了。"①

简而言之，占领一个地区或者国家并不是最难的，最难的是治理好这些地区，使这里的百姓心悦诚服并真正的认同，使这里的百姓能过上安居乐业的生活。

上述就是《荀子·议兵》的全部内容，荀子思想的核心内容尤其是其军事思想的核心内容和主要面貌都在其中。

荀子的这些军事思想是非常深刻和全面，从如何建立军队到军事斗争的最终目的都有所涉及，值得深思和借鉴。当然，荀子对战争是有过系统深入思考的，他的军事思想非常深刻，与他的王道政治思想是一致的。后世，司马光在《资治通鉴》中引用荀子的话是最多的，尤其是《议

---

① 参见《荀子·议兵》："兼并易能也，唯坚凝之难焉。齐能并宋，而不能凝也，故魏夺之。燕能并齐，而不能凝也，故田单夺之。韩之上地，方数百里，完全富足而趋赵，赵不能凝也，故秦夺之。故能并之，而不能凝，则必夺；不能并之，又不能凝其有，则必亡。能凝之，则必能并之矣。得之则凝，兼并，无强。古者汤以薄，武王以滈，皆百里之地也，天下为一，诸侯为臣，无他故焉，能凝之也。故凝士以礼，凝民以政；礼修而士服，政平而民安；士服民安，夫是之谓大凝。以守则固，以征则强，令行禁止，王者之事毕矣。"

兵》一节，并将其军事思想作为帝王统治的参考借鉴来对待的。

话说荀子在赵国逗留期间，天下发生了许多重大的变故，尤其是秦国和楚国发生的重要事件。

疠 怜 王

赵孝成王对于荀子的到来极为重视，并在论兵之后委任荀子为客卿，待为上宾。

在此期间，荀子与两位弟子经常谈古论今，纵论天下大势，似乎轻松惬意的样子。但是，这实际上并不是荀子真正想要的生活，他仍然在思考下一步如何走、怎么走。

深秋时节，楚国来人，荀子也见过一面。楚国来人便是朱英，他是春申君黄歇的好友和属下，当年用调包计保护楚考烈王安全回到楚国的人就是他。其实，朱英这次来赵国是奉春申君黄歇之命来请荀子回到楚国去的，并带来了春申君的一封书信——春申君在信中向荀子表示深深的歉意，并诚恳请他捐弃前嫌回到楚国去。

荀子对朱英颇有好感，但心理上的那道坎还过不去。同时，荀子从朱英的话中知道当时春申君黄歇之所以对荀子那么做的原因之一，竟然是因兰陵地方风言风语说荀子有恢复鲁国或独立建国自己做国君。因此，荀子更加生气，并给春申君黄歇回了一封长信：

"生癞的人还能可怜国君呢，这是很不恭敬的话了。虽然如此，这种说法也不可不仔细体会考察。这是专门为那些被人劫持而害死的君主而言的。作为君主年轻而又自恃高明，没有法术来辨别认识奸人，那么大臣做主独断专行以禁止诛除自己，便故意杀害贤良年长的王子而专门拥立幼小软弱的王子，废弃应该即位的嫡子而立不应该立的人。《春秋》记载道：'楚王子芈围出使到郑国去还没有出境，听说楚王病了便返回来问候病情，于是用系帽子的绳勒死楚王，因而自立为王。齐国大臣崔杼的妻子非常美丽，齐庄公到崔杼家迫使其与之通奸。崔杼遂率领他的同党去攻击庄公。庄公请求与他分国而治，崔杼不答应。庄公想要自己到祖庙里自杀，崔杼依然不答应。于是，庄公逃跑，跳出墙外，被箭射中大腿，然后被崔杼杀死，并立庄公的弟弟为景公。'就近代所见，赵国大臣李兑执掌赵国大权，围困赵武灵王在沙丘，一百多天而活活饿死；淖齿被齐国重用，抽出齐湣王的筋，把他吊在大梁上，一夜就死了。生癞虽然臃肿难受，痛苦遭罪，但上比前代还不如用帽子绳勒，用箭射中大腿更难以忍受，下比近代不如抽筋、饿死更难以忍受啊！被劫迫而杀死的君主，其心之忧伤劳苦，其身体遭受煎熬苦楚，一定比生癞厉害多了。由此观之，生癞的人可怜君王也是有道理的吧！"[1]

最后，荀子还赋了一首诗道："那么珍贵的隋侯珠，却不知道佩戴；君王的龙袍和粗糙的丝布，却混杂一起而不知道分开；梁国的美女闾姝和郑国美女子奢，却没人去迎娶更没有人爱戴；反而纷纷向最丑陋的女子嫫母去求婚与求爱。把瞎子说成眼光明亮，把聋子说成听力最强最快；把对的说成错的，把错的说成对的，认为吉祥是凶险与危殆。苍天啊苍天，你为什么这样不分优劣与好坏！《诗》上说得明明白白：'上天非常神明，不要自寻灾殃祸害！'"[2]

---

① 参见《战国策·楚策四》："于是使人请孙子于赵。孙子为书谢曰：'疠人怜王，此不恭之语也。虽然，不可不审察也。此为劫弑死亡之主言也。夫人主年少而矜材，无术以知奸，则大臣主断国私以禁诛于己也，故弑贤长而立幼弱，废正适而立不义。春秋戒之曰："楚王子围聘于郑，未出境，闻王病，反问疾，遂以冠缨绞王，杀之，因自立也。齐崔杼之妻美，庄公通之。崔杼帅其君党而攻。庄公请与分国，崔杼不许；欲自刃于庙，崔杼不许。庄公走出，逾于外墙，射中其股，遂杀之，而立其弟景公。"近代所见：李兑用赵，饿主父于沙丘，百日而杀之；淖齿用齐，擢闵王之筋，悬于其庙梁，宿夕而死。夫厉虽肿胞疾，上比前世，未至绞缨射股；下比近代，未至擢筋而饿死也。夫劫弑死亡之主也，心之忧劳，形之困苦，必甚于厉矣。由此观之，厉虽怜王可也。'"

② 参见《战国策·楚策四》："因为赋曰：'宝珍隋珠，不知佩兮。袆布与丝，不知异兮。闾姝子奢，莫知媒兮。嫫母求之，又甚喜之兮。以瞽为明，以聋为聪，以是为非，以吉为凶。呜呼上天，曷惟其同！'诗曰：'上天甚神，无自瘵也。'"

这段话是荀子是针对他要独立建国并自做君王的谣言而抒发的感慨，也包含了对春申君黄歇和所有诸侯的告诫，即如果不能用仁义统率而用权谋来统治的话，一旦失势被人控制，就会求生不能、求死又不能速死，结果会极端凄惨。然后，荀子用前代的两位君王和近代两位君王惨死的状态来证明自己的观点，说即使是生癞这种令人厌恶的疾病也比生不如死的君王要好一些。最后，荀子用诗句控诉了鱼目混珠、黑白颠倒、黄钟毁弃、瓦釜雷鸣的现实，也包含了对春申君黄歇听信谗言而驱逐自己的强烈不满。

有人说，荀子在这封信中暗示了春申君黄歇后来的惨状，如果说暗合倒是确实的，但说预测则我以为就未必了。不过，我对荀子的《疠怜王》倒有颇多启示：人生成功与否，要看生命的全过程，从生到死都要光明磊落，尤其是晚年的作为更是定论的关键。对于《疠怜王》中那些曾经显赫一时而最终求生不能、求死不能的人，如前文提到的楚灵王被活活勒死，齐庄王跳墙被箭射伤后活活被砍死，齐湣王被抽筋吊在梁上活活疼死，赵武灵王被活活饿死，不得不说这样的人生结局实在是太凄惨了。

为此，我感从中来并特地赋诗一首《疠怜王》以表达深深的感慨："虎落平阳被犬欺，凤凰落架不如鸡。齐庄哀乞求活日，楚子生生勒死时。主父活活饿成鬼，湣王死相最悲凄。疠怜王是荀卿笔，洪钟大吕待深思。"

荀子该说的都说了，内心里也渐渐平缓下来，并深深出了一口气。

顺便说明的是，关于《疠怜王》是否是荀子所作，有不同意见。不过，我以为荀子作此文和诗是合情合理的，毕竟春申君黄歇变相逐客的原因便是怀疑荀子要重建鲁国做诸侯的。正因为如此，荀子针对这种诬蔑才用那四位诸侯死时的惨相来说明"生癞的人都会可怜那些死得凄惨的诸侯，何况自己如此精明的人怎么会有那种想法"，而附的那首短诗正是荀子讽刺春申君黄歇贤愚不分的愚昧与昏庸。

解铃还须系铃人

春申君黄歇在焦急等待朱英的消息，最后好不容易等回来了却不见荀子，于是马上便知道怎么回事了。朱英见到春申君没有多言，直接把荀子的信递给了他。

春申君急忙展开，一口气看完，双眉紧锁道："看来先生不肯回来，对我的怨恨很深啊！道理说得很深刻，真的是'虎落平阳被犬欺，凤凰落架不如鸡，'啊！可是，如今正是天下大变局的时候，楚国真的需要先生的智慧啊！怎么办呢？"

朱英说："昔伊尹去夏入殷，殷王而夏亡。管仲去鲁入齐，鲁弱而齐强。夫贤者之所在，其君未尝不尊，国未尝不荣也。今孙子，天下贤人也，君何辞之？"[①]

顺便说明一下，《战国策·楚策四》中没有明确记载这段话是谁说的，只是记载"客又说"。但是，以常理来看，既然这段话之前的文字明确表明了荀子离开楚国到赵国后被奉为卜卿这个前提，那此时对春申君黄歇谏言的"客"与早前谗毁春申君的"客"应不是同一人。因此，本书将这段"客"对春申君说的话分别由李园和朱英在不同的两种境况下说出（前文为李园），这样既符合两人的身份和性格，也符合当时的现实情况。

春申君黄歇说："这种大道理我自然明白，可怎么才能请先生回来呢？"

朱英说："'解铃还须系铃人'，令尹自有办法！"

春申君黄歇说："啊？你的意思是我自己亲自去请！"

朱英说："大贤之人必须用大礼方可。当年周文王请姜太公的往事，

---

① 参见《战国策·楚策四》。

想必令尹是知道的吧？文王那是亲自驾辕拉车呀！"

俗话说，"响鼓不用重槌敲"。春申君黄歇想了想，马上果断地说："也罢！你回去休息一下，明天早饭后随我再去一趟邯郸。"

第二天早上，一辆轻便的马车在楚国都城郢都通往赵国都城邯郸的路上疾行，车上坐着的是一个扮作大商模样的人和他的随从。——这就是成语"轻车熟路"的来源。春申君黄歇是私下去请荀子，不能穿官服出行，因此就打扮成一个商人的样子，而朱英自然就是随从了。

晓行夜宿，数日后到达邯郸。由于朱英已经到过邯郸，二人熟门熟路地找到了荀子的住处，也顾不上是傍晚便直接去叫门。

听到有人来，荀子吩咐门人将客人领进厅堂。

这时，两位客人已经来到近前。见是两个商人模样打扮的人，荀子愣了一下，心里纳闷怎么会有商人前来见自己。这时，朱英先开口说道："先生别来无恙！朱英再来打扰了。"

此时，荀子注意到与朱英一起来的那位大商人，只见他双手抱拳、单腿跪地，说道："先生一向可好！经千里风尘，特来看望先生。"

荀子立即听出来是春申君黄歇的声音，再低头一看果然是春申君，急忙伸出双手将其拉起来，说："令尹大人快快免礼，如此可折煞老夫矣！"

春申君黄歇说："以前我误听谗言，得罪了先生。今日特来登门赔罪，请先生原谅！"

荀子说："令尹话说重了。千里迢迢，风尘仆仆，赶快进屋休息畅谈。"

随后，荀子和春申君黄歇进行了彻夜长谈，从天道谈到人道，也谈到了人生的价值和意义。然后，荀子从当时天下大势给春申君进行了很深入透彻的分析：

如今，天下最强的依然是秦国，秦国自从秦孝公重用商鞅变法以来，连续几代君主都没有出现大的失误，对外作战基本是胜势，故国势强盛。因此，在一段时期内，楚国千万不要与之争锋。楚国与秦国中间隔着三晋（魏、赵、韩三国），这是最好的地理位置，目前的任务是抓紧时间发展经济、凝聚人心；楚国地域广阔、人口众多、物产丰富，具有很大的发展空间。因此，楚国能够坚持推行仁政，爱护百姓，建立一支"王者之师"，便可以立于不败之地，然后等待统一天下的历史时机。目前，秦国虽然强大，但完全是霸道政治，完全是高压统治百姓，如果秦国统一天下则绝不是天下的福分。正因为如此，楚国有责任承担起拯救天下的重任，而这种重任实际上就在令尹的肩上。

接着，荀子和春申君黄歇又谈到了李园，认为此人是个城府很深、巧言令色的奸佞小人，于是提醒春申君要多加防备。然而，春申君黄歇似乎并没有太在意荀子的话，因为他根本没有把李园放在眼里。

荀子在与春申君黄歇长谈之后决定跟随其返回楚国，其弟子陈嚣也继续跟随。不过，李斯和荀子商量想到秦国去寻求发展，因为秦国此时出现了新的机会。

李 斯 告 别

此时，李斯已经是四十岁的中年人了。李斯见荀子要随春申君黄歇再回楚国去，但他自己对楚国的前景实在缺乏信心，并认为凭自己已经学习和掌握的学识以及实际处理政务和人际关系的本领而不能总是在难以施展拳脚的地方待下去。于是，李斯便有了自己的想法，便来向荀子请求离开到秦国去。

李斯坐在荀子的下方，荀子坐在主位上。

荀子问道："你考虑好没有？要到什么地方去？"

李斯说："老师，我考虑再三，最后决定到秦国去。秦国最近发生了很大的人事变动，那位深谋远虑的阳翟大商人吕不韦深得新君信任并被封为文信侯。现在，秦国正在除旧布新，已贴出告示招揽天下人才。这正是好机会，弟子想到那里去。"

荀子说："秦国是最近几十年没有遭受重大挫折的国家，国家治理基础好，我在十几年前曾经去考察过几个月，确实是形胜之国。不过，秦国没有儒学思想，过于急功近利了。但是，从现在来看，秦国的发展势头确实是很好的。我同意你前去。"

李斯说："老师能如此说，弟子便可以下决心了。我明天就起身，请老师再赐教弟子在以后还应该注意哪些方面？"

荀子迟疑了一下，说："你很精明、很勤奋，也很有天赋、有能力。你到秦国，很快便可以受到重用，这一点我毫不怀疑。但是——"

李斯说："老师尽管吩咐，弟子一定牢记在心。"

荀子说："《书》曰：'满招损，谦受益。'意思是，水满则溢，月盈则亏，所受过高，德不配位，则必有大灾。记住：当功名利禄过高时，一定要推辞掉，不可贪恋。"

其实，由于李斯曾对荀子谈过自己对厕鼠与仓鼠的感悟，荀子当初便有一种略微的不安，担心这位弟子一旦获取地位后会为保住自己的地位不择手段，那样他人生的后果就堪忧了。不过，荀子不能对李斯把他的这个意思直接说破，于是便告诫李斯千万不要贪恋禄位。

李斯说："老师的话，弟子记住了！"

"孟子曾经说天下和平安定的前提是'定于一'，这一点如今是更加清楚了。天下只有统一才可以和平安定，百姓才可以过上安居乐业的日子。现在，这种趋势极其明显了，而且不会太远。你看现在天下大势，哪国最有希望统一天下呢？"荀子仿佛是在自言自语，其实也是在和李斯交流。

李斯说："依弟子之见，从目前各国形势和趋势看，统一天下最大的可能就是秦国，但楚国也不是完全没有希望。"

"你的看法有道理。楚国地域广大、人口多，发展空间大，如果坚持推行仁政专心发展自己，尽量避免参加战争，那么其发展二三十年或许是有希望的。"荀子实际上是同意了李斯的看法，因此有了进一步解释说明的意味。

李斯说："我去秦国，老师返回楚国，我们各在一个最有希望统一天下的国家发展，这样将来会更有希望。无论哪国最后取胜，我们师生都有好的前程。"

荀子说："考虑我们个人的前途，格局就太小了。我们追求的是天下太平、政治清明、贤人在位，'使老有所终，壮有所用，幼有所长，鳏寡孤独废疾者皆有所养，男有分，女有归。货恶其弃于地也，不必藏于己；力恶其不出于身也，不必为己。是故谋闭而不兴，盗窃乱贼而不作，故外户而不闭，是谓大同'①。这才是我们追求的最高目标。对吧？"

"对！还是老师高明，弟子记下了。弟子走后，老师也多保重。"

荀子好像还有话说，但似乎有些犹豫。

李斯也意识到荀子似乎还有话要说，于是表示继续侧耳倾听。

荀子说："孔子曾经说：'鄙夫可与事君也与哉？其未得之也，患得之。既得之，患失之。苟患失之，无所不至矣。'②记住老师的话，君子以道侍君，无论何时要坚持王道。千万不要贪恋禄位，更不要违背道。如果离开道，则宁可退位。"

李斯说："弟子知道了，记住了！"

次日早饭后，李斯简单打点一下自己的行李，遂拜别荀子骑马向咸阳而去。从此，李斯在秦国开始了他丰富的人生，对中国历史产生了相当大的影响，并留下了深深的历史烙印。此是后话。

李斯一路晓行夜宿，虽然身体很辛苦，但心里充满了期待和希望，自然感觉精气神十足。其实，四十岁也是人生中体魄与精力旺盛的巅峰时期，经验和履历也很丰富了，正是干事业的最佳年龄段。

再说阳翟大商人吕不韦，他当年住在赵国都城邯郸的时候偶然间发

---

① 参见《礼记·礼运》。
② 参见《论语·阳货》。

现了一个落魄的贵公子，有人告诉他说这是秦国公子嬴异人，正在赵国做质子。于是，吕不韦以商人的眼光敏锐地感觉到此人可能是个奇货，于是赠其美人并在其后生下孩子嬴政。后来，吕不韦又到咸阳帮助嬴异人谋划，并将嬴异人送回咸阳而立为当时太子安国君的继承人——实际上成了隔代的储君。

当赵国都城邯郸被围，嬴政母子身处最危险的时刻，吕不韦将其救出并安全送回咸阳。很快，秦昭襄王一命呜呼，太子安国君顺利即位，而嬴异人晋升为太子。但是，不久之后新皇帝安国君又一命呜呼了，于是嬴异人即位成为秦国的国君，史称秦庄襄王。

作为秦庄襄王的贵人，吕不韦被拜为秦国丞相，封为文信侯，采邑十万户。就这样，吕不韦成为"一人之下，万人之上"的炙手可热的人物。当然，吕不韦是极其聪明的人，悟到只有文化才能不朽，于是准备招揽天下士人编纂一部传世大书作为秦国未来发展之用。因此，此时的秦国需要一大批文士，而李斯正是在这个时候到秦国的。于是，李斯立即被接纳了，并参与到此传世大书——《吕氏春秋》（又称《吕览》）的编纂中。

《吕氏春秋》分十二纪、八览、六论，共一百六十篇文章，注重博采众家，文章写得严谨精美，字字珠玑。当时，《吕氏春秋》每完成一篇便高挂咸阳城头，并悬赏征求意见，有能够改动一个字而比原来好的就赏给千金。——成语"一字千金"便源于此。

二任兰陵县令

毛 亨 入 门

送走李斯后，荀子和弟子陈嚣随春申君黄歇和朱英回到楚国。春申君黄歇请荀子留在京师帮助自己治理楚国全境，但荀子坚决要求再回兰陵。临行前，春申君黄歇照原来的旧例给荀子以极高的自主权，即兰陵的一切事务皆由荀子自行决断。

此时，荀子已经六十六岁，再次回到兰陵后依然将其治理成了天下最文明的地方。然后，荀子便把传播儒家思想和王道政治的理想摆在突出位置。

其实，就在荀子回到兰陵不久，浮丘伯又回来继续求学了。这次，浮丘伯带来了一位好友，即与他志同道合的毛亨。

当时，毛亨二十六七岁，是荀子最年轻的学生。此人是赵国邯郸人（今河北邯郸鸡泽县），他的叔父就是平原君赵胜的门客毛遂——成语"毛遂自荐"的主人公。当年，毛遂在平原君赵胜那里做门客时的担当精神和临场的大智大勇绝不是莽汉的行为，而是其颇有学识的表现。因此，叔父毛遂对毛亨产生了潜移默化的影响，于是毛亨便早早地就有了志向，希望通过学习提升自己的能力，并以此改变自己的社会地位。其实，毛亨早就听说过荀子的大名，也知道荀子就是赵国人，曾经三次出任齐国稷下学宫的祭酒，于是在听说荀子到都城邯郸后便想去拜见。但是，毛亨到邯郸一打听才发现荀子已经离开，而荀子离开赵国去了哪里也无人知晓。

毛亨认为荀子离开邯郸最大的可能是去齐国，因为荀子是由于不愉快才离开楚国的，这么短时间不应该会再返回楚国去。于是，毛亨先到了齐国临淄的稷下学宫，但此时的齐国早就没有了当年的繁盛，稷下学宫也是冷冷清清的。看着稷下学宫的光景，毛亨知道荀子显然是没有回齐国来了，便找了一家客栈住下再做打算。

晚饭后，毛亨在客栈庭院中散步时邂逅了一位中年男子，此人宽衣博带且一看就是有学问的样子。那人见毛亨打量他，便也上下打量了毛亨一番。毛亨抱拳施礼道："这位先生，今日不期而遇，前生有缘啊！不知先生贵姓，何方人士？"那位先生也抱拳回礼道："是呀！相逢就是缘。在下姓浮丘名伯，齐国人。最近几年，到处游学，居无定所。昨天，我刚刚到这里，就随便找了个地方住下。今日，偏偏遇到你了，真是缘分啊！请问您是——"

毛亨简单介绍了自己，然后两人便攀谈起来。在交谈中，毛亨和浮丘伯彼此都发现对方有学识，又都有继续求学、遍访名师的愿望，最后决定一起去寻找荀子。就这样，毛亨和浮丘伯结伴而行，一路相互照应，性情契合。时年，浮丘伯将近四十岁，比毛亨大十四岁，于是两人便以兄弟相称。

文峰山下的新学堂

当时，荀子治理的兰陵虽然是楚国的模范，但他知道以一个县的范围无论怎么治理也不会给天下带来太大的变化，而儒学思想的教化如果能够深入人心并传承下去的话就能改变天下。因此，荀子便将主要精力放在办学授徒上，而当务之急是需要一个大一点的、有规模的学堂。当然，在多次巡察兰陵各地的时候，荀子一直留心学堂选址的事情，他此时已经心中有数了。

在兰陵县城北面大约二十里的地方，有一座山峰叫文峰山，又称作鲁卿山，这里的百姓世代流传说这座山原来叫神峰山。兰陵原本是鲁国的领地，而鲁国出现一位贤人季文子，这里就是季孙氏家族的采邑费邑的辖区。当年，这里是一片蛮荒之地，正是季文子把这里治理得非常好，百姓才能安居乐业，知道礼仪文明。于是，为了感恩这位贤人季文子，先把这座山改名为鲁卿山了。后来，鲁卿山再改名为文峰山，便是纪念季文子。

这位季文子确实是位贤人，他是鲁国"三桓"——季孙氏、孟孙氏、叔孙氏三大家族中季孙氏的第二代掌门人，也是季孙氏得以长期执政鲁国的关键人物。季孙氏建立执政基础的是季友，踵事增华者是季文子，继续保持者是季武子，其后是季平子、季桓子、季康子。孔子便生活在季武子、季平子、季桓子和季康子的时代，并与季平子、季桓子打交道最多。孔子早年接触的是季武子，但他十七岁的时候季武子便死了，接着便是季平子和季桓子执政，而他周游列国回来后的晚年则是季康子执政。

《国语·鲁语上》记载了这样一件事："季文子相宣、成，无衣帛之妾，无食粟之马。仲孙它谏曰：'子为鲁上卿，相二君矣，妾不衣帛，马不食粟，人其以子为爱，且不华国乎！'文子曰：'吾亦愿之。然吾观国人，其父兄之食粗而衣恶者犹多矣，吾是以不敢。人之父兄食粗衣恶，而我美妾与马，无乃非相人者乎？且吾闻以德荣为国华，不闻以妾与马。'"

意思是，"季文子任鲁宣公、鲁成公相国，没有一个妾是穿丝绸衣服的，没有一匹马是吃粮食的。仲孙它说：'季文子您在鲁国是上卿，在鲁宣公、鲁成公两朝执政，但是您的妾没有穿丝绸衣服的，您的马没有吃粮食的。人们都认为您吝啬，而且对国家也没有面子呀。'季文子说：'我当然愿意我的妾都能穿丝绸衣服，我的马都能够吃粮食，然而我看到国人里他们的父母和兄弟姐妹吃粗粮、穿粗糙衣服的人太多了，而我却让自己的妾和马锦衣玉食恐怕不是作为相国应该做的吧？况且我听说以道德的高尚为朝廷的光荣，没有听说以相国的妾和马有好的待遇为国家的荣光。'"。可见，季文子确实是一位有远见的、道德高尚的贤人。

以上内容是荀子讲解的关于文峰山的故事，弟子陈嚣、浮丘伯和毛亨听后也不禁对眼前的文峰山充满了好感和敬意，也觉得在文峰山下建学堂是最好的选择。

一个多月过去，在文峰山脚下的一个平坦的地方，一座崭新的学堂建成了。新学堂完全按照荀子的心思建造，虽然没有稷下学宫气派，但在当时也是天下屈指可数的学堂了。学堂建成了，但必须有个名号，于是弟子们提议叫"兰陵学宫"。不过，荀子早就胸有成竹地说道："这样的名号有两点不宜：一是地点，因为学堂并不在兰陵，而稷下学宫在稷门之下名副其实；二是名号太大，但学堂的规模与稷下学宫根本无法相比，自然就不能相提并论了。我以为学堂就叫作'文峰学馆'，这样比较妥帖。"弟子们表示赞成。

险 被 驱 逐

李斯去秦国投到吕不韦门下，吕不韦收归门下作舍人，并直接参加了《吕氏春秋》的编纂。当时，吕不韦已经接近权力的巅峰，但上天又给予了他更好的机会。不到三年，秦庄襄王嬴异人死了，十三岁的嬴政顺利即位为秦王。由于秦王嬴政年纪尚小，吕不韦仍然为丞相，称"仲父"，成为秦国完全掌握实权的人。

吕不韦早就发现了李斯的才能，便提拔他做了廷尉。当时，秦国是

"三公九卿"制，廷尉便是"九卿"之一，主管司法，已经进入朝廷权力的中心。

不过，秦国内部的权力斗争一直就非常激烈。当年，吕不韦在谋划之下让质子嬴异人顺利回到秦国并成为太子安国君的继承人，便得罪了一大批秦国的宗室贵族。后来，秦昭襄王死去，太子安国君（秦孝文王）、嬴异人（秦庄襄王）先后即位为秦国国君，其间各方势力自然又是一番权力争斗。

秦庄襄王死后，年幼的嬴政即位为秦王，而执政的主要是丞相吕不韦。嬴政的母亲赵姬与吕不韦一直是相好，甚至到了嬴政加冠后仍想与吕不韦继续保持关系。但是，吕不韦害怕事情一旦败露会坏了自己的"远大抱负"而急于抽身，于是按照赵姬的喜好选中了一个叫嫪毐的人以假宦官的名义敬献到宫中。太后赵姬果然喜欢嫪毐，不仅将其留在身边伴之左右，更与其在宫外私下生了两个儿子偷偷养着。败露后，嫪毐狗急跳墙发动政变，企图杀死嬴政，然后立自己与赵姬的儿子为秦国国君。嫪毐被平定后，嬴政软禁了太后赵姬，并将赵姬和嫪毐通奸生的两个儿子装入口袋里活活打死。

随后，嬴政查到赵姬和嫪毐通奸之事与丞相吕不韦有关。其实，秦王嬴政早就形成了自己的想法，并在加冠成年后对吕不韦专权更是极不满意。由于嫪毐事件的爆发，嬴政对吕不韦彻底厌烦了，于是罢免其丞相职务并将其流放，后死在路上。

"屋漏偏遇连夜雨"，数年前秦国曾请来一个韩国的水利工程师叫郑国，帮助秦国设计水渠，设计的工程量极其浩大，耗费了秦国的很多国力和人力。这时，秦国的旧贵族和旧大臣便趁机说到秦来的各种客卿都不会真心为秦国服务，应该将他们全部驱逐。于是，嬴政便在愤怒之下签了逐客令。

秦国的逐客令既然是驱逐一切客卿，自然李斯也在其中。此时，李斯一肚子的政治抱负仿佛被兜头浇下了一盆凉水，百思不得其解秦王为何会如此做，同时他迫切希望能留下来出人头地并爬上高位，于是他在万千思绪之下立即提笔写成了一篇颇有气势的奏疏——《谏逐客书》上呈给秦王嬴政。随后，李斯把行李收拾好，马车也准备好，但没有立即离开，而是等着秦王的消息。

在《谏逐客书》的开头，李斯首先直白地说"臣闻吏议逐客，窃以为过矣"以引起嬴政的注意，并把逐客的错误说成是大臣们的。紧接着，李斯便一口气地列举了秦国历史上秦穆公、秦孝公、秦惠王、秦昭襄王重用客卿取得重大功绩的史实。然后，笔锋一转，李斯指出秦王所喜爱的美女、珠宝、音乐等都不是秦国的，并说秦王对外来的美好事物是如此喜爱，但唯独对外来的客卿却要全部驱逐，这便是"重物轻人"了。

最后，李斯说："夫物不产于秦，可宝者多；士不产于秦，而愿忠者众。今逐客以资敌国，损民以益仇，内自虚而外树怨于诸侯，求国无危，不可得也。"[1]

意思是，"货物不是秦国生产的，但很多可以作为宝物，许多士人不是秦国生人，但愿意忠于秦国的也很多。如今，驱逐客卿而资助了敌对的国家，损失自己的人才而增加了仇人的力量，这是对内掏空自己而对外和诸侯结怨，如要求得国家没有危险是不可能的"。

其实，李斯最后仍然是站在秦国和秦王嬴政的立场上说明利害关系，指出驱逐客卿的结果就是损失自己帮助敌国，国家不可能不出现危险。

《谏逐客书》是一封改变历史的书信体奏疏，也是李斯传世最好的文章。结果，秦王嬴政取消了逐客令，李斯得以继续做廷尉。

与此同时，赵国和魏国也发生了急剧变化。赵国的赵孝成王死去，儿子赵偃立，是为赵悼襄王。赵悼襄王即位时，大将廉颇代相国之职并正率领大军攻打魏国的繁阳（今河南黄县西北），但其听信佞人郭开的

---

① 参见《史记·李斯列传》。

话而让乐乘去取代廉颇，因此廉颇一气之下离开赵国到楚国去了。

魏国的信陵君魏无忌也被魏安釐王剥夺兵权，从此心灰意冷并自暴自弃地一个劲儿沉迷酒色，最后抑郁而死。就这样，魏国的民心涣散，眼见着国运也是日薄西山、奄奄一息了。

办学第一高峰

与李斯在秦国的险象环生相比，荀子在兰陵则顺风顺水。荀子二任兰陵县令后的治理可谓轻车熟路，但他知道对兰陵的治理不会对天下产生太大的影响，而礼乐文化以及王道政治却能使天下安定。此时，天下依然战乱频仍，百姓处在水深火热之中。因此，荀子把主要精力用在了办学上。

在兰陵城北文峰山下的学堂里，教授"六艺"中的书数课程，即"六书"和"九数"。据《周礼·地官·保氏》记载："养国子以道，乃教之六艺：一曰五礼、二曰六乐、三曰五射、四曰五驭、五曰六书、六曰九数。"郑玄注引郑众云："九数：方田、粟米、差分、少广、商功、均输、方程、赢不足、旁要。""六书"，指象形、指事、会意、形声、转注、假借，即中国传统文字学的"六书"，目的主要是学习认字。至于"九数"，指方田、粟米、差分、少广、商功、均输、方程、赢不足、旁要，实际上是教会学生解决一些社会生活中需要的数学知识。其中，"方田"是土地面积测量之类的知识，"粟米"是粮食产量以及数量方面计算的知识。因此，"九数"的九个方面都是从现实生活中总结出来的科学知识。

在讲授这些基础知识的同时，学堂也开设一些体育、文娱课程如驾车和射箭，即"六艺"中的"五射"和"五驭"，还有"五礼"和"六乐"。

学堂由陈嚣具体管理，聘请有一定学识的人担任教师，前来听课学习的也络绎不绝，以至于兰陵一带到处都书声琅琅。

在荀子的弟子中，早期留下姓名的是陈嚣、李斯和韩非，后期的是浮丘伯和毛亨，而最近的则是张苍、陆贾和伏生。

荀子特别注意弟子们各自的专注力和兴趣所在，毕竟"知之者不如好之者，好之者不如乐之者"[1]。在学习过程中，如果不爱好和不感兴趣，那是很难学好的；而只有对此有爱好和感兴趣，才会以学习为快乐并不感觉疲倦。

于是，荀子发现毛亨对《诗》有特殊的兴趣，也对很多诗都有自己的看法，甚至大部分诗都能够背诵并理解得很深刻透辟。伏生对《书》则显示出杰出的天分，即使佶屈聱牙却也读得有声有色，甚至抑扬顿挫都有板有眼，稍有不理解的地方更是寻根究底。张苍各科均通，也很有灵气。陆贾则机灵通达，对什么问题都理解得很透彻，但不钻牛角尖，是个通透灵敏的好苗子。在众弟子中，陆贾年龄最小，刚刚过二十岁，但反应机敏，深通世故，对人情、人性揣摩深透。荀子认为，陆贾是一个人才，其前途不可限量。

看着这些才华横溢的弟子，荀子内心里感到喜悦和充实，也感觉到自己的社会理想和造福天下的宏愿都会通过这些弟子传承下去。于是，荀子想从学习、修身、富国这三个方面给这些弟子讲授课程。

荀子站在讲坛里习惯地扫视一下坐着的弟子们，然后开口说道：

"大家想一想，地位卑贱反而要受人尊敬，愚昧无知而要拥有智慧，一贫如洗而又追求富贵，有这种可能吗？"[2]

弟子们讨论声一片，心里并没有一个定论，于是等着听老师的见解。

荀子说："如果想要能够这样，大概只有学习这一条唯一的途径吧。真正进入学习状态而达到一定程度的人，再坚持进行下去，就是士人；如果能够坚守仁义道德，便是君子；再有智慧，就是圣人。达到高的程

---

① 参见《论语·雍也》。
② 参见《荀子·儒效》："我欲贱而贵，愚而智，贫而富，可乎？"

度就是圣人，达不到的也是士人或君子，谁能够禁止我呢！"①可见，人的命运是紧紧握在自己手里的，人生能否有价值有意义主要取决于自己，而其中起决定作用的便是学习。

停顿一下，荀子接着讲道："故君子无爵而贵，无禄而富，不言而信，不怒而威，穷处而荣，独居而乐！"②

意思是，"因此，君子没有爵位但很尊贵，没有官位但可以富足，不说话但也有信誉，不发怒但也有威严，处在贫穷的地位但也很雍容，即使独居也很快乐"。

看弟子们似乎有不理解的地方，荀子提高了嗓音，很有激情地继续讲道："我曾经终日凝神苦思，却不如顷刻读书学习的收获大；我曾经踮起脚来向远处眺望，却不如登上高处望得更远且视野更宽阔。登上高处再招手，胳膊并没有加长，而很远就能够看到。顺着风呼喊，声音并没有加大，而听得就清楚。借助车和马的人，不是腿脚好，但可以走千里之远；借助船只的人，不是水性好，却可以横渡大江大河。君子并没有什么特殊的才能，而是善于假借客观的外物而已。"③

这时，最年轻的弟子陆贾问道："老师，您所说的通过学习可以善于利用客观环境这·点弟子听明白了。请问，学习的最终日的是成为君子和圣人，那成为君子和圣人的标准是什么呢？"

荀子看了一眼这位新来不久的弟子，他感受到这位弟子的聪明和悟性以及灵活机敏，想必其当定成大器。

荀子说："行为合乎法度，意志坚定，喜欢改正所学到的东西上，

---

①参见《荀子·儒效》："曰：其唯学乎。彼学者，行之，曰士也；敦慕焉，君子也；知之，圣人也。上为圣人，下为士、君子，孰禁我哉！乡也混然涂之人也，俄而并乎尧禹，岂不贱而贵矣哉！"

②参见《荀子·儒效》。

③参见《荀子·劝学》："吾尝终日而思矣，不如须臾之所学也。吾尝跂而望矣，不如登高之博见也。登高而招，臂非加长也，而见者远；顺风而呼，声非加疾也，而闻者彰。假舆马者，非利足也，而致千里；假舟楫者，非能水也，而绝江河。君子生非异也，善假于物也。"

用来矫正自己原有的性情；言论多半是恰当的，但不完全晓谕明白；行
为多半是恰当的，但还不完全妥当；所考虑的事多半是正确的，但还不
周密；对上能够表扬自己所推崇的道义，对下能开导不如自己的人，这
样就可以叫作忠厚的君子。修习历代帝王的法度，就如同分辨黑白一般，
适应当时的变化，如同数一、二这样简单的数字那样轻松；遵行礼节，
处之泰然，如同运动身体四肢一样行动自如；抓住建立功勋的时机、技
巧，如同通晓四季的变更一般；治理政事，安定百姓，把亿万人团结得
像一个人，这样就可以称为圣人了。"①

接着，荀子又强调了圣人之所以成为圣人的原因，说："之所以能
成为圣人，是因为他的道产生于专一。什么叫作专一呢？保持神明与稳
固。什么叫神明与稳固呢？以完备周全的方法治理国家就叫神明，任何
事物都不能颠覆它就叫稳固。既神明又稳固，就可以叫作圣人。②

"所谓圣人就是道的总和。天下的道都集中在这里，历代帝王的道
也都集中在这里，所以《诗》《书》《礼》《乐》的道也都归属在这里了。
天下之道全都集中在这里，顺着它去就会得到昌盛，违背它去做就会遭
到灭亡，而顺着它去做却得不到昌盛，违背它去做却遭到灭亡，那是从
古至今还没有过的事情"③。

其实，学习的最终目的是指导人们的行动，不能与实践结合起来并
相互生发的知识是没有什么意义和价值的，故要能够打通知和行的关节

①参见《荀子·儒效》："行法至坚，好修正其所闻，以桥饰其情性；其言多当矣，而未谕也；
其行多当矣，而未安也；其知虑多当矣，而未周密也；上则能大其所隆，下则能开道不已若者：
如是，则可谓笃厚君子矣。修百王之法，若辨白黑；应当时之变，若数一二；行礼要节而安之，
若生四枝；要时立功之巧，若诏四时；平正和民之善，亿万之众而搏若一人：如是，则可谓圣
人矣。"

②参见《荀子·儒效》："此其道出乎一。曷谓一？曰：执神而固。曷谓神？曰：尽善挟治之
谓神，万物莫足以倾之之谓固。神固之谓圣人。"

③参见《荀子·儒效》："圣人也者，道之管也：天下之道管是矣，百王之道一是矣。故《诗
书》《礼》《乐》之道归是矣。……天下之道毕是矣。乡是者臧，倍是者亡；乡是如不臧，倍是如
不亡者，自古及今，未尝有也。"

和隔阂。这便是卜子夏所说的"博学而笃志，切问而近思"①的精妙所在。再往深一层讲，学习的最终目的便是打通天道与人道的隔阂，知晓天道与人道的大道理，那就是荀子所说的大儒了。然而，即便是大儒也需要修身，而修身是人生学习的目的，也是将自己的人生走向完美的关键。同时，学习的目的有现实的目标和远大的目标之分，其中为了改变自己的人生地位是浅近的现实目标，而远大的目标则是为了使自己的人生有意义、有价值。因此，在荀子看来，只为谋求自己的荣华富贵的是俗儒、小儒，为全天下百姓谋求幸福的才是大儒。

重 己 外 物

荀子将儒者分为三类——俗儒、雅儒、大儒，并对大儒表现给出了详细的解释：

"那些大儒，即使隐居在偏僻的街巷、简陋不堪的房屋中，虽然他贫穷得无立锥之地，但王公大臣却不能同他争夺名望；虽然他所管辖的仅方圆百里的小国，但拥有千里大国的人不能与之匹敌；笞打暴虐的国家，统一天下，没有什么能够动摇他，这就是大儒的特征。他的言行合乎礼义，做事果断，处理危机，应对突发事件能够恰到好处；他能随着时代的变化而变化，不管外界怎样变化，他的道术都是始终无一的，这就是大儒的典范。

"在他显达官运亨通时，就能够统一天下，在他处于困境时，就独树高声。上天不能使他死亡，大地也不能将他埋葬，即使在夏桀、盗跖的时代也不能玷污他，如果不是大儒是不会这样立身处世的，而孔子、

---

① 参见《论语·子张》。

仲弓就是这样的人。"①

然后，荀子便开始讲修身的道理和途径，而弟子们都在聚精会神地听老师讲。

荀子说："修身的关键是在学习的基础上付诸实际行动。没有听说过人生的道理不如听说过，听说过的不如看见过，看见过的不如知道这样做的道理，知道这样做的道理的还不如自己亲自去做。学习到实践运用的程度便是最高的了。实行并见成效了，就更明确自己的理论主张是正确可行的，而有了明确而且正确的观念便是圣人。圣人就是以仁义为根本，对是非的判断准确无误，自己的言行一致，没有丝毫的差错，没有其他方面的原因，就是自己已经实行了。"②

弟子们听了老师的讲解，点了点头表示都明白了。

荀子继续说："志意修则骄富贵，道义重则轻王公；内省而外物轻矣。传曰：君子役物，小人役于物。此之谓矣。身劳而心安，为之；利少而义多，为之；事乱君而通，不如事穷君而顺焉。故良农不为水旱不耕，良贾不为折阅不市，士君子不为贫穷怠乎道。"③

意思是，"志气与正义有修养的人就不会羡慕富贵，正道直行而坚守仁义的人就不会仰望王公大臣，心内觉醒悟道对于外物就会看得很轻。身体劳累但内心安静便可以做，利少而义多就可以做。侍奉昏君而显赫有权，不如侍奉明君顺心为好。因此，好的农夫不因为旱涝就不种

---

① 参见《荀子·儒效》："彼大儒者，虽隐于穷阎漏屋，无置锥之地，而王公不能与之争名；在一大夫之位，则一君不能独畜，一国不能独容，成名况乎诸侯，莫不愿得以为臣。用百里之地，而千里之国莫能与之争胜；笞棰暴国，齐一天下，而莫能倾也。是大儒之征也。其言有类，其行有礼，其举事无悔，其持险应变曲当。与时迁徙，与世偃仰，千举万变，其道一也。是大儒之稽也。……通则一天下，穷则独立贵名，天不能死，地不能埋，桀跖之世不能污，非大儒莫之能立，仲尼、子弓是也。"

② 参见《荀子·儒效》："不闻不若闻之，闻之不若见之，见之不若知之，知之不若行之。学至于行之而止矣。行之，明也；明之为圣人。圣人也者，本仁义，当是非，齐言行，不失毫厘，无他道焉，已乎行之矣。"

③ 参见《荀子·修身》。

地，好的商人不会因为赔钱就不做买卖，真正的士人不会因为仕途不顺畅就离开正道"。简而言之，就是所有行当的所有人都有顺利和不顺利的时候，但不能停止自己的工作，只有这样坚持下去，才会赢得人生。

在讲坛下，弟子们有的在聆听，有的在深思。

荀子再继续说："自知者不怨人，知命者不怨天；怨人者穷，怨天者无志。失之己，反之人，岂不迂乎哉！荣辱之大分，安危利害之常体：先义而后利者荣，先利而后义者辱；荣者常通，辱者常穷；通者常制人，穷者常制于人，是荣辱之大分也。"①

意思是，"有自知之明的人不怪怨别人，懂得命运的人不埋怨老天；怪怨别人的人就会走投无路，埋怨老天的是没有见识。错误在自己身上，却反而去责求别人，岂不是绕远了吗？光荣和耻辱的主要区别，安危利害的一般情况是：先考虑道义而后考虑利益的就会得到光荣，先考虑利益而后考虑道义的就会受到耻辱；光荣的人常常通达，耻辱的人常常穷困；通达的人常常统治人，穷困的人常常被人统治，这就是光荣和耻辱的主要区别"。

"自知者不怨人，知命者不怨天；怨人者穷，怨天者无志"，便是对孔子反复强调的"不怨天，不尤人"的细化。当然，这句话说起来简单，真正能够实行的却是大君子。

然后，荀子讲了修身的三个方面，弟子们都认真地洗耳恭听。

荀子说："君子养心莫善于诚，至诚则无它事矣。惟仁之为守，惟义之为行。"② 这是修身的第一个方面，即出发点和终身奉行的都是仁义。

意思是，"君子修身养心最大的善莫过于诚，至诚便没有其他任何问题了。至诚的前提只有仁心善念，行为上只有公平正义"。其实，这就是孟子反复强调的"居仁由义"。

---

① 参见《荀子·荣辱》。
② 参见《荀子·不苟》。

至于修身的第二个方面，即要注意积累。荀子接着说：

"不积跬步，无以至千里；不积小流，无以成江海。骐骥一跃，不能十步；驽马十驾，功在不舍。锲而舍之，朽木不折；锲而不舍，金石可镂。"①

"道虽迩，不行不至；事虽小，不为不成。其为人也多暇日者，其出入不远矣。"②

"积微：月不胜日，时不胜月，岁不胜时。"③

意思是，"没有一步一步的积累，就无法到达千里之远的地方；没有众多小河流的汇入，就不会成为大江大海。宝马良驹使劲一跳，也跳不了几丈远；劣等的马匹可以走很远的路程，主要在于它不停地前行。雕刻了几下就放弃，即使是朽木也不可能折断；坚持雕刻而不放弃，即使金石都可以镂空。道路虽然很近，不走也不能到达，事情虽小，不做也不能完成。如果一个人整天闲着无所事事，他就不会走得很远。积累微小的意思是，以月来计算时间而用功的人，不如以日计算的人。以季节来谋划事情的人不如用月来谋划事情的人，用年来规划行为的人不如以季节来规划行为的人"。其实，这便是有志之人必须具备的坚韧不拔的精神，并要日积月累、积少成多。因为，人生是短暂的，时间是极其有限的，浪费时间便是浪费生命，只有能够把握住时间的人才可能取得成就。

最后，荀子讲了修身的第三个方面：

"体恭敬而心忠信，术礼义而情爱人；横行天下，虽困四夷，人莫不贵。劳苦之事则争先，饶乐之事则能让，端悫诚信，拘守而详；横行天下，虽困四夷，人莫不任。"④

---

① 参见《荀子·劝学》。

② 参见《荀子·修身》。

③ 参见《荀子·强国》。

④ 参见《荀子·修身》。

意思是，"身体恭敬而内心有忠信，遵循礼义而真情爱人，便可以走遍天下，即使在四方少数民族的贫困地区，也没有人不尊敬他。遇到劳苦的事情争着先做，遇到享乐的事则让给他人，端正谨慎，诚恳守信，约束自己而明白礼义，便可以走遍天下，即使被四方的少数民族地区围困，也没有人不信任他"。

这是修身的最高层次，完全是一种自觉的行为，是修养达到最高层次而自然形成的境界。如果做到了这三个方面，修身的功夫便做到家了，便可以行遍天下而没有阻碍了。

荀子的这堂课终于结束了，但没有走出讲堂便有随从脚步匆匆地前来告诉他有人紧急求见，并请他立即前去。荀子一听，心想：来人是谁呢？有什么急事吗？

楚 宫 诡 异

来人是从楚国京师来的朱英，此人是春申君黄歇信任的好友，也是在春申君身边随侍左右的心腹。

荀子见朱英急匆匆赶来，知道一定是出现了严峻的情况。

于是，朱英将楚国目前形势的严峻以及他自己的判断全部告诉了荀子。

原来，春申君黄歇最近几年一直为一件事操劳，有点焦头烂额，这就是楚考烈王一直没有子嗣。楚考烈王已经五十多岁了，如果一直没有子嗣，继承人的人选便一定会转移到他的弟弟或侄子身上，但如此一来春申君黄歇的地位也将会动摇。

春申君黄歇有一个舍人（门客）叫李园，其人嘴甜如蜜且见风使舵的本事极高，而春申君前一次疏远荀子致使其离开楚国去了赵国便是听了此人的汇报。

李园早就窥测到了春申君黄歇的心事，于是便开始了他的阴谋活动。一次，李园连续三天故意不来见春申君黄歇，但当春申君问他何故不见时便神秘兮兮地说：他有个妹妹叫李环，生得千娇百媚、貌比西施，关键是相面人说其宜生男，而且齐王派人来说要聘其为妃子。春申君黄歇一听，立即来了精神，说你千万不要让你妹妹嫁给齐王，能否将你的妹妹先送到我这里来，过一段时间我再说服楚王纳她为妃子。李园马上明白了春申君黄歇的意思，立即答应下来。

第二天，打扮得花枝招展的李环便坐着八抬大轿被接到了令尹府。春申君黄歇和李环过了一个多月的甜蜜生活，二人卿卿我我，共同谋划着美好的未来，想着如果一切计划顺利实现的话，那未来的楚王便是他们的儿子了，不禁得意地笑了。

在确定李环怀孕后，春申君黄歇进宫向楚考烈王举荐李环为妃，并反复说相面人说其宜生男。楚考烈王听了很高兴，遂纳李环入宫，不足十月便顺利生下一个儿子。如此，楚考烈王大喜，春申君也大喜，李环和李园更是大喜。

此时，楚考烈王虽然还不到六十岁，但身体一直病病歪歪的。由于过分宠幸李环，再加上有了儿子特别高兴，楚考烈王的身体便比之前更加虚弱了，突然就病得沉重起来了。李园因为"国舅"的身份提升了地位，他已不再是春申君黄歇的舍人，而是朝廷的官员并有自己的府邸。

荀子静静地听着、思考着，双眉紧锁。当然，荀子对李园是有印象的，知道此人是一个可怕的、阴险狡诈的小人，顿时不免有些担心起来。

然后，朱英告诉荀子，李园最近有些反常。现在，李园已经成为皇亲国戚，过上了锦衣玉食、富贵显赫的生活，但他在自己的府邸私自召集一些武士，并用很高的待遇豢养着他们。从这一点看，李园很明显是有大阴谋。

荀子听到这里，提醒朱英回去立即告诉令尹春申君黄歇：一是注意部署好宫中的警卫和令尹府的守卫。最近要特别提高警惕，因为楚考烈王病重，随时可能发生不测，而且这个时期是朝廷政治最容易发生变故的敏感时期。二是宫廷禁卫军的首领一定要牢牢掌握在自己手里，毕竟一切变故都与负责宫廷保卫的首领的立场有直接的关系。这是关键中的关键，一定要提醒春申君特别重视。

朱英连连点头，表示赞同。

这样，楚考烈王病重的消息便困扰着几个知情人的心，其中最忧虑的是李园、李环、春申君黄歇三人。当然，朱英此时也很焦急，他感觉到了形势的急迫，便急忙来求见春申君。

朱英见到春申君黄歇，开门见山地说道："令尹大人，我父亲就是您的门客并对您忠心耿耿，他临终时又把我托付给您，并一再嘱咐我要忠心于您。因此，我一定要把我所预见到的严峻形势告诉您，现在已经是十万火急了。"朱英确实是真的着急了，满面焦虑神情。

"你说的是什么意思？什么情况这样紧急？"春申君黄歇也严肃起来。

朱英说："世有无妄之福，又有无妄之祸。今君处无妄之世，以事无妄之主，安不有无妄之人乎？"[1]

春申君黄歇说："何谓无妄之福？"

朱英说："您作为楚国的令尹已经二十多年了，虽然名义上是令尹，实际上拥有国君的权力。如今，楚王病重，危在旦夕，早晚不保。您辅佐年少的君主，代替他掌管国家，就如同伊尹、周公一样待国君长大后再返还大政，如此不就相当于'南面称孤'而拥有楚国了吗？这就是我所说的'无妄之福'——超出意外的福。"

春申君再问："何谓无妄之祸？"

这时，朱英板起了面孔，很严肃地说："李园没有参与治理国家而特别仇恨你，不管理军队却私自豢养一些武士且已经很久了。大王宾天，

---

[1] 参见《战国策·楚策》。

李园一定先进宫掌握大权而杀掉您灭口，天下人便没有人知道新王是您的骨肉了。这就是我所说的'无妄之祸'——意想不到的祸害。"朱英的脸上是浓浓的愁云，春申君黄歇也听得有些毛骨悚然。

春申君黄歇接着问："你所说的'无妄之人'是什么意思？是谁？"

朱英说："您任命我为负责宫廷保卫的郎中之职吧。大王宾天，李园必定先进宫掌握宫中大权，到时候我就为您杀了他。我就是您的意外之人。"

春申君黄歇沉思了一会儿，说道："你的话太严重了，就说到这里吧。李园是个胆小怕事、非常怯懦的人，即使当了国舅，他见到我时依旧窝窝囊囊，说话都有点儿哆哆嗦嗦，能有什么作为呢。我一直对他很好，恐怕不至于如此吧！"

"'咬人的狗不叫'，越是装屄的人越阴险。令尹千万不要小瞧了李园，此人太阴险狡诈，而上次您得罪荀先生就是他在中间挑唆的。现在，正是十万火急的时候，一旦大王宾天，什么事都可能发生。"朱英坚持。

"好了，今天就说到这里吧。我心里有数。"春申君黄歇有些不耐烦。

显然，春申君黄歇没有把朱英的话当一回事。不过，朱英反复思考，认定自己预料的事情一定会发生；如果预料的事情发生，自己则危在旦夕，因为李园清楚他和春申君的关系。因此，朱英带着全家老小秘密地离开了楚国都城郢都，并特地前来兰陵告诉荀子请他也做好准备——李园一旦得势，春申君重用的人都会遭受灭顶之灾。

韩 非 入 秦

秦王嬴政把吕不韦贬谪后便重用李斯为相，而李斯现在已经是其最信任的人。

一天，秦王嬴政在一座偏殿里处理完政务，便专心致志地读书。最近，秦王嬴政为韩非的文章所吸引，甚至达到了痴迷的程度。

此时，秦王嬴政刚刚看完《五蠹》，开始看一篇《二柄》，只见开篇写道：

"明主之所导制其臣者，二柄而已矣。二柄者，刑、德也。何谓刑、德？曰：杀戮之谓刑，庆赏之谓德。为人臣者畏诛罚而利庆赏，故人主自用其刑德，则群臣畏其威而归其利矣。故世之奸臣则不然，所恶则能得之其主而罪之，所爱则能得之其主而赏之。今人主非使赏罚之威利出于己也，听其臣而行其赏罚，则一国之人皆畏其臣而易其君，归其臣而去其君矣，此人主失刑德之患也。夫虎之所以能服狗者，爪牙也，使虎释其爪牙而使狗用之，则虎反服于狗矣。"①

秦王嬴政完全被这段话的观点吸引了，他太需要有效地控制和驾驭群臣的智慧，而这段话所谈的正是这种智慧。其大意是，明智的君主领导和控制群臣，就是把握两个权柄而已。这两个权柄便是刑和德——刑罚和奖赏，君主要紧紧牢牢把握住这两个权柄，千万不可落入他人之手。这两个权柄就好像是老虎的爪和牙，也是它可以制服狗的原因，如果老虎丢失了爪牙而让狗来用，那么老虎反而会被狗制服了。

这段话的比喻太形象、太生动了，所表达的观点也十分透彻和深刻。为此，秦王嬴政不禁激动地拍案而起，并高兴地说道："太好了，太好了，正随我意！"

这时，前来面见秦王嬴政的丞相李斯恰好看到了这一幕，见其非常投入和兴奋的神态，于是瞥了一眼那篇文章，原来是自己的师弟韩非所作。见礼后，秦王嬴政问道："李相，这个人的文章真是太精彩了。我真想和他交个朋友，不知道此人还在不在？"

李斯说："大王，您看的这几篇文章都是韩非写的。他是韩国公子，是大儒荀况的弟子，也是臣的师弟。"

---

① 参见《韩非子·二柄》。

秦王嬴政说："噢！原来如此。那么说，他现在还在啊？"

李斯说："对，韩非就在韩国。"

秦王嬴政很高兴，果断下令道："马上修书一封，要求韩国派韩非到秦国来。"

李斯迟疑了一下，说："大王，这样做，恐怕难以得到韩非。韩国知道韩非的才能，怎么可以让他来秦国呢？"

秦王嬴政变了脸色，强硬地说："咱们先礼而后兵，韩非来便罢，不来则发兵，就是抢也要把韩非抢来。"

于是，李斯写了一封措辞严厉的书信，要求韩国将公子韩非送到咸阳来，说秦国需要人才。韩王安见信很是生气，便让大臣写了一封回信委婉拒绝了秦国的要求。

秦王嬴政见要人不成，便立即命令发兵韩国。韩王安见秦国大兵压境，急忙请韩非前来商议。韩非说："秦军既然是为臣而来，请大王派臣前去出使议和。这样，秦军自然会退去。"

韩王安担心地说："那可太危险了，秦王嬴政是个很残暴的人，他不会放你回来的。"

韩非说："秦王是欣赏臣的文章，估计不会伤害臣的。为保全韩国，我还是去出使吧。"

就这样，韩非离开韩国都城宜阳，前往秦国都城咸阳。

韩非的车刚刚进入秦国国境，秦国的军队便停止进攻的态势而原地驻扎待命。韩非进入咸阳，在车刚刚接近王宫那厚重庄严的大门时就看见穿着秦国朝服的李斯在门口迎接。韩非看见李斯很高兴，立即感觉心中踏实了。

韩非急忙下车，深施一礼，道："师兄在上，受师弟韩非一拜。"

李斯急忙拉住韩非，热情地说："师弟，多年不见，可把你盼来了。快随我去见大王，大王盼望你的到来简直就如久旱盼甘霖——早已望眼欲穿啊！"

秦王嬴政一见跟着丞相李斯进来的这位中年人，便知道是韩非来了。此人目光凛冽，棱角分明，一看就是一个有性格的人。

李斯向秦王嬴政道："大王，这位就是韩国公子韩非。"

韩非见礼，说："韩国使臣韩非叩见大王。"

秦王嬴政本来就对韩非有非常好的印象，如今一见其面貌更觉对心，大有"昔看文章篇篇好，今观面目好于文"的感觉。于是，秦王嬴政说："朕久慕先生大才，今日终于见到尊容，幸甚！兴甚！"

韩非说："大王，韩非奉君上之命出使贵国，并奉上珍宝给大王。请笑纳！"

秦王嬴政笑着说："对朕来说，先生便是无价之宝，其他一切宝物都黯淡无光。"

韩非没忘记出使之责，又将话题转入正题："大王，臣奉命出使贵国，恳请大王休战罢兵。"

秦王嬴政说："好，好。朕立即传旨，停止进军。先生是初来咸阳吧？"

韩非说："是。"

秦王嬴政说："那朕让李相陪你好好见识一下我都城咸阳的繁华可好？"

韩非说："谢大王。"

韩非见秦王嬴政一直顾左右而言他，内心难免有些不安起来。

楚宫惊变

楚考烈王的病情越来越重，时而还昏迷不醒。于是，李园悄悄进宫告诫妹妹李环说："现在，可是我们兄妹生死存亡的关键时刻。大王一咽气，你立即派人通知我，一定要等我进宫之后再通知其他人。"

李环说："可是，春申君是孩子的父亲，而且对我也很好，这些你是知道的。是不是我派人通知你的时候也一并派人通知他呢？"

李园说："不行，绝对不行，你千万不可犯傻！如果先告诉他，咱们兄妹就没有活路了。千万千万不要告诉他！"李环虽然感觉问题没有那么严重，但必定是兄妹情深，于是便答应了兄长李园的要求。

就在朱英提醒春申君黄歇但其不听而选择离开后的第十七天半夜，楚考烈王咽下了那口气。随后，李环立即派人出宫通知李园。李园立即带领自己豢养的三十多名武士秘密进宫，而他早就已经安排自己的人把守宫门了，故这一切都在秘密进行中。然而，此时的春申君黄歇还在自己的床上做着美梦。

第二天早晨，春申君黄歇得到了楚考烈王死去的消息，他急忙穿戴好并只带了两名随从便急匆匆地奔宫门而来。

把守宫门的禁卫军见是春申君黄歇到来，照常例给令尹打开了宫门。不过，春申君刚刚跨过宫门，宫门便径直关上了，而眼前是李园带着十几名手提利刃的家兵正撇嘴瞪眼。这时，李园撇着嘴，乜斜着眼睛，一脸的阴险凶狠，完全看不见以前低眉顺眼的奴才相。

春申君黄歇立刻明白了，但还不相信李园能把自己怎么样，便厉声问道："李园，你这是要干什么？"

李园却恶狠狠地说："干什么？要你的命。"

春申君黄歇说："我是令尹，大王死，我要来料理后事。你凭什么敢如此大胆？"

李园说道："大王已死，太后有诏：诛杀逆贼黄歇。"

"你这是矫诏。我是令尹。"

"你是做了几十年的令尹，可是从今天开始就不是了。如今，令尹已经换成我了。"

"我要见太后，我要见李环！"春申君黄歇大声道。

"逆贼还要见太后，做梦去吧！明年今日就是你一周年的忌日，你还有什么要说的话？"

"李园，你曾经是我的舍人，我对你也不薄，你说要一生一世忠于我的。"

"那是因为你是令尹。现在，你犯下灭门之罪，我凭什么还忠于你。"

这时，春申君黄歇才知道朱英之前的提醒是对的，自己看人走眼了，但是一切已经都晚了。

李园一声令下，春申君黄歇被乱刀砍死。然后，李园令人割下春申君的头颅，将其抛出宫外。随后，李园派出自己豢养的家兵，同时调动宫廷禁卫军，去春申君的府邸抄家并将其全家不论老少一律杀死。

就这样，英明一世的春申君黄歇栽在了自己曾经的舍人李园的手上，并且被满门抄斩。要知道，春申君黄歇曾在虎狼似的秦国敢于用移花接木的手段将还是质子的楚考烈王悄悄送回楚国，而他自己冒着生命危险时候仍然大义凛然；楚考烈王即位后，他在处理国内外错综复杂的关系上老谋深算，除了联合五国（韩、赵、魏等国）攻打秦国失败，没有出现过大的闪失。然而，春申君黄歇最终却落得万劫不复的下场，不得不说真是令人可悲、可叹啊！

孟子说："莫非命也，顺受其正。是故知命者不立乎岩墙之下。尽其道而死者，正命也。桎梏死者，非正命也。"[1] 然而，春申君黄歇比桎梏而死者更惨烈，当然便算不得正命了，而荀子当初给其"疬人怜王"的信更是一语成谶。可见，人生能够善始善终才是最大的福分。

写到此时，我不禁为春申君黄歇之事感慨不已，遂作诗云："楚国基业枉自多，满手好牌奈烂何？智者朱英设奇策，优柔寡断恨黄歇。棘门祸起家国废，逆取顺守亦良谋。沟岔翻船千古恨，疬怜王者泪眼多。"

不过，就春申君黄歇先纳李园之妹李环，知其怀孕后送入宫中让考烈王纳为妃子并生得儿子看，这种做法确实非光明正大之举，而也为其

---

[1] 参见《孟子·尽心上》。

不得善终埋下了祸根。当时，春申君黄歇是楚国的令尹，手握楚国军政大权，基本上是完全控制了军队和文武百官，但其最后却落进了李园的阴谋之中，不仅识人不清且错判了形势。如果春申君黄歇重视朱英的提醒并采纳了朱英的意见，牢牢控制住了皇宫的保卫权，或者杀掉李园以除后患，那么春申君本人甚至楚国的命运都会完全不一样。可以说，春申君黄歇最后落得如此悲惨的结局，其罪在他自己，而这一点应该是没有争议的。南宋初年诗人葛立方曾吟诗咏叹春申君黄歇，诗云"朱英在楚强黄歇，黄歇如何弱李园。一旦棘门奇祸作，自诒伊戚向谁论"[1]，其意在说黄歇是自己遗留的祸患。

当然，春申君黄歇确实算不上有大智慧的人。当初，荀子初为兰陵县令时，春申君听信李园的挑拨而变相驱逐荀子，实际上便是吃了李园的亏。然而，当朱英明确提醒一定要防备李园的时候，春申君还是没有引起任何的警惕而没有在宫廷保卫中安排好自己的人，最后轻易被曾经的门客李园取了性命，而这绝非一句大意可以了之。实际上，春申君最关键的弱点是不识人：听信谗言变相驱逐荀子，是不识人；不能听从朱英的劝告，也是不识人；不能防备李园，更是不识人。

春申君黄歇被杀后，楚国政治向好的局面便彻底结束了，而秦国统一天下的最大障碍就这样不费一兵一卒地被解除了。与此同时，荀子的命运也是可想而知的。

自从李园成为楚国的令尹之后，他便掌握了楚国的所有军政大权。当时，小楚王芈悍还在襁褓之中，太后李环是他的妹妹自是任凭摆布，于是李园自然是一手遮天了。随后，李园开始逐步清除春申君黄歇的势力，凡是春申君曾经用的人一概清除，有的杀头，有的撤职。

那么，李园将会怎样处置荀子呢？要知道，荀子是春申君黄歇请来的人，又是其信任倚重的人。

---

① 参见葛立方《咏春申君二首·其一》。

废弃兰陵

这一年是秦王政九年（前238），岁当癸亥，荀子已经七十五岁。

荀子听说春申君黄歇被杀且李园把持国政并开始清洗春申君的人时，内心涌起了一阵阵悲凉之意。其实，荀子对春申君是既怜悯、怀念，又有淡淡的埋怨。怜悯、怀念之情可以理解，春申君是荀子人生遭际最重要的人物，每当荀子走投无路的时候春申君都是使其脱离窘境的关键人物，而从这一点说春申君对荀子是有提携之恩的且对其确实是尊重信任的。埋怨之处便是怨春申君不识人，不能把握住关键环节。要知道，春申君原来的处境和地位多么好，且也是有能力把握住自己命运的，但他不听朱英的劝告和警示，最后让李园轻易发动宫廷政变而自己也喋血楚宫。

如今，事情已经到这种地步了，"是福不是祸，是祸躲不过"，只能无奈地等着。此时，荀子能做的就是时刻做好准备，他觉得自己便如同那案上的鱼肉——唯有任人宰割了。

几天后，诏书来了，大意是说荀子虽为春申君黄歇的好友，但未参与谋乱谋逆，故罢黜兰陵县令之职。

这时，兰陵城北文峰山下的学堂还在开办着，学堂里的教学也在照常进行。当荀子被免去兰陵县令的事传到了学堂里，负责学堂事务的弟子陈嚣便与浮丘伯一起前来见荀子。

荀子与两名弟子陈嚣和浮丘伯对面坐着。陈嚣气愤地说："老师，这些年来您兢兢业业地把兰陵治理得富庶繁荣、政通人和，他李园凭什么说罢黜就罢黜。天下还有公理吗？"

荀子摆了摆手，制止陈嚣道："不要发牢骚了。天下的公理需要长时间来体现，不是在一时一事上。现在，老师没有被杀头就算很幸运了，能够这样全身而退已非常满足了。我们还是冷静思考一下，下一步该怎么走吧！"

陈嚣说："老师，是否可以考虑离开这里回赵国去呢？赵国的国君对您也很重视，况且现在只有赵国敢与强秦对抗了。如此，总比在这里受李园这个小人的窝囊气强！"

荀子双眉紧锁，思考着。

浮丘伯看看荀子严肃的神态，没有说话。

荀子思考了一会儿，说："现在，秦国统一天下大势已成，只是时间早晚的事。纵观天下，齐国自从齐湣王时被瓜分，其后便元气大伤，而齐襄王、齐王建都不是英主，如今已是日暮途穷，再无振作之气象矣；楚国的情况更是如此，春申君被害后向好的形势立即逆转，已经完全没有希望；赵国一直有名将，但自从长平战败后已伤元气，何况现在的君主连中等君主都不如，甚至谗佞郭开还在势并排挤走了老将廉颇，如此君臣断无成事可能；至于其他国家，就更不值一提。然而，秦国现在势头正猛，雄兵百万，战将千员，近三十多年来'攻无不克，战无不胜'。这样，我们无论到哪国去，都难以躲避被秦国兼并的命运。既然如此，我们不如哪国也不去，也不在这兰陵城里住了，干脆搬到文峰山下的学堂去专心研究学问、传播学问，为未来的天下留下一些仁政理想和王道政治的思想种子。如此，吾愿足矣。"

当天晚上，荀子躺在床上，心绪已经安定下来，不禁又考虑起了晚年究竟该如何走下去。于是，荀子回顾了自己一生到处奔波、到处碰壁的经历，又全盘地分析了天下各国的形势，最终肯定了强秦统一天下的大势已不可逆转的判断。当然，如果秦国统一天下已成定局，那推行仁政和王道政治的理想将完全破灭，而现在需要的是认清形势并确定自己应该做的事。

荀子想，《大学》里所讲的"格物"便是对外物的探讨分析，而外物便是客观现实的整体观照，不是某一个具体的事物，是与自己主观世界对应的外部世界。那么，外物即天下大势，自己面对如此局面是无能为力的，故只能如同孔子一样"笔削春秋"。孟子云"春秋成而乱臣贼子惧"，正说明了《春秋》褒贬的无形力量。那么，如今自己唯一能做的就是继承孔子的"笔削春秋"之志，发扬其在《论语》中凸显的思想和精神，并尽最大努力倾尽平生所学为后世留下思想的种子。

就这样，荀子决定第二天就从兰陵城搬到了文峰山下的学堂里，到来年的春夏之交再建造一所能够遮蔽风雨的简单住所安居，然后便把全部精力都投到对《礼》《乐》《诗》《书》的研究和传播中，以求尽量培养一些学有专攻的弟子。

荀子经过认真思索后终于确定了自己接下来的方向，内心里备感轻松，然后不知不觉间进入了梦境之中……

韩非幽囚而死

李斯陪着韩非在咸阳城转了转，二人一路上也进行了深入的交流。李斯向韩非提出请其留下来与自己共同辅佐秦王嬴政完成统一天下的大业，并说就目前天下形势看只有秦国有能力统一天下，而只有统一天下才会结束战争。

韩非表示，这些大道理他早就明白，但感情上过不去，不能眼睁睁地看着自己的国家被灭掉；此次自己是奉韩王安令出使而来，不能就这样留下来，如果留下来从道义上也说不过去。其实，韩非的意见很明确，即使自己有意前来，也必须先回韩国之后再前来。

两天后，秦王嬴政接到了韩非递交的奏疏，上面写道：

"韩事秦三十余年，出则为扞蔽，入则为蓆荐。秦特出锐师，取秦地而随之，怨悬于天下，功归于强秦。且夫韩入贡职，与郡县无异也。今日臣窃闻贵臣之计，举兵将伐韩。夫赵氏聚士卒，养从徒，欲赘天下之兵，明秦不弱，则诸侯必灭宗庙，欲西面行其意，非一日之计也。今释赵之患，而攘内臣之韩，则天下明赵氏之计矣。"①

秦王嬴政仔细琢磨着这些文字，待看完全部内容后已经明白了韩非的意思。原来，韩非的意思是：秦国最危险的敌人是赵国而不是韩国，韩国侍奉秦国已经三十多年，一直跟随在秦国之后，如同是秦国内部的小兄弟一样。但赵国正在联合齐、楚、燕、魏四国形成合纵之势而欲与秦国对抗到底。何况，韩国虽然弱小，但如果全民动员起来同仇敌忾，也不是轻易就可以被灭掉的。这样先攻打韩国而让赵国积蓄力量的做法是错误的，故应该保存韩国而首先攻打赵国。

不过，秦王嬴政心想，韩非的意思无非是想让自己的国家多存活一段时间，但作为韩国的公子和使臣这样想也可以理解，而他是真心爱惜韩非的才华，希望其能为自己所用，与李斯一样做自己的谋士，如此便有了左膀右臂。于是，秦王嬴政暗下决心，一定要让韩非留下来。

李斯来见，秦王嬴政问："你这几天和韩非接触较多，他到底是什么意思？能不能留下来？"

李斯说："臣无能，不能使韩非留下来。臣苦口婆心劝说他留下，但他依旧眷恋韩国，并以使臣身份无法留下来为借口。这样，臣也就不好再说什么了。"

秦王嬴政说："他说的也不无道理，那就安排他先住下，并为他准备好书写用具，让他把他的学说都写下来呈给朕。他的文笔是真好，犀利透彻，简明流畅。"

李斯说："臣遵旨！"

此时，韩非使臣的使命已经完成，但迟迟得不到回复的国书，只是让他把自己的学说都写成文章呈给秦王。这样，三个月间，韩非一共上交了五十多篇文章。——韩非的文章之所以能够比较完整地流传下来，

---

① 参见《韩非子·存韩》。

便与其被命将写好的文章呈给秦王嬴政有直接的关系。

秦王嬴政和李斯再次谈论韩非的问题。李斯认为，韩非和自己不同，自己对楚国已经完全失望：今日的楚国奸佞当道、小人满朝，每天文恬武嬉以致全国上下淫靡之风盛行。楚国百姓都生活在水深火热之中，他们盼望外国军队前来攻打如大旱之日盼甘霖，酷热之时盼凉风。如此，楚国已经完全是一个不可救药的国家，如果被秦国兼并也是百姓所欢迎的。然而，韩非则完全不同，韩王安对他很器重，韩国的政治也有向好的趋向，故韩非尚无留下辅佐之意。

秦王嬴政皱了皱眉头，说："韩非有点儿不识抬举了。'强拧的瓜不甜'，他既然不愿意为我所用，也不能让他去辅佐别人。这样，下令将他严加看管，不准其离开咸阳。"

于是，韩非被幽禁在了监狱之中，虽然吃住和写书都很方便，但失去了自由。因此，韩非只好把这些都书写下来，其中《说难》《孤愤》等篇章就是此时写出来的。

秦王政十四年（前233），岁当戊辰秋季，秦国派大将桓齮进攻赵国的肥地（今山西晋州西），结果被赵国大将李牧战败。桓齮不敢回秦国，逃奔到燕国避难。

肥地之战是秦国多年来第一次军事上的失败。对此，秦王嬴政大怒，并想起此前韩非上疏所说——秦国最主要的敌人是赵国而不是韩国，赵国对秦国一直耿耿于怀——如今果然在赵国那里栽了跟头，虽然不伤筋动骨，但毕竟也有一定的损失，更主要的是在各国面前丢了面子。然后，秦王嬴政又疑心韩非是否在暗自庆幸他的正确，于是令李斯对韩非严加管束。

韩非在监狱里的生存环境开始恶劣起来，活着出去的希望极其渺茫。不久，在一个秋风萧瑟、暗夜沉沉之时，韩非凄凉孤独地死在了幽禁之所。关于韩非之死，有人说韩非是李斯设计害死的，但查遍史书并没有找到证据。不过，李斯肯定没有真心保护或营救韩非，这是可以确定的。

传道的高潮

楚国在李园执政后群小登台，本来政治向好的形势也戛然而止，从上到下都为贪官污吏所左右。面对如此糟糕的局面，荀子无比感叹地对弟子陈嚣说："故有良法而乱者，有之矣，有君子而乱者，自古及今，未尝闻也。传曰：'治生乎君子，乱生乎小人。'此之谓也。"①

意思是，"国家有良法而乱的情况是有的，有君子而乱的情况，自古及今，没有听说过。古人云：'政治清平产生于君子，混乱动荡产生于小人。'说的就是这种情况啊"。

由此可见，在荀子看来，治与乱的关键在于执政者是君子还是小人而非有无良好的法度，昏君、暴君出现时并不是良好的法度不存在。同时，荀子的思想和观念无疑是强调人治而非法治，因为他认为所有的法都是人制定的，故国家的根本是人而非法。

当然，荀子虽然有这样的想法，但"不在其位不谋其政""君子思不出其位"，如今也只能与弟子聊聊罢了。

于是，荀子继续专心于学说，传授学问，倒感觉轻松了很多。此时，文峰山下的学堂虽然规模不大，但由于荀子的社会影响太大，使得学堂成了天下学术的中心。

这一天，荀子站在讲坛上讲学，说："今天讲授的主要内容是：荣辱是自身行为的结果，因此修身才是君子最根本的事情。修身的准则是要遵从礼的规范，而礼有三个根本：天地，是人之生命的根本；祖宗先人，是每个族类的根本；国君和师傅，是治理国家的根本。这便是经常

---

① 参见《荀子·王制》。

讲的'天地君亲师'，这是我们每个人必须敬畏和崇敬的。"①

弟子们认真地聆听着，有的还在静静地思考。

荀子继续讲道："礼，是人生命过程中始终都要谨慎遵守和对待的。生，是人生命的开始；死，是人生的终点。能够善始善终，人道便完整而没有亏缺了。所以，君子要恭敬努力于人生开始的过程，而要谨慎自己人生的终点始终保持晚节，始终如一便是君子的原则，是礼义的具体表现。"②

这时，一名弟子站起来提问道："老师，您讲述的道理弟子听明白了，就是人生一辈子都要遵守礼的规定，实质上就是孔子所说的'克己复礼'。但是，在具体的生活中，我们应该注意哪些方面呢？"

荀子略微思索了一会儿，回答道："一切学问不但要知道道理，更主要的是能够指导现实生活，否则再好的理论也是无用的。那么，我们在现实生活中需要注意哪些方面呢？

"人的生命就是一个时间的过程，首先应该注意的是勤勉，也就是《易传·象辞》中所说的'天行健，君子以自强不息'。人要效法天道，要健朗，永远勤奋、黾勉地工作而不停歇。在有闲暇之时，要不停地读书学习。孔子说'行有余力，则以学文'，这是说在完成本职工作的前提下便可以读书学习。因此，一切成就都是从现实的刻苦努力中得来的。

"道路即使很近，不走也不能到达，事情虽然很小，你不做就不能完成。因此，那些终日游手好闲、无所事事的人便不会走得很远。"③

这是荀子强调的第一点，即尽心竭力做好本分的工作，在此基础上发愤读书学习。

---

① 参见《荀子·礼论》："礼有三本：天地者，生之本也；先祖者，类之本也；君师者，治之本也。"

② 参见《荀子·礼论》："礼者，谨于治生死者也。生，人之始也；死，人之终也，终始俱善，人道毕矣。故君子敬始而慎终，终始如一，是君子之道，礼义之文也。"

③ 参见《荀子·修身》："道虽迩，不行不至；事虽小，不为不成。其为人也多暇日者，其出入不远矣。"

然后，荀子接着讲道："孔子说：'如有周公之才之美，使骄且吝，其余不足观也已。'①意思是，"即使有周公那样的美德和才能，如果骄傲吝啬的话，其他方面就不值得欣赏了。何况有周公那样才能和美德的人又能有几个呢？因此，人生要保持谦恭，要低调。孔子还说：'聪明圣知，守之以愚；功被天下，守之以让；勇力抚世，守之以怯，富有四海，守之以谦：此所谓挹而损之之道也。'②"。

这是荀子强调的第二点，即要谦恭、低调。

荀子继续讲道："孔子说：'躬自厚而薄责于人，则远怨矣。'③所强调的就是遇到问题，首先要注意检讨自己的责任和问题而不是怨天尤人，这样就会远离他人的怨恨情绪。"

这是荀子强调的第三点，即要严于律己，宽以待人。

最后，荀子又再次强调了之前曾经讲过的关于修身要注意的问题：

"自知者不怨人，知命者不怨天；怨人者穷，怨天者无志。失之己，反之人，岂不迂乎哉！④

"荣辱之大分，安危利害之常体：先义而后利者荣，先利而后义者辱；荣者常通，辱者常穷；通者常制人，穷者常制于人：是荣辱之大分也。⑤

"志意修则骄富贵，道义重则轻王公；内省而外物轻矣。传曰：'君子役物，小人役于物。'此之谓矣。身劳而心安，为之；利少而义多，为之；事乱君而通，不如事穷君而顺焉。故良农不为水旱不耕，良贾不为折阅不市，士君子不为贫穷怠乎道。⑥

"体恭敬而心忠信，术礼义而情爱人；横行天下，虽困四夷，人莫不贵。劳苦之事则争先，饶乐之事则能让，端悫诚信，拘守而详；横行

---

① 参见《论语·泰伯》。
② 参见《荀子·宥坐》。
③ 参见《论语·卫灵公》。
④ 参见《荀子·荣辱》。
⑤ 同上。
⑥ 参见《荀子·修身》。

天下，虽困四夷，人莫不任。"①

简而言之，人所能修养的是自己，士人所要修养的是自己的。如果修养成自己的大志和思想就会轻视富贵，如果重视道义就会轻视王公。富贵和王公都是身外之物，是外在的，是他人可以给的，故不足为贵。自己所拥有的才是可贵的，那就是好的身体、崇高的道德、丰富渊博的知识。

荀子见已经讲了很长时间了，便结束了当日的讲课。

三恕三思三不祥

这是荀子后期办学的第一个高潮，次日他继续给弟子们讲课——"三恕""三思""三不祥"的话题。

荀子说："孔子曰：'君子有三恕。有君不能事，有臣而求其使，非恕也；有亲不能报，有子而求其孝，非恕也；有兄不能敬，有弟而求其听令，非恕也。士明于此三恕，则可以端身矣。'"②

意思是，"君子在三个方面要有恕道，即要以己度人，自己没有做到的就不要指望别人那样对待自己。这就是，有国君或者上级却没有尽心竭力侍奉，而要求役使自己的臣子或下级，这就是缺乏恕道；有双亲却没有尽孝报恩，而要求儿子尽其孝道，这也是缺乏恕道；有兄长却没有尊重敬爱，而要求弟弟尊重敬爱自己，这也是缺乏恕道。士人如果明白这些道理，就可以端正自身而没有失德之处了"。

荀子这里是直接引用孔子的话，但也可以看作其完全认可的思想。

接着，荀子讲道："孔子曰：'君子有三思，而不可不思也：少而不

---

① 参见《荀子·修身》。
② 参见《荀子·法行》。

学，长无能也；老而不教，死无思也；有而不施，穷无与也。是故君子少思长，则学；老思死，则教；有思穷，则施也。'"①

意思是，"君子要时刻思考三个方面的问题，是不可以不思考的。这就是少年时不发愤读书学习，成人之后便没有才能；成年之后不注意教育培养下一代，死后就不会有人思念；富有的时候不施舍帮助他人，贫穷的时候便不会有人帮助你。因此，如果少年时想到成年以后的前景，就一定会发愤读书求学；老年时思考身后的事情，就一定会注意培养孩子和教育后生；富裕时思考自己也有贫穷的时候，就一定会帮助那些急需帮助的人"。

其实，荀子这里讲的孔子所说的"君子有三思，而不可不思"，实际上也是孔子所说的"人无远虑，必有近忧"。

此时，有弟子迫不及待地说："老师，那'三不祥'是什么呢？"

荀子讲道："人有三不祥：幼而不肯事长，贱而不肯事贵，不肖而不肯事贤，是人之三不祥也。人有三必穷：为上则不能爱下，为下则好非其上，是人之一必穷也；乡则不若，偝则谩之，是人之二必穷也；知行浅薄，曲直有以相县矣，然而仁人不能推，知士不能明，是人之三必穷也。"②

荀子这里讲了"三不祥"和"三必穷"，其中"三不祥"是指"年少的人不肯侍奉长辈，身份卑下的人不肯侍奉地位高的人，水平低的愚昧之人不肯侍奉贤人"。换句话说，在荀子看来，如果儿子不肯侍奉父母，学生不肯侍奉老师，这样的人绝对不会有前途；如果下级不肯侍奉上级，低阶的官员不肯侍奉高阶的官员，这样的人也不会有前途；如果不能"见贤思齐焉"、嫉贤妒能，这样的人也是不会有任何前途的。

"三必穷"是指人生道路上不会走得很顺利，不会发达，侧重于社

---

① 参见《荀子·法行》。
② 参见《荀子·非相》。

会地位。其中，"三必穷"的具体表现是指"在上位的人不能爱护体贴下属，在下位的人好说上级的坏话，这是人难以发达的第一个原因；当面顺从，转过身来诋毁、谩骂，这是人难以发达的第二个原因；知识浅薄，对是非曲直的认识与真理相差悬殊，对仁人不能推举，对智者也不能服膺，这是人生必穷的第三点"。

讲到这里，荀子用一段话对修身的问题做了总结性的讲述：

"士君子之所能不能为：君子能为可贵，而不能使人必贵己；能为可信，而不能使人必信己；能为可用，而不能使人必用己。故君子耻不修，不耻见污；耻不信，不耻不见信；耻不能，不耻不见用。是以不诱于誉，不恐于诽，率道而行，端然正己，不为物倾侧。夫是之谓诚君子。《诗》云：'温温恭人，维德之基。'此之谓也。"①

意思是，"士君子有所能做到的和不能做到的：君子可以使自己尊贵，但不能使社会和他人一定尊重自己；君子人能够建立自己的诚信，但不能使社会和他人一定信任自己；君子能够使自己成为有用的人，但不能使社会和他人一定任用自己。因此，君子耻于自己的修养不够，不耻于为人所轻视；耻于自己不能建立信誉，而不耻于不被人信任；耻于自己没有才能，而不耻于不为人所用。所以，不为虚名虚誉所引诱，不为诽谤、嘲笑所恐惧，正道直行而不左顾右盼，端正自己的言行，而不为外物所倾覆颠倒。这才是真正的大君子。《诗》说：'温柔谦恭的人，是以道德为根本。'说的就是这种人"。

简而言之，士君子有所能做到和不能做到的，能做到的是自己可以决定的，不能做到的是一定不为社会所承认、信任和任用，而这些不由自己决定，那就不必在这个方面去花费心思。

荀子讲得感情真挚而深厚，弟子们也受到了感染。

然而，当天晚上，弟子陈嚣告诉荀子一个不幸的消息，即韩非死在

①参见《荀子·非十二子》。

了秦国的监狱中。荀子听罢什么也没有说，他对李斯和韩非这两个弟子的品性太了解了，而他已隐隐约约感觉到韩非之死与李斯多少有些关系甚至有一定责任。因此，荀子对李斯颇为不满，但又不免为李斯的前景有隐隐的忧虑。

急剧变化的天下

秦王政十五年（前232），岁当己巳，荀子已经八十一岁。秦国军队进攻赵国，但被赵国名将李牧击败。就在这纷乱不堪的时候，在秦国做人质的燕太子丹逃出咸阳回到了燕国。第二年，魏国和韩国都割地给了秦国。

秦王政十七年（前230），岁当辛未，秦国灭掉韩国，以韩地设颍川郡。在六国中，韩国是最先被秦国灭掉的国家。

秦王政十八年（前229）岁当壬申。秦国继续攻赵国，王翦下井陉，杨端和率河内兵，攻打邯郸，而赵国派李牧、司马尚抵御。秦军无法取胜，始终无法前进。于是，秦军派出奸细，贿赂赵国嬖臣郭开。郭开巧舌如簧，说服赵王迁（又称赵幽缪王）换将。李牧大怒，坚决不接受命令，结果被杀；而司马尚也被罢免。得知李牧已死，秦军加大进攻力度，赵国灭亡。

赵国灭亡虽然是早晚的事，但如果李牧在则还可以抵抗，可以延缓被灭亡的时间。就这样，赵国成为第二个被秦国灭掉的诸侯国。

这一年是秦王政十九年（前228）。也是在这一年，楚幽王（芈悍，前文所述李环之子）死了，刚刚十岁。楚幽王同母弟弟芈犹立，是为楚哀王。两个月后，异母兄负刍杀死楚哀王，自立为楚王。就这样，李园彻底失势，本来就很黑暗的楚国政治则走向了穷途末路。

再说赵国佞臣郭开，他从邯郸搬家到咸阳的途中被强盗抢劫一空并被杀死，而一同被杀死的还有他的全家。当年，谗毁老将军廉颇的也是郭开，他是赵国末期最坏的奸佞之辈，其卖国求荣之罪罄竹难书。

秦王政二十年（前227），岁当甲戌，中国历史上又发生了一件大事——"荆轲刺秦王"。秦王嬴政大怒，立即派大将王翦进攻燕国。翌年（前226），秦军攻破燕国都城蓟州。秦国大将李信追逐燕太子丹，一直追杀到辽东首府辽阳的衍水，最后迫使燕国杀了燕太子丹。燕王喜逃亡到辽东，即今辽宁辽阳，只是苟延残喘而已。

秦王政二十二年（前225），岁当丙子，秦国大将王贲（王翦之子）攻打魏国，决堤漫灌魏国都城大梁。三个月后，大梁城破，尸横遍野，惨不忍睹。就这样，魏国灭亡。继韩国和赵国灭亡之后，秦国又灭亡了魏国，燕国已经被打残，就剩下楚国和齐国了。

灭亡魏国之后，秦王嬴政大喜，便召见大将李信询问：如果趁着兵锋锐利继续南下，一鼓作气地攻打楚国，需要多少军队？李信说大约需要二十万人。然后，秦王嬴政又询问老将王翦，王翦说："最少需要六十万人，否则难以取胜。"秦王嬴政说："王将军老矣！何怯也？"于是，王翦告病回到频阳家中，闭门谢客。

李信挂帅出征，与蒙恬一起率二十万大军进攻楚国，先小胜而后大败，中等军官被杀了七八名。后来，李信率领残兵败将逃回秦国。

秦王嬴政听到兵败的消息大怒，但并没有处罚李信，而是到频阳请王翦挂帅出征。王翦说："今老矣，无能为也已。臣不能再挂帅出征、领兵打仗了。"

秦王嬴政说："老将军不要推辞，一定要为寡人解忧。"

王翦说："如果大王一定要让老臣出征，则必须有六十万大军才可。"

秦王嬴政说："好，就按照老将军的意见，朕给你六十万大军。"

随后，王翦率六十万大军如狼似虎地杀向楚国。——这是秦国统一天下的最后一场大战，也是生死存亡的关键一战。

王翦率秦国大军主力取道陈丘以南抵达平舆之地（今河南驻马店境

内），便扎营住下。楚国人闻王翦增兵而来，便出动倾国之兵前来抵抗。王翦见楚军气势汹汹，来势凶猛，便下令坚守营寨，紧闭军营大门，始终不出营与楚军交战。

楚国人多次到营前挑战，用尽各种激将法，但王翦就是不出战。秦军的副将们深信老将军王翦的智谋，也不去请战。王翦命令士兵休息、洗沐，并一起与他们享用美食。过了很长一段时间，王翦派人去查看军中情况，说："军中都进行什么嬉戏呀？"此人回来说："军士们士气很高，都在玩投石、跳跃的游戏。"其实，"投石""跳跃"就是军事训练，是能增加体能的项目。王翦听后很高兴，说："这样的军队便可以作战了。"

再说，楚军见无法与秦军交锋，便挥师向东而去。王翦即率军追击，令前锋发起突袭，并一直追杀至蕲县之南，斩杀楚国将军项燕，楚军大败溃逃。王翦乘胜一路东进南下占领楚国，并设置郡县。

项燕是秦国统一天下过程中遇到的最后一名非常能打仗的大将，他的儿子叫项梁，其孙子便是项羽。

秦国完全灭掉楚国是在秦王政二十四年（前223），岁当戊寅，荀子九十岁。

"赋"的开端

兰陵在楚国的东部地区，距离战场非常远，故影响还不大。荀子所在的学堂在文峰山下，距离兰陵城还有二十多里路，因此这里显得更加清静。如今，天下正在剧烈的变化中，秦国统一天下的脚步在加快。当然，这是大势所趋，天下人都已经看得清清楚楚，荀子也看得更加清楚了，因此他要加快自己传道的脚步。

荀子在兰陵做过多年县令，德政在民，百姓爱戴。因此，荀子在兰陵的生活是很惬意的。

这一天，弟子们来得特别多，又新来了几名弟子。

荀子说："今天讲一种新鲜的文章样式——'赋'。"

"赋？什么叫赋？是《诗》中'赋比兴'的'赋'吗？"弟子问道。

荀子说："当然不是。《诗》中的'赋'早已熟悉了，今天说的是一种新的文章样式。"

弟子们没有听说过这种新的文体，都露出了渴望的眼神。

荀子说："这里有一种非常大的物件，不是蚕丝也不是布帛，却有纹理且十分漂亮；不是太阳也不是月亮，却能使天下光明敞亮；活着的人凭依它生活，死亡者依靠它送葬；城郭依靠它变得坚固，军队依靠变得坚强。如果纯粹就可以称王，如果杂驳只能称霸，如果没有它就必然灭亡。臣子我愚蠢而不知道是什么物件，斗胆请教伟大圣贤的先王。[①]

"先王回答说：这不是有文而不花里胡哨的东西吗？这不是简明易知而又非常有理的东西吗？这不就是君子所尊敬而小人不理解的东西吗？如果本性得不到它就如同禽兽，如果本性得到它就会文质彬彬吗？普通百姓重视尊崇它就是圣人，如果诸侯重视尊崇它就可以统一天下。极其简明而易知，极其顺合得体而易行。能够具有如此品性者，只能归之于礼。这便是礼。"[②]

弟子们这才听明白，原来是老师是自己编写的对话，先用隐语说出礼的本质特征，然后自问自答，并在猜测过程中将礼的妙用再强调一下，最后说出答案。如此看来，这确实是一种崭新的语言表达方式。

---

① 参见《荀子·赋篇》："爰有大物，非丝非帛，文理成章；非日非月，为天下明。生者以寿，死者以葬。城郭以固，三军以强。粹而王，驳而伯，无一焉而亡。臣愚不识，敢请之王？"

② 参见《荀子·赋篇》："王曰：此夫文而不采者与？简然易知而致有理者与？君子所敬，而小人所不者与？性不得则若禽兽，性得之则甚雅似者与？匹夫隆之则为圣人，诸侯隆之则一四海者与？致明而约，甚顺而体，请归之礼。——礼。"

书中代言，荀子将这种方式称为"赋"，开启了中国文学史上一种崭新的文体——这种自问自答的方式启发了后来的作者，是一种采用主客问答的方式提出问题和解答问题的文体。

弟子们觉得很新鲜，但又好像没有完全理解的样子，便请求道："老师，请再说一个新的物件。"

荀子想了想道："有物于此，生于山阜，处于室堂。无知无巧，善治衣裳。不盗不窃，穿窬而行。日夜合离，以成文章。以能合从，又善连衡。下覆百姓，上饰帝王。功业甚博，不见贤良。时用则存，不用则亡。臣愚不识，敢请之王。"[①]

待荀子说完，浮丘伯立即自言自语道：

"出生在山间，却又处在人的屋里。没有知识也不巧妙，却善于治理衣裳。不偷不抢，却要翻墙而行。昼夜把离开的东西合到一起，从而制成花纹式样。既能合纵又能连横，对下可以遮盖百姓，对上可以点缀帝王。功业非常广博，却不被人们器重。偶尔用就拿出来，不用就放一旁。这是什么东西呢？那只能请求老师给我们揭出谜底了。请问我们的先王吧！"实际上，浮丘伯是解释了荀子上面说的那段话的含义。

浮丘伯本来就幽默滑稽、不拘小节，如此配合荀子倒是极其默契。

荀子见状，微微一笑道："先王回答说：这大概是一种刚开始时候很巨大，做成之后则很微小的物件吧？长着长长的尾巴而非常尖利善于钻营吧？头很锐利畅通无阻而尾巴摇曳缠绕吧？一往一来，结上尾巴才算完事。没有羽毛没有翅膀，反反复复却极为便当。尾巴产生事情就开始，尾巴结上事情就结束。头簪是它的父亲，小小的管是它的母亲。既用它来缝衣服的面，也用它来缝衣服的里。这便是关于针的道理。这就

---

① 参见《荀子·赋篇》。

是针。"①

荀子就这种文体样式连续给弟子们讲了五个隐语和解释并揭开谜底，分别是礼、知、云、蚕、针，而针还具有箴言的作用，故在《荀子·赋篇》中的篇名又写作《箴》。

从此，中国文学史的百花丛中便多了一新的文体样式——赋，到汉代则发展为顶峰，与后来的唐诗、宋词、元曲、明清小说并列。

小 歌 浩 叹

楚国灭亡了，秦国将楚国的全部领土纳入版图，并设置郡县。燕太子丹刺杀秦王嬴政失败后，燕国已经被压迫退至辽东苟延残喘。齐国一直像侍奉父亲那样侍奉秦王，而秦国要将其灭亡也是举手之劳的事。

这天夜里，荀子躺在床上，想着如今秦国统一天下大势已定，而秦国原本就不是一个讲礼义道德、施行仁政的国家，统一天下后百姓的日子会怎么样呢？荀子不敢再细想下去，心中纷乱，无法入睡，便起身点灯，坐到几案前开始奋笔疾书起来：

"天下不治，请陈佹诗：天地易位，四时易乡。列星殒坠，旦暮晦盲。幽暗登昭，日月下藏。公正无私，反见从横。志爱公利，重楼疏堂。无私罪人，憼革贰兵。道德纯备，谗口将将。仁人绌约，敖暴擅强。天下幽险，恐失世英。

"螭龙为蝘蜓，鸱枭为凤凰。比干见刳，孔子拘匡。昭昭乎其知之明也，郁郁乎其遇时之不祥也，拂乎其欲礼义之大行也，暗乎天下之晦盲也，皓天不复，忧无疆也。千岁必反，古之常也。弟子勉学，天不忘也。

————

① 参见《荀子·赋篇》："王曰：此夫始生钜，其成功小者邪？长其尾而锐其剽者邪？头铦达而尾赵缭者邪？一往一来，结尾以为事。无羽无翼，反复甚极。尾生而事起，尾遭而事已。簪以为父，管以为母。既以缝表，又以连里：夫是之谓箴理。——箴。"

圣人共手，时几将矣。与愚以疑，愿闻反辞。

"其小歌曰：念彼远方，何其塞矣，仁人绌约，暴人衍矣。忠臣危殆，谗人服矣。璇、玉、瑶、珠，不知佩也，杂布与帛，不知异也。闾娵子奢，莫之媒也；嫫母力父，是之喜也。以盲为明，以聋为聪，以危为安，以吉为凶。呜呼！上天！曷维其同！"①

荀子几乎是彻夜未眠写完了这篇文章，终于感觉把满肚子的闷气都宣泄抒发了出来。

第二天早晨，弟子们看到了老师写的这些文字，便依次将其放在前述赋文之后。到西汉时，刘向编订《荀子》一书时便将其放在《赋篇》的末尾。

关于这篇文章，大意如下：

"天下已没有和平和安定，请允许我陈述内心的愤懑和不平：苍天和大地仿佛交换了位置，四季也不再是原来的春夏秋冬。众多天上的星宿也陨落下坠，早晨和黄昏也混混沌沌模糊不清。黑暗中的妖魔鬼怪登上光明的高处，光明如同日月的贤人却被埋没而不见行踪。公正无私的正人君子呀，反而被看成横竖不懂不通人情。立志爱护公共利益追求平等公平，不是追求华丽的楼房和阔绰的楼堂台亭。没有丝毫私心而公平去治理犯罪之人，有家国情怀才能建设强大的军兵。道德纯粹完备而没有瑕疵，小人奸佞的谗言却如同苍蝇嗡嗡乱鸣。仁人处在被拘束监管的境遇里，饕餮奸佞的小人却拥有权柄而得意忘形。天下已经到了幽暗危险的时刻，恐怕要失去世上的圣贤和精英。

"矫健的蛟龙只能如同微小的蚰蜒和小虫，凶恶丑陋的猫头鹰却如同成了凤凰。忠心耿耿的比干被剖出血淋淋的心脏，大仁大义的圣人孔子受困在卫国匡地。他们的忠心和智慧是多么光明啊，却郁闷压抑而遭遇时代的不祥。他们苏世独立顶着潮流而使礼义广泛流行，实在是黑暗

---

① 参见《荀子·赋篇》。

又阴晦啊没有丝毫光明。光明的苍天啊一去不返，我的忧伤啊漫漫乎没有边疆。历史的进程千年后一定会出现反复，这已为古代历史所能够证明。弟子们啊还是要努力求学和奋斗，不要忘记你们拯救天下的责任和职能。圣贤之人都被边缘化而只能拱手而立，这个时代就要这样过去将一事无成。告诉那些糊涂的人切莫疑惑，希望你们听我反复讲述和陈情。

"短小精悍的歌词便是这样：思考顾念那遥远的前方啊，道路是何等的堵塞和封闭，仁义的圣贤备受羁绊和排挤，粗暴卑鄙的小人却都放肆而得意。忠臣义士处在艰难危险的境地，奸佞谗慝的小人却都有美好的境遇。璇玑、美玉、瑶琚和珍珠，却不知道精心佩戴和装饰；粗糙杂乱的布匹和绵帛，却不知道是何等的粗劣和伪次。闾娵那样的美女和子奢那样的俊男，却没有人求爱和提亲。嫫母那样的丑女和力父那样的丑男，却受到人们的吹捧和喜欢。那些瞎子却被认为眼光明亮，那些聋子却被认为听觉正常，把极度的危险作为安全，把非常吉利的事情当成凶险。呜呼！呜呼！我的老天爷啊，你怎么也这样来随同附和世间的混沌和黑暗。"

这是荀子对天下黑暗无光且见不到希望时在灵魂深处的呐喊，以至两千多年后的今天依然可以感受到荀子追求光明政治和王道理想而不得的愤懑和忧伤。

意 外 来 人

秦国在占领楚国全部领土后，重新设置郡县。兰陵作为楚国偏东北的一个县且不是战略要地，故受战争的影响并不大。荀子在文峰山下的学堂里继续着讲学，而且弟子越来越多。

此时，荀子已经完全安心于讲学以传承文化的火种。一天，从兰陵城方向来了一队秦兵，只有三十多人，为首的是个文质彬彬的人，进门来求见荀子。

荀子立即宣进，只见来人是军中文书打扮。来人向荀子深深一鞠躬，说："卑职参见先生。"

荀子说："免礼，不必客气！不知这位军爷来此穷乡僻壤的学堂有何公干？"

来人恭恭敬敬地回答道："卑职是丞相李斯属下的小吏，奉丞相之命前来请先生到咸阳去。如今，丞相日理万机，实在无法分身前来恭请先生前去。如果先生答应，卑职可以负责保护先生前去。请先生定夺！"

荀子心中掠过一丝不快，心想：李斯虽然是大权在握的秦国丞相，但近几年来却没有听说秦国的政治有何向好的迹象，依旧是残暴的严刑酷法。如今，李斯就派军中的小吏来送信让我前去咸阳，完全不懂一点弟子之礼。

于是，荀子对来人说："我如今已九十多岁，对政事已经淡漠，没有兴趣，不想折腾了。我在这里清净惯了，就不去咸阳了。转告你们丞相说我谢谢他的好意，我就不去咸阳了。"

随后，荀子又想了想，觉得李斯毕竟是自己的弟子，便随笔写了一封简短的信："弟子李斯如晤，孔子教育弟子要以道侍君，为政要导之以德，为天下百姓谋福祉，为师望汝亦如此。还要注意，物禁大盛！月满则亏，水满则溢，路到山巅，四处则降。权到极致，谦恭为好。切莫铺张皇大，好自为之。切记！切记！物禁大盛！为师年事已高，饱食当肉，安步当车，无事当贵，清净是求，别无他念。荀况亲笔！"然后交给来人，来人告辞而去。

来人走后，荀子的心情久久不能平静，而他对李斯的感情也是很复杂的。在荀子看来，李斯精明能干，确实很有才华和能力，但追求功名利禄的心太强。至于韩非之死到底是否与李斯有关系，或者说应负怎样的责任，荀子无法判断确定，但李斯对韩非没有真心保护是肯定的，而这件事令荀子非常不满意。

李斯看到荀子的信什么都明白了，他深深地知道老师的倔强和固执：老师坚持的是王道政治的主张，如果他真的来到咸阳，不仅对朝廷现在的许多大政方针一定会不满意，而且对秦国的兼并战争和大规模的工程以及如此严厉地奴役百姓也一定会非常不满意。但是，依秦王嬴政的脾气来看，那是"若所言顺吾意则生，逆吾心则死"①，能够容忍他人指手画脚吗？况且作为丞相的自己每天都战战兢兢，如临深渊、如履薄冰呢！因此，老师不来咸阳也好。

这是荀子和弟子李斯最后的交往。

秦始皇统一天下

纵观天下大势，荀子知道秦国统一天下的时间马上就要到了，儒家主张的王道政治已经没有希望了。但是，荀子还是想把王道政治的社会理想描绘出来，他相信后世一定会有圣明天子出现而推行仁政的。

秦王政二十五年（前222），岁当己卯，秦国大将王翦完全占领楚国各地，设置郡县。王翦之子王贲攻打辽东，灭燕国；继而攻代地（今河北蔚县东北），俘获代王嘉，代国②亡。

秦王政二十六年（前221），岁当庚辰，齐国投降，最后一个诸侯国也并入秦国版图。至此，秦国统一天下，建立了统一的帝国。

秦王嬴政（前259—前210），又称赵政、祖龙，出生于赵国都城邯郸，后回到秦国。公元前247年，十三岁的嬴政继承秦国国君之位。公元前238年，秦王嬴政平定长信侯嫪毐叛乱，其后又除掉权臣吕不韦，

---

① 参见《孟子·离娄上》。
② 此为战国时期的代国，即第二个代国。当时，秦国军队攻下赵国都城邯郸后，赵国公子嘉逃入代郡，自封为王，史称代王嘉。

开始独揽大政。随后，秦王嬴政重用李斯、王翦等人，经过十年时间经营，先后灭掉六国，完成了统一天下的大业。这一年是公元前221年，也是中国历史上最重要的具有标志性的一年。

在中国历史上，秦王嬴政统一天下，建立中央集权制的政治大一统天下，从此中国开启了政治大一统的格局。

秦国统一六国后，秦王嬴政认为自己"德兼三皇，功过五帝"，遂采用三皇之"皇"、五帝之"帝"构成"皇帝"的称号，也是中国历史上第一位使用"皇帝"称号的君主，自称"始皇帝"。

秦帝国在中央实行"三公九卿"制，分工管理国家大事；地方行政废除分封制（封国制，即封建制），代以郡县制；同时"书同文，车同轨"，统一货币、度量衡。对外，北击匈奴，南征百越，修筑万里长城；修筑灵渠，沟通长江和珠江水系。后来，汉代在官制上便承袭秦制，也是"三公九卿"制；虽然汉初开始的地方行政实行郡国制①，但在平定"七国之乱"②后实际上主要实行的便是郡县制（封国制仍然并行，但诸侯王国的地位降格，与郡同一级区划）。在中国历史上，秦汉时期是第一个黄金时期，而秦始皇统一天下是极其重要的开端，因此被明代思想家李贽誉为"千古一帝"。

再说李斯，此时他已经到达了权力的巅峰。在秦国官吏中，李斯是文化水准最高的人，又经过荀子多年的教导和熏陶，故其判断能力和行政能力都很强，并得到了秦始皇的充分信任。

---

① 郡国制，指郡国并行制，郡县制和封国制（分封制）并同实行的行政区划制度。西汉初年，鉴于秦之孤立而亡和周之封建而弱，在地方政权方面采取了郡县与封国两制并存的制度，即郡国制度。其中，王国的地位与郡同，均上属天子，下统侯县。汉末，地方行政制度演变为州、郡、县三级，郡国制度不复存在。

② 七国之乱，指西汉景帝时期的一次诸侯国叛乱。汉景帝三年（前154），汉景帝采用晁错的《削藩策》先后下诏削夺楚、赵等诸侯国的封地，而吴王刘濞就联合楚王刘戊、赵王刘遂、济南王刘辟光、淄川王刘贤、胶西王刘卬、胶东王刘雄渠等刘姓宗室诸侯王以"清君侧"为名发动叛乱。由于梁国的坚守和汉将周亚夫所率汉军的进击，叛乱在三个月内被平定。

李斯的篆书写得很好，因此在统一文字的进程中便以他的篆书作为统一的标准。当时，六国文字的基础都是籀文，即周宣王时期史籀书写的文字。在周宣王时期，史籀是史官，代表天子书写文件向地方发送下达，其文字自然成为天下文人效仿的字体。据说，《石鼓文》便是史籀的字迹。如此，统一文字便很容易了，而这也是李斯在文化统一方面的主要功绩。

与此同时，荀子继续在文峰山下的学堂里讲学，并迎来了最后的辉煌时光。正是这段时间的讲学活动，荀子对后来的中国文化史产生了深远的影响。

一天，荀子与弟子陈嚣、浮丘伯、张苍、毛亨、陆贾等一起吃晚饭，有弟子告诉其关于李斯的消息：听咸阳传来消息说，李斯在府中庆祝生辰，满朝文武全部前去祝贺，豪华车辆都充塞了街巷；李斯的儿子娶的是皇家的公主，女儿嫁的都是皇子皇孙，富贵繁盛到了无以复加的地步，可谓显赫至极。

荀子听罢默默无声，不再吃饭。弟子们见状，忙请教老师为何如此。

荀子说："物忌大胜。李斯不听我言，我恐他不得善终！"弟子们无语。

留下文化种子

秦王政二十六年（前221），秦始皇统一天下，荀子九十二岁。

在荀子的弟子中，毛亨、浮丘伯、伏生、张苍和陆贾也是具有代表性的。

毛亨对《诗》《书》掌握得非常好，因此他是荀子弟子中对《诗经》学习得最好的人。其实，毛亨从小就喜欢读书学习，对《诗》《书》也很熟悉，甚至《诗》中的大部分篇章都能够背诵，并对很多诗的内容都有自己的看法。对于这一点，毛亨的叔父毛遂对其产生了重要的影响，而毛遂是一个很有学问的人（前文已述及）。由此可见，"近朱者赤，近墨者黑"，或者说"近大学者易成才，近大盗者易成贼"。

浮丘伯精于《诗》，悟性好，为人随和，不仅学习优异，而且对世事也看得很清楚。在荀子身后，浮丘伯是荀子学问的重要传播者，也是荀子弟子中唯一被后世神化的人物——他与安期生、王子乔、丁令威都是被神化的人物，据说仙人与仙鹤之间的联系便是浮丘伯。

张苍（前256—前152），是荀子弟子中唯一有明确生卒年标记的人。张苍是河南郡阳武县（今河南原阳富宁集乡张大夫寨村）人，纵横家张仪的孙子，而西汉初年赫赫有名的常山王张耳则是他的亲侄子，政论家"洛阳才子"贾谊便是他的弟子。张苍长于天文历法计算之学，曾校正《九章算术》，制定历法，主张废除肉刑。

此时，最年轻的弟子陆贾刚刚弱冠，但其十分精明，记忆力强，对各门功课都非常喜欢，每天都如饥似渴地学习。陆贾是兰陵附近人，知道荀子在文峰山下开办学堂讲学便前来学习了，正所谓"近水楼台先得月"。

陆贾对浮丘伯非常敬佩，也听师兄们谈起过韩非和李斯的一些往事，因此他对李斯和浮丘伯便早已有了自己的认识和判断。后来，陆贾在直接呈给汉高祖刘邦的文章中便有了对李斯和浮丘伯优劣的评价，他认为浮丘伯比李斯优秀，但人们都羡慕李斯而轻视浮丘伯，这是极其严重的势利眼心理。或许，正是因为陆贾的这番评论，故才引发了西汉中叶"盐铁会议"上关于李斯和浮丘伯优劣的激烈争论。

不过，这里需要说明的是，在相关的史籍文献中，荀子弟子的名单中没有陆贾。然而，如果陆贾不是荀子的弟子，那他为何会如此了解同是荀子弟子的浮丘伯和李斯的优劣呢？因此，我大胆推测，陆贾之所以如此了解浮丘伯和李斯的最大可能便是他也曾经是荀子的弟子，而且听荀子讲学的时间离浮丘伯和李斯跟随荀子学习的时间比较近。

当时，陈嚣尚在，韩非已死，李斯正为秦国丞相，权势很大。陆贾对浮丘伯的学识和为人都极其敬佩，这便是其识人的眼力。其实，人生最高的本事是识人，孔子也曾说过"不患人之不己知，患不知人也"①之言。

---

① 参见《论语·学而》。

留下文化种子

秦　始　皇

秦王政二十七年（秦始皇二年，前220），岁当辛巳，秦始皇北巡，开始修筑驰道，路宽五十步，三丈一树。

秦王政二十八年（秦始皇三年，前219），岁当壬午，秦始皇东巡，登泰山封禅，南至琅邪，筑琅邪台，立石颂德，并命方士徐福（也写作徐芾）带童男童女出海求仙药。徐福率领几条大船，满载农业种子和工具以及五百对童男童女东渡日本，对日本的发展产生了重要的作用。

秦王政三十三年（秦始皇八年，前214），岁当丁亥，秦始皇欲向岭南进兵以扩大疆域，遂征求将军们的意见。将军们认为可以向东南继续用兵，但顾虑的是粮草难以跟进。秦始皇命令大臣们想办法，有人便提出修一条水渠沟通长江和珠江两大水系，这样便可以利用水运将粮草供给到前线。于是，开凿了灵渠。

灵渠，古称秦凿渠、零渠、陡河、兴安运河、湘桂运河，是古代中国劳动人民创造的一项伟大工程。灵渠位于今广西壮族自治区兴安县境内，于公元前214年凿成通航。灵渠流向由东向西，将兴安县东面的海洋河（湘江源头，流向由南向北）和兴安县西面的大溶江（漓江源头，流向由北向南）相连，是世界上古老的运河之一，有"世界古代水利建筑明珠"的美誉。

待灵渠建成后，秦国大军便进兵取得了岭南地区，很快占领了今广东、广西、福建以及云贵地区，并设置桂林、南海、象郡三个郡。至此，这块广阔的地区纳入了秦帝国的版图。

在西北方向，大将军蒙恬率领三十万大军击败匈奴，将匈奴赶到阴山之外，全部收复了河套地区。所谓河套地区，即今内蒙古和宁夏境内贺兰山以东、狼山和大青山以南黄河流经的汉族居住地区。此处因黄河流经形成一个大弯曲，故名"河套"，始于汉代。河套地区以水草丰美著称，故有民谚"黄河百害，唯富一套"。

在中国历史上，河套地区一直是中原汉民族政权与少数民族政权都极其关注的一个地区。晚唐时期，河套地区被少数民族政权占领，如杜牧所写的《河湟》一诗便是其感慨河套地区长期失陷而无法收复的浩叹。明代，河套地区一直是中原王朝的心腹之患，甚至反映权臣严嵩与夏言权斗的戏曲中都有《论河套》的内容。另外，敦煌文化的出现也与河套地区有关。由此可见，河套地区在中国历史上的重要性可见一斑。

蒙恬率军收复河套地区后，便与兄弟蒙毅一边继续驻扎在西北地区防备匈奴，一边开始修筑长城。

秦王政二十九年（秦始皇四年，前218），岁当癸未，秦始皇南巡，至博浪沙遭到伏击，但只打中副车，而这次袭击的主谋便是"汉初三杰"之一的张良。这便是历史上著名的"博浪沙"事件。

仅仅过了一年以后，即到秦王政三十一年（秦始皇六年，前216），岁当乙酉，秦始皇在咸阳微服出行时又遇到刺客，后在关中大肆搜索二十日未果。最后，秦始皇于五年后病死于沙丘。

其 唯 学 乎

在秦始皇统一天下的第二年（前220），荀子的弟子伏生离开兰陵去了都城咸阳。秦始皇统一天下后，全面进行建设，故向全天下招揽人才。伏生到咸阳后见到了丞相李斯，后被封为博士。

在兰陵城北文峰山下，学堂里的一切讲学活动都在正常进行。这天，九十多岁的荀子又开始给弟子们讲学，开篇便说道："我欲贱而贵，愚而智，贫而富，可乎？"①

意思是，"我想要卑贱而追求富贵，愚蠢而追求智慧，贫穷而追求富贵，可能吗？"

弟子们面面相觑，不知道老师要说什么。实际上，荀子是想最后再次强调一下学习的重要性。

荀子接着讲道："曰：其唯学乎。彼学者，行之，曰士也；敦慕焉，君子也；知之，圣人也。上为圣人，下为士、君子，孰禁我哉！"②

这就是荀子在此前一直强调过的学习，以及通过学习来改变人生命运的走向。

然后，荀子又详细地解释道："乡也混然涂之人也，俄而并乎尧禹，岂不贱而贵矣哉！乡也效门室之辨，混然曾不能决也，俄而原仁义，分是非，图回天下于掌上而辨黑白，岂不愚而知矣哉！乡也胥靡之人，俄而治天下之大器，举在此，岂不贫而富矣哉！……故君子无爵而贵，无禄而富，不言而信，不怒而威，穷处而荣，独居而乐！岂不至尊、至富、至重、至严之情，举积此哉！"③

意思是，"从前不明是非的糊涂人，经过刻苦学习便和尧、禹一样通晓天下的大道理了，这不就是由卑贱而变成高贵者了吗？从前牢牢守护着门户之辨，浑浑噩噩的不能辨别是非，经过系统刻苦的学习很快便可以分清是非对错，将天下大事运行于手掌之上，并将黑白分辨得清清楚楚，这不就是由愚蠢糊涂变成明智了吗？从前是个糊里糊涂随帮唱影

---

① 参见《荀子·儒效》。
②③ 同上。

的人，通过学习而可以治理天下，成为大的廊庙之器，这不就是由贫穷而变成富贵了吗？……因此，人只有通过长期的艰苦学习才可以成为君子，一旦成为君子即使没有官爵也依然令人尊敬，即使没有俸禄也依然会很富有，即使不说话也依然为人们所信任，即使不发怒也依然有威严，即使处在不发达的地位也一样有尊荣，即使独自居处也一样很快乐。这不就是最有尊严、最富有、最受尊重的情况，全部都是发奋学习积累而成的"。

其实，学习确实是人生不断前行的唯一引擎，也是改变命运和地位的最佳途径。因此，要终生坚持学习，永不松懈。

最后，荀子给弟子们讲了为师之道：

"师术有四，而博习不与焉：尊严而惮，可以为师；耆艾而信，可以为师；诵说而不陵不犯，可以为师；知微而论，可以为师：故师术有四，而博习不与焉。水深而回，树落则粪本，弟子通利则思师。诗曰：'无言不雠，无德不报。'此之谓也。"①

意思是，"老师要做到四个方面，但博学并不包含在里面。这四个方面是：要有尊严而让弟子敬畏忌惮，这样就可以做老师了；要有一定的年龄而让人信服，这样就可以做老师了；诵读讲解经典时知识准确而不违背原意，又不超越原意的范围，这样就可以做老师了；知道理解社会生活以及做人的精微之处而论述清楚，这样就可以做老师了。因此，博学并不包括在这里面。当水到一定的深度时，就会有漩涡；当树叶落下多了，就会成为粪土而培育大树；当弟子的知识通透而获取利益之后，就会思念他的老师。《诗》说：'老师的教育没有得不到应答的，高尚的道德没有得不到回报的。'说的就是这个意思"。

其实，知识渊博是做老师的基本要求，但荀子却说不包括在其中，这是为什么呢？原来，老师要教导弟子的更多的是如何在社会上安身立

---

① 参见《荀子·致士》。

命、如何做人等一些精微的道理，而这些并不是专业的知识。

这就是荀子的最后一次讲学。

焚　书

秦王政三十四年（秦始皇九年，前213），岁当戊子。正是在这一年，发生了中国历史上影响最为深远的大事件。据《史记·李斯列传》记载：

"置酒咸阳宫，博士仆射周青臣等颂始皇威德。齐人淳于越进谏曰：'臣闻之，殷周之王千余岁，封子弟功臣自为支辅。今陛下有海内，而子弟为匹夫，卒有田常、六卿之患，臣无辅弼，何以相救哉？事不师古而能长久者，非所闻也。今青臣等又面谀以重陛下过，非忠臣也。'始皇下其议丞相。丞相谬其说，绌其辞，乃上书曰：'古者天下散乱，莫能相一，是以诸侯并作，语皆道古以害今，饰虚言以乱实，人善其所私学，以非上所建立。今陛下并有天下，别白黑而定一尊；而私学乃相与非法教之制，闻令下，即各以其私学议之，入则心非，出则巷议，非主以为名，异趣以为高，率群下以造谤。如此不禁，则主势降乎上，党与成乎下。禁之便。臣请诸有文学《诗》《书》百家语者，蠲除去之。令到满三十日弗去，黥为城旦。所不去者，医药卜筮种树之书。若有欲学者，以吏为师。'始皇可其议，收去《诗》《书》百家之语以愚百姓，使天下无以古非今。明法度，定律令，皆以始皇起。同文书。治离宫别馆，周遍天下。明年，又巡狩，外攘四夷，斯皆有力焉。"

原来，秦始皇在咸阳宫举办宴会，博士周青臣等人歌颂其丰功伟绩。这时，齐国学者淳于越提出了自己的意见：商朝和周朝都长达几百年，是因为分封子弟为诸侯国，而如今秦始皇拥有整个天下，但自己的子弟却如同普通人没有土地。这样，一旦有权臣篡夺权力，将会有亡国的危

险。然而，周青臣等人当面阿谀奉承，他们都不是真正的忠臣。

其实，淳于越之所以这样说的关键点在于其建议采纳分封制，不同意秦始皇和李斯所提出的郡县制，并就此进行了反复的争论。

在淳于越这段话里，最关键之处是"事不师古而能长久者，非所闻也"，即制度法规不学习古代而能够长久的是没有听说过的。当时，建立全国统一的中央集权统治是此前的中国历史上从来没有过的，因为三代（夏商周）以前采用的是部落联盟制，三代采用的是诸侯国林立的分封制，而诸侯国林立也是东周以来五百多年战争不已的根本原因。正是鉴于此，秦始皇和李斯坚持在地方采用郡县制，以有利于中央集权统治。

在这次争论中，以淳于越为代表的儒生们频繁引用《诗》和《书》的言论来坚持他们的观点，因此李斯便提出"臣请诸有文学《诗》《书》百家语者，蠲除去之。令到满三十日弗去，黥为城旦。所不去者，医药卜筮种树之书。若有欲学者，以吏为师"以除去阻碍。"蠲除"，废除的意思。李斯在这次争论中明确提出废除一切文学方面的《诗》《书》和百家之语，实际上就是废除诸子百家的言论，同时要求在法令下达三十天内还不交出或毁掉的，就处以黥刑（在脸上刺字）并作为修筑城墙的奴役。秦始皇同意李斯这一奏请，于是全国开始实行。

这无疑是中国历史上文化专制最残酷的一幕，李斯是始作俑者，其历史罪恶无疑。后来，李斯的悲惨下场便与他的这种做法直接相关。从这件事上看，若说李斯当初设谋陷害韩非，也不是没有可能的。

不久，李斯的生辰，他的长子三川太守李由告假回到都城咸阳。因此，李斯在府中摆设酒宴，一来庆祝自己的生辰，二来为长子接风洗尘。宴会上，咸阳城里有品级的高官都一一前来赴宴祝贺献礼，场面十分隆重豪华，甚至前来的达官贵人的车驾都充塞了道路。

于是，李斯喟然而叹曰："嗟乎！吾闻之荀卿曰'物禁大盛'。夫斯乃上蔡布衣，闾巷之黔首，上不知其驽下，遂擢至此。当今人臣之位无居臣上者，可谓富贵极矣。物极则衰，吾未知所税驾也！"①

意思是，"唉！我听荀卿说过'事物禁止过于兴盛'，我李斯不过就是上蔡一介布衣，是普通街巷里的平头百姓。皇上不知道我才能低下，于是提拔我到如今的位置上。当今人臣之位已经没有在我之上的了，可谓富贵到极点了。物极则衰，我现在不知道怎样才能退下来啊！"

不过，李斯感叹富贵到极点恐怕不是假话，但说无法退下来可能言不由衷了，毕竟如此高的权位岂能轻易放弃呢！

黯 然 辞 世

禁绝搜索《诗》《书》并进行焚毁的"禁书令"，很快便传达到了秦帝国各地。荀子的弟子伏生是朝廷里的博士，他最开始就知道了这个消息，便立即派人紧急给老师送信，告知其尽快想办法保存书籍，以避免被搜查到进行焚毁。同时，伏生辞去朝廷的职位，带着一套《书》回到了家里，并将其收藏在家中的夹壁墙里。

听到"禁书令"的消息后，兰陵城北文峰山下的学堂立即忙碌起来。荀子把弟子们叫来，告诉他们抓紧时间把自己喜欢的书籍都想办法带走收藏起来。于是，弟子们最先把荀子的著述都抄写了一份，然后毛亨把《诗》的内容都搜集到一起，浮丘伯、张苍、陆贾也都各自把《诗》《书》《春秋》《左传》《周礼》《礼记》《仪礼》等包裹起来。

待一切收拾妥当后，荀子让弟子们立即离开学堂各自回家，并将这些书籍千万要藏好，不要被他人知道，且轻易不要示人。同时，荀子让弟子们耐心等待时机，天下政治不会永远这样黑暗下去，这种摧残文化、专制残暴的政权是不会长久的；如果有机遇，便要积极投身到社会政治

---

① 参见《史记·李斯列传》。

中去，并用儒家思想的王道政治理想去影响有权力的人。

弟子们不忍心离开老师，尤其是一直跟随荀子的陈嚣。此时，陈嚣已经七十多岁，对荀子的感情十分深厚，提出自己留下来陪伴老师。

最后，荀子的弟子除陈嚣和几名当地新来的弟子外，其他人都各自想办法离开了，或雇车或骑马地将一捆捆书籍带走了。

当"焚书令"下达的时候，兰陵县令鉴于荀子与李斯的师生关系前去请示，而李斯碍于老师的关系暂时没有对文峰山下的学堂进行搜查。因此，在李斯死前，荀子所在的文峰山下的学堂并没有被毁弃。

此时，荀子已经卧病在床，弟子陈嚣和其他几名弟子以及一些热心的老乡照顾着他。

转眼到了三九严寒时节，大雪纷飞，弟子陈嚣和其他几名弟子侍奉在荀子病床旁。这时，病床上的荀子已处在弥留之际，他知道自己马上就要离开尘世了，想着弟子们一定会把那些典籍保存下来流传下去便有了一点安慰，从此将结束这"战战兢兢，如临深渊，如履薄冰"的人生而归向虚无了……渐渐地，荀子呼出了人生的最后一口气。

荀子就这样寂寞地死去了。弟子陈嚣主持了简单的葬礼，将荀子埋葬在兰陵县城东南。荀子墓又称"兰陵古墓"，在今兰陵县兰陵镇东南1.5公里处。据1916年修《临沂县志》记载，"《地形志》兰陵有荀卿冢"。今天，荀子墓已经成为山东省省级文物保护单位。

荀子是儒家思想的继承者和传播者，一生坚持儒家学派的仁政思想和王道政治理想并努力实行，被后世尊为"后圣"。

对此，我不禁为荀子的一生感慨不已，并赋诗一首《荀子赞》："稷下学宫三祭酒，继承孟子掌儒坛。劝学天论文锦绣，激愤而成性恶言。曾与范雎谈秦政，曾向昭王荐儒贤。赵王座前议兵道，军事思想放光焰。两度出任兰陵令，勤政爱民在山川。春申君死荀卿废，专心传道文峰山。疠怜王文何犀利，创新文体有赋篇。佹诗句句若针砭，小歌字字愤世言。李斯韩非损师道，陆贾浮丘尊师严。张苍毛亨申培公，徒孙贾谊乃大贤。

汉初弟子遍朝野,独尊儒术功最先。三十二篇鸿文在,薪火香烟万古传。"

黄 犬 之 悲

荀子逝世后,他的弟子们成为历史舞台上的重要人物。

在荀子的弟子中,名气最大的是韩非和李斯,但韩非已死去多年,而李斯却正在鼎盛时期。

秦王政三十七年(秦始皇十一年,前210),岁当辛卯,秦始皇在东游会稽山(今浙江绍兴)返回咸阳途中病死于沙丘(今河北广宗西北)。

当时,秦始皇的长子扶苏对其政令和做法有不同看法:一是不支持修建始皇陵、阿房宫、万里长城,认为这三大工程需要几十万青壮年劳力和耗费大量资材,使得老百姓难以负担而导致怨声载道;二是不同意焚书坑儒的做法,并曾上书给秦始皇提出异议,以致秦始皇让其到西北蒙恬军营去监督修建长城。这样,秦始皇自然是不喜欢长子扶苏,而更喜欢第十八子胡亥。

这次,秦始皇十月东游会稽山,第十八子胡亥请求随行,同时随行的百官中最主要的人物便是丞相李斯和中车府令及兼行玺印事的赵高。到第二年七月,走到沙丘时秦始皇病死,李斯以没有太子为由秘而不宣。由于天气炎热,李斯担心秦始皇的尸体会散发异味,便派人买了鲍鱼放在秦始皇的辒辌车[①]中。这样,百官照常奏事请安,宦官照常呈上饭食。

其实,秦始皇的儿子众多,其长子扶苏仁厚待人、作战勇猛,朝中大臣、军中属下和老百姓对他都非常认可。但是,秦始皇不喜欢这个总

---

① 辒辌车,古代可以卧的车,有窗牖,也用作丧车。出自《史记·李斯列传》:"李斯以为上在外崩,无真太子,故秘之。置始皇居辒辌车中,百官奏事上食如故,宦者辄从辒辌车中可诸奏事。"

是与自己意见相左的长子扶苏，更不喜欢儒家学派的那一套所谓仁政思想和王道政治理想，而其实行的是法家治国的严刑峻法制度。

有人说，秦始皇临终前遗嘱丞相李斯和中车府令赵高，有意让长子扶苏回到咸阳操办后事并即位为帝，于是李斯便将之写成遗诏交给赵高让其盖上玺印发出。然而，秦始皇是否真的明确有意长子扶苏为继承人，未见有文献明确记载，故至今仍是一个有争议的问题。

不过，秦始皇在沙丘病重时确实令赵高给长子扶苏一封书信，让其回到都城咸阳操持自己死后的丧葬之礼。然而，此封书信虽然封好，但尚未交给使者发出秦始皇就驾崩了。①

秦始皇死后，赵高留下秦始皇给扶苏的书信不发，并在背后劝说胡亥同意即位，然后二人又一起软硬兼施说服李斯作遗诏——"立子胡亥为太子"，并更改给扶苏的书信云"今扶苏与将军蒙恬将师数十万以屯边，十有余年矣，不能进而前，士卒多耗，无尺寸之功，乃反数上书直言诽谤我所为，以不得罢归为太子，日夜怨望。扶苏为人子不孝，其赐剑以自裁！将军恬与扶苏居外，不匡正，宜知其谋。为人臣不忠，其赐死，以兵属裨将王离"②。

最后，扶苏自杀，胡亥继承帝位，史称秦二世。在这个过程中，秦国大权逐步旁落入赵高之手，为"郎中令，常侍中用事"，而李斯则徒有丞相之名。

在秦二世统治期间，胡亥继续秦始皇的"三大工程"，逼得百姓怨声载道；赵高更是倒行逆施"指鹿为马"，而李斯则成为其刀俎下的鱼肉。由于秦国的暴虐统治，秦二世即位不到一年的秦二世元年（前209），陈胜、吴广在大泽乡领导戍卒发动兵变，史称陈胜吴广起义。对此，唐朝诗人章碣《焚书坑》诗云："竹帛烟销帝业虚，关河空锁祖龙居。

---

① 参见《史记·李斯列传》："其年七月，始皇帝至沙丘，病甚，令赵高为书赐公子扶苏曰：'以兵属蒙恬，与丧会咸阳而葬。'书已封，未授使者，始皇崩。"

② 参见《史记·李斯列传》。

坑灰未冷山东乱，刘项原来不读书。"

这时，陈胜吴广起义军连克大泽乡和蕲县，并在陈县（今河南淮阳）建立张楚政权，各地纷纷响应。赵高眼见形势严峻，便把一切责任都推脱到了丞相李斯身上。当时，李斯的长子李由在与陈胜吴广起义军作战中战死，赵高污蔑其投降并引导起义军进入秦地。随后，李斯下狱，最后被定罪腰斩，夷灭三族。

"二世二年七月，具斯五刑，论腰斩咸阳市，斯出狱，与其中子俱执行，顾谓其中子曰：'吾欲与若复牵黄犬俱出上蔡东门逐狡兔，岂可得乎？'遂父子相哭，而夷三族。"[1] 这是李斯在人世留下的最后的话。

意思是，"李斯回头对他的二儿子说：'我想要和你再牵着黄狗，共同从上蔡东门出去追逐矫捷的兔子，还有可能吗？'说罢，父子俩相对着哭泣"。

在临死之前，不知道李斯是否想到了荀子提醒过他的"物禁大盛"的话啦？从李斯最后的结局看，荀子写的《疠怜王》的深刻道理用在李斯身上当也是可以的吧。

李斯死于秦二世二年（前208），即秦始皇死后的第二年，而这时荀子已经去世五年了。

不过，李斯对文字的统一和书体的贡献是肯定的。公元前221年，秦始皇接受丞相李斯"书同文字"的建议，禁用各诸侯国留下的古文字，一律以秦篆为统一书体。当时，秦国统一天下后急需一种统一的官方文字通行于全国，于是李斯奉秦始皇之命制作了标准字样——小篆。关于小篆的由来，许慎在《说文解字·叙》中说李斯等人在奉秦始皇之命制作标准字样时，"皆取史籀大篆，或颇省改，所谓小篆者也"。为推广统一文字，李斯作《仓颉篇》七章，每四字为句，供人临摹练习。不久，李斯发现了一种比小篆更便于书写的字体，即秦国一个叫程邈的小官

---

[1] 参见《史记·李斯列传》。

吏创造的一种书体，打破了篆书屈曲回环的形体结构，这种新的书体叫隶书。

从此，隶书便正式作为秦国的官方书体，始于秦（秦隶）而盛于汉（汉隶），直到魏晋楷书流行才渐被取而代之。作为书法艺术，篆书、隶书因其独具一格，深受后人喜爱。在中国书法四大书体——正（楷书、魏碑）、草（狂草、小草、章草）、隶（秦隶、汉隶）、篆（甲骨文、大篆、小篆）中，隶书、篆书占其半壁江山。

然而，李斯的人生结局是悲惨的，他的整个家族都连带被杀，而这一切既是偶然也是必然。对此，我不禁生出颇多感慨："沙丘谋逆未能争，廪鼠生心寸目蒙。遗患于之悔恨晚，养痈从此酝酿成。赵高指鹿为马日，便处李斯腰斩刑。可叹声名显赫者，千古流传厕鼠名。"

陆　贾

荀子的弟子陆贾离开文峰山下的学堂回到家中，把带回去的《诗》《书》妥善藏好后便出去寻找机会。在秦二世元年大泽乡起义后，秦帝国各地纷纷揭竿而起，到处都是起义军。在众多的起义军中，陆贾选择了刘邦，发现此人有大志，善于变通，于是决定跟随。

在刘邦的幕僚中，陆贾的学术水平是最高的。刘邦很快发现了陆贾的才能和口才，因其能言善辩常出使游说各路诸侯，被誉为"有口辩士"。

秦二世三年（前207），赵高杀死秦二世胡亥，立子婴为帝。月余后，子婴及赵高被诸侯诛杀，秦国灭亡。在此之前，赵高曾派人来见刘邦，想签订盟约以瓜分关中。不过，刘邦认为这是诈计，就派郦生、陆贾前去游说，用私利诱惑秦军将领，趁机攻破了武关。这样，刘邦得以先攻入咸阳，而陆贾更是为其立下大功。汉高祖四年（前203），刘邦派陆贾游说项羽，希望项羽释放其被俘的父亲和妻子吕雉（史称吕后）等人，但最后未能成功。

公元前 202 年，经过楚汉之争，刘邦击败项羽，登基称帝建立汉朝（西汉），史称汉高祖。在刘邦统治时期，陆贾依然受到刘邦的高度信任，经常随侍左右。陆贾经常在刘邦面前称引《诗》《书》等典籍，口不离"子曰诗云"之类，但刘邦曾经只是个亭长，本来就讨厌儒生，也不喜欢《诗》《书》以及"子曰诗云"之类。有一天，刘邦见陆贾依然如故，便骂道："乃公居马上而得之，安事《诗》《书》！"陆贾说："居马上得之，宁可以马上治之乎？且汤武逆取而以顺守之，文武并用，长久之术也。'"①

意思是，"刘邦说：'我是凭借在马上打仗得到的天下，要《诗》《书》有什么用？'陆贾说：'马上可以得到天下，但岂能在马上治理天下？况且商汤和周武王都是逆取天下而用顺的方式守天下。文武并用，才是治理天下的长久之计！'"。其实，刘邦的话应该是很多草莽英雄的共同心理，而陆贾的回答则是非常尖锐深刻且难以反驳的。

刘邦听后觉得有道理，沉思一会儿，说："你把你刚才说的这些道理写成文章呈交上来，我再仔细看看、想想。"

于是，陆贾得以深思熟虑，思考好一个话题便写一篇，然后呈给刘邦。这样，陆贾前后写了十二篇文章，并得到了刘邦的赞扬。后来，这十二篇文章被结集成书，这便是《新语》。

关于《新语》的主导倾向，应该说是儒家的。例如，《汉书》作者班固和东汉大学者王充就把陆贾看作儒家学派的学者，而清代乾隆时期的四库馆臣说得更清楚："但据其书论之，则大旨皆崇王道，黜霸术，归本于修身用人。其称引《老子》者，惟《思务》篇引'上德不德'一语，余皆以孔氏为宗。所援据多《春秋》《论语》之文。汉儒自董仲舒外，

---

① 参见《史记·郦食其陆贾列传》。

未有如是之醇正也。"①

由此可见，陆贾当是将儒家学说引进到汉朝初年最高统治集团的第一人。由于陆贾受到刘邦的充分信任，他的儒家学说和思想也开始对其产生影响。后来，东汉大学者王充认为陆贾不仅可以与西汉大儒董仲舒并列，而且董仲舒还是陆贾思想的继承者。事实上，董仲舒比陆贾小了至少六十岁以上，是隔代的学者。因此，这种说法当是可以成立的。

在西汉桓宽撰述的汉昭帝和学者之间关于盐铁争论的《盐铁论》中，《毁学》一篇是争论双方以荀子的两名弟子浮丘伯和李斯之优劣进行对比的辩论。然而，引发这一辩论的起因，极大可能是陆贾在《新语》第七篇《资质》中的话，即"鲍丘之德行，非不高于李斯赵高也。然伏隐于嵩庐之下，而不录于世，利口之臣害之也"②。或许，正是这几句话引发了贤良文学和执政大臣关于浮丘伯和李斯优劣的激烈争论。此处的"鲍丘"被认为是包丘子，即浮丘伯，这一点历来没有争议。在辩论的最后，以浮丘伯胜出结束。

后来，刘邦平定中原后，秦国时的南海龙川令赵佗（也称尉他、尉佗）已经在南越称王。为了不动刀兵，刘邦便派陆贾出使南越，游说赵佗归附汉朝。陆贾到南越后，赵佗接见时非常不礼貌。于是，陆贾便利用儒家的礼仪要求斥责赵佗忘本而不讲礼仪，随后结合楚汉之争的结局呈现形势，用项羽如何强大最后被灭亡的情形委婉地指出南越和汉朝实力上的强弱悬殊，动之以情，晓之以理。经过陆贾一顿唇枪舌剑，赵佗改颜谢罪，愿意遵从汉朝约束，接受"南越王"封号对汉称臣。随后，赵佗留陆贾宴饮数月，并赐给重金。

刘邦死后，汉惠帝刘盈年少，性格软弱，大权渐为吕后把持，而诸

---

① 参见《四库全书总目》。
② 参见陆贾《新语》。

吕（吕后的亲信吕产、吕禄等）更是紧锣密鼓地准备夺权谋取天下。丞相陈平非常忧虑刘氏天下，但计无所出，急得如热锅上的蚂蚁，极其烦恼。在这关键时刻，陆贾前去求见，并为其出谋划策说："天下安，注意相，天下危，注意将。"陆贾的意思是请陈平和当时的老将绛侯周勃搞好关系，如果二人团结一致，便可以应付各种复杂局面。然后，陆贾又出面暗中去联络其他公卿大臣，为陈平和周勃后来一举粉碎诸吕之乱①、安定刘氏天下起了重要作用。后来，汉文帝刘恒得立，陆贾再度出使南越，使南越主动去掉了"王"之号，臣服于汉朝。汉文帝前元十年（前170），陆贾寿终正寝。

其实，在荀子的弟子中，陆贾是最早进入统治集团上层并为推广儒学做出实际贡献的人。

陆贾是汉代第一位力倡儒学的思想家，其思想特征主要是融汇黄老道家及法家思想而最后归本于儒家的仁义观，对儒家思想进行了新的发展。在西汉初期儒学的发展演变过程中，陆贾发挥了重要的作用，成为由先秦儒学向汉代儒学转变过程中不可或缺的重要一环。简而言之，先秦儒学最后的环节是荀子，汉代儒学开风气之先的便是陆贾。

荀子的儒家思想力倡"人主天下之仪表也，主倡而臣和，主先而臣随"，强调君主在国家政治、道德生活中必须起到表率作用，认为国家的命运与君主的道德修养水平密切相关。陆贾继承了荀子这套德化理论，认为秦亡就是因为不施仁义、专任刑罚，骄奢靡丽以及重用赵高等奸佞之臣所致，因此他认为汉家王朝要想不重蹈秦亡之覆辙就必须反秦道而行之——"行仁义而轻刑罚，闭利门而尚德义，锄佞臣而求贤圣"，而这是带有强烈儒学色彩的三大为政原则。

后世，宋代文士刘克庄对陆贾以辩士身份取得的巨大成功褒奖有

---

① 诸吕之乱，指西汉初期在朝的吕后一党所谓的扰乱朝政行为及由此引发的众大臣带兵反攻的一系列事件。其真实本质是刘姓宗室及其支持者，借口吕后作乱所发动的针对吕后的政变行为。

加，诗云："郦烹未久蒯几烹，陆子优游享令名。南帝称臣橐金返，更推馀智教陈平。"（《陆贾二首·其一》）女诗人朱淑真赞美陆贾的最大贡献和精神品质，诗云："汉方扰扰袭秦风，勇士相高马上功。惟有君侯守奇节，能将新语悟宸衷。"（《陆贾》）

浮　丘　伯

　　浮丘伯离开文峰山下的学堂回到家里，先把带回的书籍都妥善隐藏起来，然后自己加强学习以等待时机。当李斯作为秦国丞相大红大紫的时候，浮丘伯身居漏雨的茅草屋，但他依旧不急不躁地安心学习。秦始皇死后的第二年（秦二世元年，前209）天下大乱，浮丘伯与刘邦的弟弟刘交有了交往，并把《诗》传授给他。就在刘邦经营天下的时候，浮丘伯到曲阜借助孔子学堂讲学，主要的弟子有刘交、申培公、白生、穆生等人。

　　汉高祖十二年（前195），刘邦回家乡沛县（今江苏徐州）并唱起《大风歌》，然后到曲阜用太牢之礼祭祀孔子，并召见儒生。于是，浮丘伯便带领弟子申培公、白生、穆生等接受召见。由此可见，浮丘伯是陆贾之外真正见过刘邦的荀子弟子。

　　吕后时期，浮丘伯西游长安。楚元王刘交听说后，便让自己的儿子刘郢以及申培公、白生、穆生等都到长安继续与浮丘伯学习《诗》《书》。楚元王刘交与浮丘伯相交，刘交是因为喜欢《诗》，而浮丘伯则是借重刘交的地位。这一时期，刘邦家族的第二代都已经成人，长安城中的许多贵族对《诗》也有了一定的印象，而浮丘伯便是秦汉之际儒学传承的一个重要人物。

　　前文提到陆贾在《新语》中说浮丘伯优于李斯，而《新语》在汉初流行很广且影响比较大，因此浮丘伯的名字在当时便很响亮。在西汉昭帝始元六年（前81）召开"盐铁会议"上，以贤良文学的一方和以御史大夫桑弘羊的另一方原本是研讨盐铁专营等问题，却旁枝斜出涉及儒家学者（浮丘伯）和朝廷高官（李斯）的一些是非问题，而话题双方的代表人物都是荀子的弟子。

据西汉桓宽《盐铁论·毁学》记载，当政的实权派士大夫一方力挺李斯，他们认为：从前李斯和浮丘伯同在荀况门下学习，后来李斯到秦国并很快做了丞相，掌握国家执政大权治理天下，功劳可与伊尹、姜太公相比，名声比泰山还高；而浮丘伯则贫困潦倒地住在漏雨的茅草屋里，就如雨水灾害严重之年的蛤蟆一样，贫贱却喜欢谈论礼义，虽然满嘴仁义道德，但不足为贵。①

贤良文学的儒生一方则认为：李斯做秦国的丞相时，秦始皇重用他，大臣中没有一个能比得上他的，然而荀卿却预见其将要遭到不测之祸，替他担心到连饭都吃不下去，因为其正如闸刀下的老鼠；而浮丘伯以粥为食、茅屋为家，修身养性，安贫乐道，虽然没有显赫之势，但也无罹祸之忧，其正如凤凰一般。②

在盐铁会议上，辩论双方激烈异常，妙趣横生。士大夫将浮丘伯比作"潦岁之蛙"（洪灾中的蛤蟆），或因浮丘伯的茅屋漏雨而作尴尬之相。儒生针锋相对地将浮丘伯比作凤凰，而将李斯比作"悬门腐鼠"（闸刀下的老鼠），或因少年李斯曾作仓鼠之叹而做富贵之梦。辩论的结果是，李斯为了功名利禄自取灭亡，本人被腰斩，家族被灭；而浮丘伯以淡泊

---

① 参见桓宽《盐铁论·毁学》："大夫曰：'夫怀枉而言正，自托于无欲而实不从，此非士之情也？昔李斯与包丘子俱事荀卿，既而李斯入秦，遂取三公，据万乘之权以制海内，切倅伊、望，名巨泰山；而包丘子不免于瓮牖蒿庐，如潦岁之蛙，口非不众也，卒死于沟壑而已。今内无以养，外无以称，贫贱而好义，虽言仁义，亦不足贵者也！'"

② 参见桓宽《盐铁论·毁学》："文学曰：'方李斯之相秦也，始皇任之，人臣无二，然而荀卿谓之不食，睹其罹不测之祸也。包丘子饭麻蓬藜，修道白屋之下，乐其志，安之于广厦刍豢，无赫赫之势，亦无戚戚之忧。……今之在位者，见利不虞害，贪得不顾耻，以利易身，以财易死。无仁义之德，而有富贵之禄，若蹈坎阱，食于悬门之下，此李斯之所以伏五刑也。南方有鸟名鹓雏，非竹实不食，非醴泉不饮，飞过泰山，泰山之鸱，俛啄腐鼠，仰见鹓雏而吓。今公卿以其富贵笑儒者为之常行，得无若泰山鸱吓鹓雏乎？'"

明志、乐而忘忧的精神境界，成为荀门之中如颜回一般的弟子。从此，浮丘伯名扬天下。

正因为如此，浮丘伯的最后归宿便成为当时及后世的热门话题。浮丘伯晚年一直低调生活，喜欢养鹤，隐居山间，颇有仙风道骨。不过，浮丘伯的最终归宿如何却未可知，于是人们便把他神话了。在中国古代传说中，浮丘伯是神仙之一，与王子乔（王子晋）、安期生、洪崖公等相提并论，如晋代郭璞的游仙诗中便有"左挹浮丘袖，右拍洪崖肩"（《游仙诗十九首·其三》）的诗句。

更有趣的是，唐人也认同浮丘伯是神仙。据《旧唐书·昌宗列传》记载，女皇武则天召集文武百官齐聚大明宫内庭宴饮，一起观看"神仙"——深得武则天宠爱的男宠张昌宗，当时阿谀奸佞之人纷纷上奏说其为王子晋的化身。宴饮时，文人皆赋诗赞美张昌宗，而诗人崔融的可谓绝唱："昔遇浮丘伯，今同丁令威。中郎才貌是，藏史姓名非。"（《和梁王众传张光禄是王子晋后身》）这里，崔融赞美张昌宗昔日如浮丘伯、今日如丁令威（中国古代神话人物），而浮丘伯正是武则天推崇的神仙。[1]

在浮丘伯的弟子中，申培公是"鲁诗"的开创者，而"鲁诗"是汉代最早立于学官（博士）的，且在"三家诗"[2]中也是最早的。

张苍与伏生

张苍是荀子弟子中有传奇经历的人物，河南郡阳武县（今河南原阳

---

① 参见《旧唐书·卷八十二·昌宗列传》："若内殿曲宴，则二张、诸武侍坐，樗蒲笑谑，赐与无算。时谀佞者奏云，昌宗是王子晋后身。被（披）羽衣，吹玉箫，乘木鹤，奏乐于庭，如子晋乘空。辞人皆赋诗以美之，崔融为其绝唱，其句有'昔遇浮丘伯，今同丁令威。中郎才貌是，藏史姓名非'。"

② 三家诗，"齐诗""鲁诗""韩诗"的合称，它们是三个解说《诗经》含义的学派，同属今文学派。西汉时曾为三家设学官（博士）。现均已亡佚，仅存《韩诗外传》。

富宁集乡张大夫寨村）人。张苍的祖父是与苏秦齐名的纵横家张仪，侄子是与陈余齐名的张耳，他们都是司马迁《史记》中的人物。可见，张苍出身于非常显赫的家族，而他本人是西汉初期丞相。

张苍在荀子门下学习数年，尤其对天文历法的计算极其精通，曾经校正《九章算术》，制定历法。当初，张苍曾经到秦国都城咸阳做官，见天下将乱便逃跑了。等到起义军蜂拥而起时，张苍在刘邦攻城略地经过阳武的时候以宾客的身份跟随其攻打南阳。

后来，张苍因犯法被处以斩首之刑，但当其脱下衣服伏在刑具上时，安国侯王陵见其身材高大、皮肤白皙遂惊叹其长得好，便向刘邦说情赦免其死罪。张苍感恩王陵，也感激刘邦，并跟随其向西进入武关到达咸阳。由于有学识，张苍拜常山太守，颇有功绩。

汉朝建立后，张苍先后出任代国相、赵国相，并在朝廷担任计相，主管统计财政事务。汉文帝四年（前176），灌婴去世后，张苍接任丞相，后因政见不同主动致仕。

在担任丞相期间，张苍吹奏律管，调整乐调，使其合于五声八音，以此类推制定律令，并由此制定出各种器物的度量标准作为天下百工的规范。因此，整个汉代研究音律历法的学者都师承张苍。张苍喜欢书籍，遍览群读，精通多种学问，尤其擅长音律和历法，是汉初的重要人物。

张苍虽不以传播学术为主，但也有多名弟子，其中弟子中最著名的便是写过《过秦论》的政论家贾谊。

张苍很长寿，活到了一百零五岁。张苍墓位于今原阳县城关镇东北二公里谷堆村，属河南省重点文物保护单位。

再说荀子的另一个弟子伏生，他是在秦始皇刚刚统一天下后不久到咸阳求仕而成为博士的。

在秦始皇"焚书坑儒"之初，伏生毅然致仕，不但保全了自身，还冒风险保存了《书》等书籍，而这便是传授《今文尚书》的伏生。关于伏生，司马迁在《史记·儒林列传》中的记载很简略，但描画出了大体轮廓：

"伏生者，济南人也。故为秦博士。孝文帝时，欲求能治《尚书》者，天下无有，乃闻伏生能治，欲召之。是时伏生年九十余，老，不能行，于是乃诏太常使掌故晁错往受之。秦时焚书，伏生壁藏之。其后兵大起，流亡。汉定，伏生求其书，亡数十篇，独得二十九篇，即以教于齐鲁之间。学者由是颇能言《尚书》，诸山东大师无不涉《尚书》以教矣。"

司马迁在《史记·儒学列传》中提到过"五经""八经师"，其中"八经师"中数伏生资历最老——他是秦国博士。在那个残酷镇压文人的年代，伏生能够在"焚书坑儒"如火如荼前就全身而退回乡隐居并将《书》藏匿保存好，不得不说确实是有先见之明的。

原来，当秦始皇刚禁止私人保存《诗》《书》时，伏生就离开咸阳回到了家乡，并将《书》藏在了家中墙壁夹层之间。后来，天下大乱，伏生逃亡离家。等到汉朝建立天下初定，伏生才辗转回到家中，然后扒开墙壁从里面把《书》取出来，但发现少了几十篇，只剩下二十九篇。于是，伏生便在齐鲁一带讲授这部残存的《书》。自此，学者们都会讲《书》，崤山以东的诸位学者无不用《书》来教授学生。

汉惠帝四年（前191），朝廷废除"挟书者族"这一律令。由此可见，伏生将《书》从家中墙壁中取出开始讲授当在此后不久，而其最开始的两个学生是济南的张生和欧阳生。

汉文帝刘恒即位后（前179），欲找到能讲授《书》的人，但遍寻天下而不得，后来听说伏生能讲授，便打算召用伏生。当时，伏生已经九十多岁了，人很老了，已经不能行走，于是汉文帝就下令太常派掌故晁错前往伏生处向他学习。事实上，汉文帝召伏生的确切时间是在汉文帝前元九年（前171）时，而此时伏生已经九十多岁，那伏生的生年当在秦昭襄王四十六年（前261）左右。

当时，伏生在给学生讲授《尚书》时遇到一个棘手的问题，即汉初的年轻人学习的文字是隶书，而其保存的《书》是用篆字书写的。这样，学生们无法阅读《书》的原文，给教学带来了极大困难。于是，伏生不辞辛苦地用隶书将仅存的二十九篇《书》抄写了一遍——后世所称《今文尚书》的缘起，这样便解除了学生的阅读障碍。

由于这种做法很方便，其他学者也纷纷仿效，都把古文经书抄写成隶书然后教学。于是，人们便称其为"今文经学"。在整个汉代，尤其是到西汉后期和东汉时期，学术界出现了"古今文经学"之争。

应当指出，"古今文经学"之争主要是指对经书意义的解释，并不是指用什么书体书写。但是，不同的解释与不同的书体书写有关系，用今文即隶书书写者已脱离字形之于字义的直观效果，而篆书即古文书写者则有这种直观的方便。当时，董仲舒提出的"独尊儒术"思想已经为汉朝统治者所采纳，儒家思想已经成为统治思想，这样为统治阶级代言的学者们便千方百计地利用经学来为其现实政策服务。于是，学者们开始为统治者得到天下、统治天下以及一切现实政策寻找经学上的根据，并采用实用主义的态度对经学的所谓微言大义进行新的解释。正是基于此，有时一句话便可解释上万言，有的解释甚至完全脱离字词的本义而随意发挥，再与当时逐渐兴起的谶纬之言结合起来，最后造就了许多带有迷信色彩的谎言。此类学说对经学进行了新的解释，故将这派学说称为"今文经学"。

不过，这时仍然有一些有良知的学者站出来揭穿了"今文经学"的虚伪，追寻经书的本来的意义，回归文字本身上去寻找帮助。与"今文经学"相对，这派学说被称为"古文经学"。这派学说的学者十分重视文字学，而许慎《说文解字》的成书便与这种学术氛围有关系。然而，"今文经学"由于受到统治者的重视而被朝廷列为正统，在当时占据着统治地位。后来，随着东汉末年黄巾起义的爆发，"今文经学"很快土崩瓦解，而"古文经学"反而对后世产生了深远的影响，如汉末大学者马融及其弟子郑玄便都是古文经学家。

毛　亨

在荀子弟子中，毛亨老成持重，沉默寡言，对《诗》情有独钟。当时，在荀子令众位弟子离开文峰山下的学堂时，毛亨将《诗》的所有资料全部收入囊中，包括荀子的讲稿和自己的笔记。

毛亨，战国末期赵国邯郸（今河北邯郸鸡泽县）人，与荀子是同乡。回到家乡后，毛亨知道秦始皇的搜书、焚书禁令很快就会到来，他便带着家眷和自己刚刚完成的《诗经诂训传》（《毛诗诂训传》）、收藏的《诗》《虞氏春秋》以及荀子的讲稿等逃到了今山东武城一带隐居起来。直到汉惠帝刘盈撤销了"挟书律"，毛亨才敢光明正大地重新整理《诗经诂训传》，并亲口传授给侄子毛苌，后来，毛苌带着家眷和《诗经诂训传》回到了故乡邯郸附近的鸡泽。

汉朝建立，由于陆贾对刘邦的劝谏和《新语》的流行，还有浮丘伯、张苍等人对荀子学说的宣传，到汉文帝时候宣讲《诗》《书》已经完全放开了。到了汉景帝时，毛苌开始广收门徒，讲授《诗》。当时，鸡泽属于河间地区，正是河间献王刘德的封地。刘德是一位对中国文化传承有卓越贡献的人物，如今流传下来的最重要的经典文献《毛诗》和《左传》便是他的功德。

刘德（？—前130），西汉宗室、藏书家，汉景帝刘启次子，废太子刘荣同母弟，其母为栗姬。汉景帝前元二年（前155）四月，刘德以皇子身份受封河间王。作为河间王的二十六年间，刘德没有卷入政治斗争的漩涡，而是将毕生精力投入对中国文化古籍的收集与整理中，对中国古代文化的保存和延续做出了巨大贡献。今天，对后世影响很大的《毛诗》和《左传》能够保存并流传下来，应该都是刘德的功绩。

刘德居于咸阳，修学好古，喜好儒学，藏书最多。由于刘德是亲王身份，他不仅有充足的财力，而且将这些财力主要投在了搜集旧书上。凡从民间得到一个善本或孤本，刘德都派人认真抄写一份还给主人而留其真本，再给对方足够的金银赏赐。这样，四方凡是有旧书的人，多奉奏给河间王。因此，刘德得书之多，可与汉朝官家藏书相等，而且所得书皆古文及先秦旧书，价值较高。刘德还在河间地区开设学堂传播儒家学说，立《毛氏诗》《左氏春秋》博士，修《礼》《乐》，精儒学，以至崤山以东诸儒多数前来游学教书。这样，刘德的封地河间地区起到了开风气的作用，到处是诗书礼乐之声。

当汉武帝刘彻确定"罢黜百家，独尊儒术"的国策后，河间走出的儒家学者就比较多了，而刘德向朝廷所献的图书也是最多的。因此，刘德被称为"献书王"，谥号"河间献王"。

当时，毛苌传授《诗经诂训传》的地点便是在刘德的封地，自然不会受到任何干扰。毛苌被刘德封为"诗经学博士"，而他传授的《诗经诂训传》则被称为"毛诗"。后世，人们将毛亨称为"大毛公"，将毛苌称为"小毛公"，而他们的学说被称为"毛诗学"。不过，刘德不是皇帝，故"毛诗"没有获得朝廷承认的地位。当时，"三家诗"——"齐诗""鲁诗""韩诗"都是官学，而"毛诗"一直是地方之学。这样，"毛诗"在西汉中叶以前就不为天下所重视，也没有相应的地位。不过，毛苌仍然认真做学问，不停地宣讲"毛诗学"。

后来，刘向、刘歆父子校书，刘歆发现了"毛诗"和《左传》。其中，"毛诗"比已经立为官学的"三家诗"的学术水平更高、更翔实，而《左传》比立为"春秋学"的《春秋公羊传》和《春秋穀梁传》更好，便坚持将其立为官学。从此，经学才有了"四家诗"和"春秋三传"之说。

"毛诗"和《左传》被立为官学后，这两门学问由于其本身的价值和在汉末得到古文学派尤其是马融和郑玄的器重——郑玄为"毛诗"作注——故后世"毛诗"成为显学。

承 前 巨 擘

在中国文化史中，荀子在儒学传承脉络中的作用和地位是显而易见的，也对后世产生了至关重要和深刻的影响。

关于儒学在早期的发展脉络，唐人杨倞在《荀子注》序言中开头一段话很有参考价值：

"昔周公稽古三五之道，损益夏、殷之典，制礼作乐，以仁义理天下，其德化刑政存乎《诗》。至于幽、厉失道，始变风变雅作矣。平王东迁，诸侯力政，逮五霸之后，则王道不绝如线。故仲尼定礼乐，作《春秋》，然后三代遗风弛而复张，而无时无位，功烈不得被于天下，但门人传述而已。

"陵夷至于战国，于是申、商苛虐，孙、吴变诈，以族论罪，杀人盈城，谈说者又以慎、墨、苏、张为宗，则孔氏之道几乎息矣，有志之士所为痛心疾首也！故孟轲阐其前，荀卿振其后。观其立言指事，根极理要，敷陈往古，揩挈当世，拨乱兴理，易于反掌，真名世之士、王者之师。又其书亦所以羽翼六经，增光孔氏，非徒诸子之言也。盖周公制作之，仲尼祖述之，荀、孟赞成之，所以胶固王道，至深至备，虽春秋之四夷交侵，战国之三纲弛绝，斯道竟不坠矣。"①

"昔周公稽古三五之道，损益夏、殷之典，制礼作乐，以仁义理天下，其德化刑政存乎《诗》"，是说周公考察古代三皇五帝治理天下的道路，再对夏商两朝的礼乐制度进行损益而制定礼乐制度，用仁义来治理天下，这样礼乐刑政的思想和实践都反映在《诗》中。从三皇五帝到

---

① 王先谦：《荀子集解》，影印本，上海书店，1986年，第2页。

夏商两代，仁政思想与民本思想都是历代圣王所秉持的思想，并代代相传到了西周初年。孟子曾引用《书》中的"天听自我民听，天视自我民视"①，这表明当时已经把人民的意愿看成统治者所要特殊重视的意见，而这也是很明确的民本思想。到了周文王时期，则把关怀照顾鳏寡孤独、使他们都能够正常生活作为自己执政的首要任务；而到了周文王之子周公姬旦辅政周成王时期，则制作礼乐"以礼治国"，由此开启了西周时期。

到了西周时期，中国历史逐渐开始清晰起来，关键便是"《春秋》三传"——"一经三传"（《春秋》《左传》《公羊传》《穀梁传》）的流传。后来，到了孔子生活的时期（春秋末期），孔子有感于当时"礼崩乐坏"遂周游列国干谒八十三君，希望能推广仁政思想并恢复到三代的秩序，但最后失望而归遂"笔削《春秋》"、整理《诗》、阐释《易》而作"十翼"。孔子对"五经"（《诗》《书》《礼》《易》《春秋》）的传承是居功至伟的，而《论语》便记载了孔子及其弟子的思想和言行，也是儒家思想传承的重要典籍。

孔子死后，七十二弟子（贤人）散到各地，而传播孔子学说者主要有两个重镇：一是孔子的家乡曲阜，曾子培养并传学问给孔子的孙子孔伋即子思，而子思培养的弟子中有一位又培养一位儒家大学者——孟子。

孟子出生在距离鲁国都城曲阜不远的邹国，是与孔子有师友之谊的孟懿子的第五代孙。孟子的老师是孔子的孙子子思的弟子，但其成长时期距离孔子生活的时期不远，于是"私淑孔子"并秉承孔子思想的余韵。孟子求学时一开始便有了全本的《论语》，他在全面阅读揣摩之后对孔子的思想有了准确的理解。在孟子生活的时期（战国中期），天下学术

① 参见《孟子·万章上》。此句"天听自我民听，天视自我民视"出自《尚书·泰誓》，《孟子·万章上》引用了这句话。

的中心已经转移到了稷下学宫，于是孟子也离开家乡来到齐国都城临淄学习。当时，正是中国社会进入百家争鸣的高峰时期，各个学派都在稷下学宫大肆宣扬自己学派的思想观点，而孟子则传承和发扬了孔子的儒家学派思想。

战国中期，"战国七雄"的格局已经出现，魏国、秦国、齐国、楚国、赵国都处在很强盛的阶段。其中，魏国进入魏惠王即梁惠王时期，齐国进入齐威王时期，秦国进入秦孝公时期。当时，诸侯都忙着扩张领土、招揽百姓增加人口，各种精英如纵横家公孙衍、苏秦、张仪等在各个强国之间游说，而在稷下学宫讲学的主要是墨家学派和杨朱学派的学者。正是在这种时候，孟子便开始在稷下学宫里宣讲儒家思想，并与其他学派的学说进行辩论。

在这一时期，孟子同墨家的夷之、纵横家的景春、农家的许行等进行了激烈的辩论。经过数年的坚持和唇枪舌剑，孟子推行的儒家思想在稷下学宫里逐渐胜出，并使儒家主张的仁政思想和王道政治理想的阵地在齐国占据了重要位置。在与齐宣王产生严重政治分歧后，孟子便坚决地离开了稷下学宫，只潜心于整理自己的思想学说。

在孟子离开后不到二十年，荀子来到稷下学宫，他的思想既继承了儒家学派的学说又有新的发展，而他从齐湣王到齐襄王时期在稷下学宫"最为老师""三为祭酒"，是稷下学宫里的学术权威。后来，荀子离开齐国得到楚国春申君黄歇的重视，两次担任兰陵县令，但春申君死后荀子也一同遭到弃用。在晚年时期，荀子看透了天下大势，遂不问政治而专心传道讲学。其中，李斯、韩非是荀子早期的弟子，而后期的弟子有浮丘伯、张苍、毛亨、陆贾、伏生等。正是荀子后期的这些弟子，在秦朝"焚书坑儒"的专制黑暗统治时期保存儒家思想的火种，而在汉朝建立之初废除"挟书者族"律令后流传开来，并为后世儒家思想成为中国社会的主流思想打下了基础。

身 后 荣 辱

秦王政三十四年（秦始皇八年，前213），秦始皇实行"焚书坑儒"暴政的第一年，荀子在兰陵城北文峰山下寂寞地死去。

在秦末大乱以及其后楚汉之战争时期，荀子的弟子中有几位表现出了很高的政治才能和审时度势的政治嗅觉。其中，最年轻的弟子陆贾早早就跟定了刘邦，待刘邦建立天下后反复陈情、据理力争文化对统治天下的重要性，并提出了"逆取顺守"的思想，使统治者开始注意文化的问题。可以说，陆贾是最早将儒家思想观念引入汉朝统治阶级思想认识中的人。浮丘伯与刘邦的弟弟刘交交往，借助其政治地位在齐鲁大地开始教授诗书。汉初时，"三家诗"中的"鲁诗"是浮丘伯的弟子申培公传授的，"毛诗"是毛亨（荀子的弟子）、毛苌叔侄传承下来的，"韩诗"中更是大量引用荀子的话，而张苍的弟子贾谊是文景之世影响非常大的儒家学者。在西汉时期，荀子的学说常为贾谊、刘向所引申，董仲舒曾著文赞美荀子。

但是，在经历两汉魏晋南北朝后，一直只见孔孟而无人给荀子的思想作注解，故荀子的思想（《荀子》）在学术界并未引起足够的重视。例如，汉末赵岐注解《孟子》就引起了社会广泛注意，而这一点《荀子》更是无法相比的。与此同时，由于荀子主张"性恶论"，其学说在汉代以后受到推崇孟子"性善论"一派的压制和攻击，未能得到发展。

直到中唐，古文家韩愈在《读荀》一文中强调了荀子的重要和地位——认为其在孟子和扬雄之间，并在《原道》一文确立儒家道统时给予荀子一定的位置——认为孟子是儒家道统中的一个里程碑，而荀子和扬雄是"大醇而小疵"。正因为韩愈的揄扬与评价，其后杨倞便为《荀子》作注，而其则为《荀子》作注的第一人，所作的《荀子注》也是最早的

《荀子》注本。

两宋时期，儒学发展到了重要的阶段，同时"程朱理学"①兴起而朱熹成为集大成者。朱熹将《孟子》和《论语》并列，又将《礼记》中的《中庸》《大学》单列出来，并共同为之作注，这便是《四书章句集注》。至此，《孟子》成为"四书"之一，地位极其崇高。然而，《荀子》则遭到了"程朱理学"的排斥，故两宋时期无人注解《荀子》。

直到清末的光绪年间，王先谦才在谢墉和卢文弨校本基础上对《荀子》进行集解，其注本也是比较完备的注释本。

对于荀子在儒学体系中的地位，可以从以下四个方面加以理解：

一是荀学②具有学术批判精神，具备兼容并包的意识，体现了战国百家争鸣走向学术交融的历史趋势。因此，无论从哪个角度考察，《荀子》的学术史、思想史价值应该给予充分发掘。

二是荀子对儒学经典的传承居功甚伟。汉代儒学，不仅"礼学"出自荀学，"诗经学"乃至"春秋学"都与荀学有关。清人汪中《荀卿子通论》认为"荀卿之学，出于孔氏，而尤有功于诸经"，并对荀子的"传经"作了详细考证，为经学史研究的学者所基本同意。徐复观先生《中国人性论史·先秦篇》中也曾肯定荀子在经学史上的地位。

三是荀子密切关注天下大势的变化，充满事功和务实的精神。荀子讲学于齐、仕宦于楚、议兵于赵、议政于燕、论风俗于秦，对当时社会的影响不在孔孟之下。孔子、孟子不入秦国，荀子却对秦政、秦俗多予

---

① 程朱理学，又称"程朱道学"，是宋明理学的主要派别之一，也是理学各派中对后世影响最大的学派之一。首创者为北宋程颢、程颐等人，集大成者为南宋朱熹。他们提倡性理，主张"理"（三纲五常）为宇宙的本原，人性为"理"的体现；强调"性本善"，主张"存天理，灭人欲"，其方法为"居敬穷理"，即"涵养须用敬，进学在致知"，既作"敬"的修养功夫，又穷天下万物之理以致知。因为他们的学说基本一致，后世将他们称为"程朱学派"。在宋明以后，"程朱理学"长期保持着中国思想史上的统治地位，并在元、明、清三代成为统治阶级的官方哲学和主流意识形态。

② 荀学，指荀子及其弟子所倡导的儒家学说，形成于战国末期。"荀学"一词出自谭嗣同《仁学》，"二千年来之政，秦政也，皆大盗也；二千年来之学，荀学也，皆乡愿也"。

褒奖而同时又批评其"无儒",这说明他在坚持儒学的基本信念的前提之下还在努力争取扩大儒家的政治空间。荀子所体现的务实精神,应该是汉代董仲舒主张"罢黜百家,独尊儒术"取法的对象,并为儒学适应时代环境、进而寻求新的发展做出了贡献。

四是荀子重视社会秩序和人为努力,反对神秘主义,具有现实主义倾向。孔子的核心思想是"仁",孟子的核心思想为"义",而荀子继二人后提出了"礼""法",重视人的行为规范。荀子尊崇孔子,但反对孟子的"性善论"等,主张"性恶论",强调王制和礼法教化作用。

荀子的弟子以及再传弟子在汉朝建立后的几十年间,以其积极讲学、坚持儒家学说的行动共同将儒家思想推进到社会的主流意识形态中,尤其对董仲舒"罢黜百家,独尊儒术"提供了政治理论基础,从而对中国历史社会产生了深远而广泛的影响。

荀子生平大事年表

年代与年龄	天下大事	荀子主要事迹
周赧王三年（前312）己酉，一岁	秦楚大战，楚大败。韩、魏袭楚。	荀子出生。
周赧王八年（前307）甲寅，六岁	秦武王举鼎折足死，异母弟秦昭襄王（稷）立。秦昭襄王母是楚国人，史称宣太后①。赵武灵王实行"胡服骑射"，建立骑兵。	
周赧王十七年（前298）癸亥，十五岁	秦昭襄王九年，攻楚，取析十六城（今河南西峡）。孟尝君被秦国扣留，鸡鸣狗盗之徒帮助其逃出。齐、魏、韩攻秦至函谷关。赵惠文王元年，以弟公子胜为相，封平原君，好客，门客上千。	荀子离赵入齐，到稷下学宫求学。
周赧王二十年（前295）丙寅，十八岁	赵惠文王四年，公子章（赵武灵王长子）争位，公子成、李兑败之。公子章逃入主父（赵武灵王）宫。公子成、李兑围宫，杀公子章，遂不解围，赵武灵王饿死。	荀子由于学术有成，成为稷下学宫教师，地位渐升。
周赧王二十一年（前294）丁卯，十九岁	齐湣王七年，孟尝君出奔，后被招还，谢病归薛邑，广招门客。	荀子在稷下学宫。
周赧王二十二年（前293）戊辰，二十岁	秦昭襄王十四年，白起攻下伊阙（今河南洛阳南龙门），大破韩、魏联军，俘魏将公孙喜。齐湣王八年，苏秦劝齐攻宋，以消耗齐国。	

---

① 宣太后，芈姓，中国历史上第一个被称为"太后"的人。

年代与年龄	天下大事	荀子主要事迹
周赧王二十四年（前291）庚午，二十二岁	秦昭襄王十六年，白起攻韩取宛（今河南南阳），司马错攻魏。	荀子一任稷下学宫祭酒。
周赧王二十五年（前290）辛未，二十三岁	东周①君朝秦，魏昭王六年，以河东地六百里给秦。韩釐王六年，以武遂地二百里给秦。	荀子为齐国政事焦虑，质问齐相吕礼。
周赧王二十六年（前289）壬申，二十四岁	秦昭襄王十八年，白起等攻魏，取六十一城。齐湣王十二年，以苏秦为相。	荀子见齐国危机日深，与稷下学宫几名元老劝谏齐湣王，但未见效。
周赧王二十七年（前288）癸酉，二十五岁	秦昭襄王十九年，攻赵，取梗阳（今山西太原西南清徐县）。魏冉赴齐，约齐称帝——秦为西帝，齐为东帝，欲灭赵而分其地。苏秦劝齐不称帝，与赵惠文王会于平阿。	荀子继续任稷下学宫祭酒。
周赧王二十八年（前287）甲戌，二十六岁	赵惠文王十二年，苏秦与赵奉阳君发动赵、楚、魏、韩、齐五国攻秦，燕也派兵从齐军，联军至成皋（今河南荥阳西北），无功而退。秦将一部分侵地还给赵、魏。	
周赧王二十九年（前286）乙亥，二十七岁	秦昭襄王二十一年，攻魏河内，魏献安邑（今山西夏县西北）给秦。秦攻韩，败韩兵于夏山。齐湣王十五年，灭宋。	
周赧王三十年（前285）丙子，二十八岁	燕昭王在宛会见楚顷襄王，在中阳会见赵惠文王，谋攻齐。秦将蒙武越韩、魏境攻齐，取九城，设九县。燕乐毅说服赵、楚、魏联合攻齐。	荀子与诸位元老再劝谏，齐湣王不从。荀子等见危机深重，不可挽回，便离开齐国，荀子去楚国。
周赧王三十一年（前284）丁丑，二十九岁	燕昭王二十八年，以乐毅为上将军伐齐，秦与三晋（魏、赵、韩）都出兵参加。齐湣王发现苏秦是间谍，将其车裂。乐毅攻破齐都临淄，齐湣王逃亡。楚派淖齿救齐，淖齿杀湣王，抽筋吊梁，极其凄惨。齐湣王在位十七年。	荀子在楚国，具体未详。

———————

① 东周，战国末期周室分裂成的两个小国（西周和东周）之一，位于今河南巩义西南。

年代与年龄	天下大事	荀子主要事迹
周赧王三十二年（前283）戊寅，三十岁	齐襄王元年，襄王即太子法章，在莒即位。法章先在莒隐姓埋名为奴仆，夫人发现其不凡而暗中保护。齐国七十多城均被占领，仅有莒和即墨两城未失。	荀子可能依旧在楚国，具体行踪不详。
周赧王三十三年（前282）己卯，三十一岁	秦昭襄王二十五年，攻赵，取蔺（今山西离石西）、祁（今山西祁县东南）。赵攻魏，取伯阳（今河南安阳西北）。齐国依旧被燕军占领。	
周赧王三十四年（前281）庚辰，三十二岁	秦昭襄王二十六年，攻赵，取石城（今山西离石），赵仍攻魏。	
周赧王三十五年（前280）辛巳，三十三岁	秦昭襄王二十七年，白起攻赵，取光狼城（今山西高平西）。楚顷襄王十九年，秦将司马错攻楚，拔黔中郡（今湘西及黔东北），楚割汉北、上庸地给秦。	
周赧王三十六年（前279）壬午，三十四岁	燕昭王死，在位三十三年，子惠王立，中反间计，乐毅逃奔入赵。齐将田单用火牛阵大破燕军，全面反攻，收复齐国全境。田单迎接太子法章，齐襄王正式即位。	荀子回到齐国，二任稷下学宫祭酒，进入讲学最高潮时期。
周赧王三十七年（前278）癸未，三十五岁	秦大良造①白起攻楚，破楚都郢，烧夷陵（今湖北宜昌），东进至竟陵（今湖北潜江西北），南进至洞庭湖一带。楚顷襄王二十一年，楚迁都到陈，屈原投江自杀。	荀子讲授"天论"等主要观点。
周赧王四十五年（前270）辛卯，四十三岁	秦昭襄王三十七年，秦攻齐，取刚（今山东宁阳东北），以扩大穰侯魏冉封邑。范雎以"远交近攻"之策说秦昭襄王，被任为客卿。	荀子在稷下学宫讲学。

① 大良造，即"大上造之良者"，秦孝公时期至秦灭六国前的秦国国内最高爵位，掌握军政大权。这一时期，秦国实行的是十七级爵制，大良造在秦惠文王之前即成为爵名。秦灭六国后，实行二十级爵制，大良造位列二十等军功爵制第十六位。

年代与年龄	天下大事	荀子主要事迹
周赧王四十六年（前269）壬辰，四十四岁	赵将赵奢救阏与（韩邑，后属赵，今山西和顺西北），大破秦军。赵奢以功封马服君。赵奢本为田部吏，因敢杀抗税的平原君家臣，平原君赵胜将其提拔。	
周赧王四十九年（前266）乙未，四十七岁	秦昭襄王四十一年，攻魏，取邢丘（今河南温县东）。范雎说秦王，用为丞相，封应侯。赵惠文王死，在位三十三年。子赵孝成王立，平原君赵胜为相。	
周赧王五十年（前265）丙申，四十八岁	赵孝成王元年，秦昭襄王四十二年，秦攻赵。赵求救于齐，齐要求长安君成蛟为质，兵乃出。触龙说服赵太后。齐襄王死，在位十九年。	荀子应秦国丞相范雎之邀赴秦国考察，当在此年。
周赧王五十一年（264）丁酉，四十九岁	齐王建元年，田单为相。秦昭襄王四十三年，白起攻韩，取陉城（今山西曲沃东北）。	荀子与秦昭襄王见面谈话，当在此年。秦昭襄王认为"儒无益国家"，荀子离开秦国，收李斯为弟子。
周赧王五十二年（263）戊戌，五十岁	楚顷襄王死，在位三十六年，子考烈王立。以黄歇为令尹，封以淮北之地，号春申君。扩建吴王阖闾之姑苏城，今苏州城之前身。	荀子带两名弟子陈嚣和李斯在回齐国途中，到故乡赵国都城邯郸做短暂停留。
周赧王五十三年（前262）己亥，五十一岁	楚考烈王元年，纳州（今湖北咸宁西北）于秦求和。楚考烈王原在秦国为人质，于年前在黄歇谋划下回楚。秦昭襄王四十五年，白起攻韩取野王（今河南沁阳），完全封闭韩与上党郡的交通线。韩国上党守将冯亭不愿降秦，转而附赵。赵大将廉颇驻军长平（今山西高平西北），拒秦。	荀子回到齐国，受到齐国君王后和齐王建欢迎。三任稷下学宫祭酒。

年代与年龄	天下大事	荀子主要事迹
周赧王五十四年（前261）庚子，五十二岁	秦昭襄王四十六年，赵孝成王五年，廉颇与秦白起、王龁在长平相持。楚考烈王二年，取鲁徐州（今山东藤县东南）。	
周赧王五十五年（前260）辛丑，五十三岁	秦昭襄王四十六年，赵孝成王五年，赵国中秦反间计，用赵括代廉颇。赵括即"纸上谈兵"者，赵军大败，秦白起坑杀赵卒四十万人，仅放二百四十人回国。赵军前后丧失军队四十五万人，秦兵损失也很大。	赵国曾派人到齐国请求救助粮草，荀子和田单坚决主张救助，但君王后和齐王建优柔寡断，没有发出粮草。赵国军队大败，被坑杀四十万人。荀子很愤怒。
周赧王五十六年（前259）壬寅，五十四岁	秦昭襄王四十八年，秦完全占领上党郡，取赵太原。范睢忌白起，请许赵、韩割地求和。罢兵数月，复命王陵攻赵。	荀子提出"性恶论"观点。
周赧王五十七年（前258）癸卯，五十五岁	秦昭襄王四十九年，赵孝成王八年，秦王陵攻邯郸。秦昭襄王命白起代之，白起不肯，又派王龁代之，王龁不能攻下。范睢用王稽为河东守，郑安平为将军。赵平原君赵胜赴楚求救，门客毛遂自荐随行，楚派春申君黄歇率兵救赵。魏遣大将晋鄙救赵，缓而不行。鲁仲连义不帝秦，魏信陵君窃符救赵。	荀子讲述"非十二子"观点，遭到反驳。
周赧王五十八年（前257）甲辰，五十六岁	秦昭襄王五十年，迫令白起自杀。魏信陵君在赵邯郸城下大破秦军，解邯郸之围。郑安平被围，降赵。信陵君不敢回魏国，留居赵国。秦人质嬴异人在赵邯郸城，大商人吕不韦助其逃回秦国。	楚春申君黄歇派人来齐国请荀子前去楚国，荀子告别稷下学宫。

年代与年龄	天下大事	荀子主要事迹
周赧王五十九年（前256）乙巳，五十七岁	秦昭襄王五十一年，将军摎攻韩，取阳城（今河南登封东南）、负黍（今登封西南），斩首四万人。秦灭西周。赵孝成王十年，乐乘、庆舍破秦军。楚考烈王七年，灭鲁国。	荀子到楚国，受到热烈欢迎和重视，并出任兰陵县令。
秦昭襄王五十二年（前255）丙午，五十八岁	秦原河东守王稽被杀，范雎地位动摇，谢病免相，旋死。郑安平降赵后，封武阳君，亦同年死。楚春申君伐鲁灭之。	荀子在兰陵令任上颇有政绩，同时办学，弟子陈嚣、李斯一直跟随。
秦昭襄王五十四年（前253）戊申，六十岁	楚考烈王十年，迁都钜阳（今安徽阜阳北）。	
秦昭襄王五十六年（前251）庚戌，六十二岁	赵孝成王十五年，燕王喜四年，燕王欺负赵国兵壮多死于长平，派栗腹、卿秦率军攻赵。赵廉颇、乐乘率赵军大破之，趁势进攻燕国。秦昭襄王死，子孝文王立。	荀子受到春申君黄歇逐客之遇，愤而离开楚国回到赵国。
秦孝文王元年（前250）辛亥，六十三岁	赵孝成王十六年，廉颇围燕。秦孝文王死，庄襄王立，即嬴异人。	荀子在赵孝成王前与临武君议兵，当在此年。
秦庄襄王元年（前249）壬子，六十四岁	赵孝成王十七年，赵又围燕。秦以吕不韦为丞相，封文信侯，食邑洛阳十万户。秦攻韩，取成皋、荥阳。秦设置三川郡。	李斯告别荀子，到吕不韦门下做门客，受到重视。
秦庄襄王二年（前248），癸丑，六十五岁	秦蒙骜攻赵，定太原。楚考烈王十五年，改封春申君于吴，重修姑苏古城。	
秦庄襄王三年（前247）甲寅，六十六岁	秦军大势攻取韩、赵领地。魏安釐王三十年，秦蒙骜攻魏，信陵君回魏国，动员五国军队在河外打败秦军。秦庄襄王死，子嬴政立，年十三岁。	春申君黄歇派人请荀子回楚国，荀子写信表态不肯回去。荀子《疠怜王》一篇，当写于此年。
秦王政元年（前246）乙卯，六十七岁	晋阳反秦，被蒙骜平定，重建太原郡。秦开始用韩国水利工程师郑国设计水利灌溉工程，名郑国渠，工程很浩大。	春申君黄歇亲自到赵国请荀子，荀子随春申君回楚继续做兰陵令。

续表

年代与年龄	天下大事	荀子主要事迹
秦王政二年（前245）丙辰，六十八岁	赵孝成王死，在位二十一年，子悼襄王立。赵廉颇攻魏，取繁阳（今河南内黄西北）。赵悼襄王以乐乘取代廉颇，廉颇奔魏，后入楚，死于寿春。	
秦王政三年（前244）丁巳，六十九岁	秦蒙骜攻韩，取十三城。	荀子在兰陵城北文峰山下创立学堂。
秦王政四年（前243）戊午，七十岁	秦蒙骜攻下旸、有诡。赵悼襄王二年，李牧攻燕，取武遂（今河北徐水西）、方城（今河北固安西南）。魏信陵君破秦后被夺兵权，以酒色自毁而死。魏安釐王死，在位三十四年，景滑王立。	
秦王政五年（前242）己未，七十一岁	燕王喜十三年，剧辛攻赵。赵庞煖破燕军，剧辛死。	
秦王政八年（前239）壬戌，七十四岁	秦长安君成蛟攻赵上党，在屯留降赵。秦封嫪毐为长信侯。韩桓惠王死，在位三十四年。	
秦王政九年（前238）癸亥，七十五岁	楚考烈王死，在位二十五年，子幽王悍（年表名悼）立。李园杀春申君黄歇，把持楚国国政。秦王嬴政行加冠礼，嫪毐叛乱，被杀。	荀子被李园罢免，开始专心办学授徒。
秦王政十年（前237）甲子，七十六岁	秦相吕不韦因嫪毐事发被宗室大臣议论逐客，吕不韦免相被流放。李斯《谏逐客书》，当写于此年。	荀子专心办学，弟子浮丘伯、张苍、毛亨、陆贾、伏生等当在此年后追随。
秦王政十四年（前233）戊辰，八十岁	秦桓齮攻赵，赵国大将李牧在肥（今山西晋州）将其击败，桓齮奔燕。赵封李牧为武安君。韩非入秦，一年后囚狱而死。	
秦王政二十六年（秦始皇元年，前221）庚辰，九十二岁	秦统一六国，建立统一的秦帝国，是中国实现政治大一统的开端。秦王嬴政称"始皇"，改分封制（封建制）为郡县制，全国分三十六郡，"车同轨、书同文"，统一度量衡。	李斯派人请荀子前去秦都城咸阳，荀子未答应，并写信告诫其"物禁大盛"。

年代与年龄	天下大事	荀子主要事迹
秦王政三十四年（秦始皇八年，前213）戊子，一百岁	秦始皇用丞相李斯议，禁止私学，焚烧诗书，坑杀儒士。"禁书令"规定《诗》《书》《百家语》只允许博士拥有，其他人三十天内必须上交地方官烧毁。	荀子听说"焚书令"，立即遣散弟子，命弟子藏好诗书以等待时机传道。荀子在黯然中去世，当在此年。

后　记

　　在漫长的历史进程中，儒家思想传承是中华文明不断绝的关键原因，是照耀中华民族前行的指路明灯。

　　儒家思想作为一种学说，又被称为儒学。在儒学形成和传承的过程中，各个历史时期都有几个里程碑似的关键人物在坚守其思想阵地。其中，荀子便是儒学传承中重要的里程碑，不仅在儒学低谷时期坚守儒家的思想阵地，还培养了一大批弟子，如浮丘伯、张苍、毛亨、陆贾等。

　　秦始皇"焚书坑儒"以及暴政统治促使强大的秦帝国二世而亡，代之而起的汉朝在汉武帝时期时采取"罢黜百家，独尊儒术"的国策，这便与荀子的儒家思想以及其弟子及再传弟子有直接关系。荀子的思想具有务实精神和现实主义倾向，对汉朝统治者采纳儒家思想作为治国方略有着莫大的贡献，对开启汉代治世繁荣至关重要，对中国历史走向及思想史有着重要的意义。总之，在中国历史文化发展中，荀子具有举足轻重的地位和作用，其思想在儒学体系中也有着至关重要的影响。

　　在严寒即将过去、新春即将到来之际，本书终于付梓完成，但愿本书能在厘清荀子在儒学发展史上的作用和地位贡献绵薄之力，如此吾愿足矣。今天，我们也将随着新年的脚步走出被疫情困顿的阴霾，继续在为学的路上前行不止。因为，时间在继续，历史在继续，我们前行的脚步也要继续。

毕宝魁　尹　博

2023 年元旦于沈阳三千斋